舊概念與新環境
以人為本的城鎮化

梁鶴年
Hok-Lin Leung

舊概念與新環境

Old Concepts and
New Situations:

Human-centered
Urbanization

以人為本的城鎮化

中和出版
OPEN PAGE

序

「站在巨人肩膀上看得更遠。」真的，站得高自然看得遠。但看得清嗎？前幾年我寫了《西方文明的文化基因》，總結和梳理了生活在西方近40年的觀察和反思，比較系統地閱讀和歸納了西方古哲的思想。越多看原著，雖然多是譯本，越覺得自己是井蛙。以為想通的東西，原來破綻重重；以為難找的東西，原來就在眼前；以為高深的東西，原來魚目混珠；以為淺顯的東西，原來內有玄機。與古人神交，使我感受到「人類何其偉大」，有一種「山中方七日」（或者「書中幾小時」）的喜悅。西諺有云，「真理使你自由」（The truth will set you free）。我自己理解是「真理解放了你」：當你知道了真理，你不再迷惘，你自由了。

「凡事相對」，哪有真理？這是當代文化。我只想指出兩個「事實」。第一，「凡事相對」論者不會身體力行，甚至可以說不可能身體力行。在一個「凡事相對」的世界裡，沒有任何東西是可知的（我們不可能知道所

有人、事、時、空的可變性）和可靠的（我們不可能依靠任何人、事、時、空的不變性）。誰能活？但「事實」是人在活著。那麼「凡事相對」是錯了嗎？「凡事相對」論者被迫修正：有些事情比較相對，有些事情沒那麼相對。若如此，「凡事相對」中的「凡事」就沒有邏輯意義了，為此，「凡事相對」論者不可能言行一致。這並不代表言錯或是行錯，但值得反思。第二，「凡事相對」論者不可能，甚至不應該科學。「相對」當然是指在不同的人、事、時、空裡會出現不同的現象。為此，世上不可能有兩個相同的現象，因為不可能有兩個相同的人、事、時、空。在這樣的世界裡面，以觀察萬象去歸納其共性的現代科學無法立足，因為歸納是求共性，求萬變中之不變，也就是求絕對。若如此，「凡事相對」中的「相對」就是科學的絆腳石。因此，「凡事相對」論者談科學是口是心非。這並不代表口錯或心錯，但值得反思。

也有人説，「真理何物？信則有，不信則無而已」。這是典型「辯者」之言。因為，有，仍可以不信；無，仍可以信。信與不信是意志的選擇，有或無是理性的判斷。我們總希望我們的選擇是建立在理性的判斷之上。其實，先哲們對「真理」早有了深入和清晰的分辨 —— 官能不是求真的可靠工具。西方的笛卡兒、我們的莊子都指出，僅憑官能，夢與真難辨。就算經驗主義開山祖師洛克也承認，靠官能去尋真理只可以找到「仿真」，是種「意見」而已。就算是非常多的人認同的意見，也不是無可置疑的真，因為官能是永遠可以質疑的。當然，官能所得的「仿真」在衣、食、住、行的生活現實中仍然很有「用」。但對理性認真的人，仍難滿足。有突破嗎？

我傾向亞里士多德的思路。真有兩類：事實的真（truth about

fact），是對現象的判斷；真相的真（truth about reality），是對現象的本質和現象之間的關係，特別是因果關係的判斷。現象會因人、事、時、空改變而變，是相對的；真相不會因人、事、時、空而變，是絕對的。事實與真相同時存在，是不可或缺的一體兩面，關鍵是明白真理使你面對千變萬化的現象世界不再迷惘。「知者不惑，仁者不憂，勇者不懼」。不管孰輕孰重，孔聖給我的啟示是，它們之間有邏輯的先後：先不惑，才可以不憂、不懼。知曉真相，自然無憂、無懼，真正自由。

我希望真理是存在的，不然，還有甚麼可望；我希望真理是可尋的，不然，尋真是枉然；我希望我尋真的方向是正確的，不然，何時到達彼岸？我是樂觀的。經古哲的導航，我看到隱約的輪廓，使我有信心的是這些輪廓並沒有給我震撼和新奇，而是一種似曾相識的親切，好像是回家。難道古今哲人尋真最後還是萬流歸宗？西方古哲的現象世界跟我們的肯定不同，但背後是同一的真相嗎？如果是，站在古哲的肩膀上一定會使我們看得更遠，善用他們的方法和經驗也會使我們看得更清。我對城市規劃比較在行，想驗證一下。但我相信凡對理性認真的人，無論他幹的是甚麼，都會想明白真相。這書就是我的嘗試。

目錄

舊概念與新環境

第一章：柏拉圖的「恆」

　　我住的小區有間大專學校，前面大草坪種了很多樹。其中一小排，每棵都是朝馬路那邊傾斜。如果你問一位學校的教授，特別是如果他是教城市規劃的，為甚麼這些樹會這樣地傾斜。我猜他的回答全是：「這是

一個很難回答的問題。要考慮多方因素，天然的如樹種，植被，水流，日照等等，人為的如馬路的汽車，廢氣，地面地下的管道設施甚至頑童的推撞，以及這些因素之間的互為關係，不是隨便可以下定論，更不是一言半語可以解釋清楚。」但是如果你問住在附近的一個老太婆，甚至是路遇的老鄉，他會毫不猶豫的回答：「空曠的草坪，整年吹西風，哪有不往東斜。」答對了。

為甚麼老嫗老鄉一語中的？「常識」是也 —— 對事物「真相」的直覺洞悉。「真相」是甚麼？是事物的本質，事物之間必然的因果關係。舉一個淺顯，甚至可以說是膚淺的例子。過去 20 多年，中國城市的建設面積不斷增長。這是個事實。同期小汽車的使用量不斷的增加，這也是個事實。如果我說，小汽車使用增加是城市規模增長的原因之一。相信大多數人都同意。兩者有些因果關連。但假如我指出，在同期內城市居民使用電冰箱的數量也在不斷增加，因而斷論電冰箱使用增加也是城市規模增長的原因。相信同意我的人不多。可是，小汽車增加和電冰箱增加同樣是事實。為甚麼我們接受一個是城市規模增長的成因但否定另一個？因為我們直覺地知道相關關係不一定是因果關係，知道事物的表面底下還有其真相。

樹生長的「真相」是甚麼？垂直是也 —— 與地面成直角的生長。老嫗、老鄉掌握了這個「真相」，即是，在正常情況下，樹一定是垂直生長的，從而推理出橫向傾斜一定是有某些橫向的推力，因此毫不猶豫的斷言，風吹，樹斜。我可以保證，如果教授有半點「常識」，他也必然直覺地認識到垂直生長的真相。他多方考證之後，也會得出「風吹，樹斜」的結論。當然，如果他連這點「常識」也沒有。那麼多少考證也考不出「風吹，樹斜」的答案。現代「治學」，聚焦於「技術」，故曰「學術」。

它輕視「常識」，更否定「真相」，貶稱之為「形而上」。無怪學術界中人不少事知識豐富，智慧貧乏。巧言雄辯，可以使聽者無詞以對，但心中總有點不信，不服。現今很多專家，學者對事物現象的解釋單憑觀察表面，往往有違百姓心中對事物真相的洞悉。

經驗告訴我們，大自然之中沒有一處是直角的。那一顆樹來看，除了它的樹幹有點像與地面垂直外，其他所有的根、枝、葉，沒有一處與店面成直角（起碼不是絕對直角）。如果專家，學者的治學意識形態使他們不相信，或者不敢相信在萬變的現象底下會有不變的真相，他們就會用其雄辯口才和學術權威去否定真相的存在（稱為荒謬的「形而上」），截斷對真相的追求（指其實無謂的妄想）。老嫗，老鄉之輩哪能抗拒這些口才和權威？只有張口結舌的認輸，半信半疑的屈服。人們的智慧就被埋沒了。

人和一棵樹的形狀都可以，甚至是可以用「直角生長」去演繹。而且，必須先定下這個「必然因素」，其他「偶然因素」，如風向、地勢、推撞等，才有解釋的意義。以歸納經驗為基礎的實證科學也必須先作出非經驗性的「假設」，然後才可以憑經驗（觀察）去論證其正誤。可以說，「定性」（假設某些事物之間的因果關係）指導「定量」（觀察這些事物之間的相應變化）；定量（觀察的所得）驗證「定性」（假設的正誤）。這些「定性」是非經驗性的。因此，姑勿論我們稱「垂直生長」為「真相」或「假設」，沒有它（或類似的「真相」、「假設」），樹的形狀就無從解釋了。為此真理（truth）有兩個側面：事實的真（truth about facts），這有賴精準和全面的觀察；真相的真（truth about reality），這有賴清楚與分明的洞悉。（笛卡兒的定義）。兩者缺一不可。真理離不開事實，但又超越事實。

　　真理之爭給人類很多煩惱。但這是無可避免的，要正視。這些爭有時是基於對事物的觀察不同，但更多時是有關「真相」的存在與否。真相存在與否不單是個哲學話題，而是倫理觀與社會觀的基本性問題。因為如果真相是存在，它一定會是普世的。這一來普世價值一定存在。如果普世價值存在，善惡就有了客觀的，絕對的標準，取代了個人的喜惡。這對個人主義和自由主義有莫大的挑戰。在學術上，政治上我們可以削足就履的否認真相的存在，但人心中的「真理意識」（sense of truth）是不能否定的（雖然可以否認）。正因為人類天生有「真理意識」，才會出現真理與偽理之辯（其他動物沒有「真理意識」，也就沒有這類的爭）。有了真與偽之辯，才可以有善惡之別：善就是選擇真，惡就是捨棄真。可以説，沒有真偽就不會有善惡，因此任何事情或行為都可以坐，只要你有勢，有力。這樣的世界能長久麼？誰能夠安全？

　　現代是全否認真理存在的詭辯時代。但真理意識仍是存在的。因此，善惡之爭內化成政治博弈，也就是權勢的角力。在沒有共識，更遑論互勉。我們一定要接受人類有「真理意識」才可以開始擺脫博弈式的，由權勢支配的善惡之辯，走上平等的，由理性支撐的善惡之辯。這就是「真理面前，人人平等」之路。

　　城市規劃有沒有「不變真相」或「基礎假設」。若是有，這些將會是美好城市的普世價值。且看柏拉圖的「恆」，也就是「不變」（changelessness）可以給我們甚麼啟示。

這幾年，我系統地整理我在國外幾十年的觀察和反思，寫了《西方文明的文化基因》一書，其中一個發現是許多「新概念」只是新瓶舊酒。這不是貶低新瓶的價值，但對買酒者來說，酒才是關鍵。我想談一談酒，特別是舊酒，好使買酒者在選擇時有些準則。這是我寫「舊概念與新環境」系列文章的用意。

言歸正傳，這一篇談的是柏拉圖的「恆」（changelessness）。文藝復興時期畫家拉菲爾（Raphael）的名作「雅典學院」（1509—1510）畫上幾十位歷史上最有地位的哲人。中央是柏拉圖和亞里士多德。柏拉圖左手拿著《蒂邁歐篇》（*Timaeus*，寫於公元前 360 年，亦譯「提馬亞斯宇宙論」，下簡稱《宇宙論》），右手伸出食指，作勢向上，意味他關注的是天上、永恆、頓悟、君王（亞里士多德的描繪在討論他的文章時介紹）。他的宇宙觀滲透他整套哲學思想；他以「恆」貫切宇宙與人生。

柏拉圖（公元前 428—前 348）觀察到宇宙之美和秩序，認定這個宇宙必是經由一個有理性（rational）、有目的（purposeful）、有善意（beneficial）的創世神祇（Demiurge）按照一個不變（unchanging）、永恆（eternal）的模型（model），以數學性的規律，加諸於「原始混沌」（pre-existent chaos）而營造出來的。因此，柏拉圖的宇宙觀屬「目的論者」（teleological）：整個宇宙，以至宇宙中的每一部分，都是有其目的、都是美好的。為此，他斷定宇宙不可能成於偶然，必是來自理性的設計。對柏拉圖來說，宇宙之美和秩序不單只顯示出一個「大智」（Intellect）的存在，而且顯

示出一個模型，供有理性靈魂（rational souls）的人類去明白和模仿「大智」。因此，他的宇宙觀有倫理和宗教意義。他寫《宇宙論》就是要世人知道這個「模型」是怎樣子的，好使世人認識「大智」、模仿「大智」，也就是去向「真」。

當柏拉圖說某東西是「真」（real, true），他是指這東西是真真正正的「存在」（is, exists, a being）。他分開「永遠存在，永不改變」的東西（what always is and never becomes）和「永在改變，永不存在」的東西（what becomes and never is）。前者是「永恆的」（changeless，也可稱「不變的」）、「屬智能的」（intelligible），必須通過「理性」（reason，希臘文 logos）去認識，得出的是「知識」（knowledge）。後者是「屬官能的」（sensible），可以經過官能去掌獲，但得出的是「看法」（opinion，希臘文 doxa，包括不理性的官能感覺）而已。稍後，他稱前者為「形」（Form），後者為「物」（Matter）。舉例：「圓」的「形」，從來沒有人見過；「圓」的「物」到處都見。「圓」的本質是圓周率，而圓周率是不可能經官能感覺去掌握的。它是「永遠存在，永不改變」，只可以「經理性去認識的」。

「形」就是東西的「實質」（substance）或「本質」（nature 或 essence）。例如：狗、人、山、愛、善等的本質來自它們永恆、不變的「形」。我們認識狗之所以是狗、人之所以是人、山之所以是山，等等是因為我們的理性認識到它們的「形」。但我們的官能所見的每條狗、每個人、每座山、每樣愛情、每件善事都只是個特殊的「物」。它們是種「仿真」（mimic），也稱「影子」（shadows）或「現象」（phenomena）。只有「非物質」（non-material）但又「有實質」（substantial）的「形」（柏拉圖原稱之為「理念」，Ideas）才是最純的、最基本的「存在」或「真」。（要注意，柏拉圖對「形」的概念是有所保留的，因為這個概念有若干哲學上和邏輯上的難題，他的學生亞里士多德日後會提出異議，但柏拉圖仍以它作為他宇宙觀的基礎。我會在日後的文章討論。）「形」是客觀性的。它們的存在是獨立於思想，但也只可以靠理性才可以掌獲。「形」是完美的，因為它是獨一的、不變的、不滅的、永恆的。

柏拉圖認為「真知」就是「知真」—— 知道事物的「形」。

在《宇宙論》裡，柏拉圖描述至善的「大智」，通過創世神祇，模仿著宇宙的「形」去創造宇宙的「物」，包括人類。柏拉圖形容這個宇宙的「形」為一個「活東西」（Living Thing），由一個或一堆的「形」組成。這個「理想宇宙」（Ideal Universe）才是「真宇宙」（Real Universe）。人類的責任就是與至善的「大智」合作，在「仿真」的宇宙裡追尋「真」、實踐「真」，也就是叫人類認識、模仿至善。這就是「大智」創世的目的。

《宇宙論》的內容可分為三部：

1. 宇宙的存在與其目的。

i. 宇宙的存在和它的善與美顯示出它是由一個極善、極慷慨的工匠（Craftsman，也就是創世神祇）把秩序加諸於原始混沌（柏拉圖形容這個原始混沌為「神所遺棄」，god-forsaken）而成的。

ii. 宇宙的善與美顯示它有智慧（intelligent）。智慧只可能來自靈魂（soul），因此宇宙是有靈魂的。宇宙既然有靈魂因此它是「活生生的」（living，希臘文義是「動物性」）。這個活生生的宇宙包藏了所有活生生的物種，因此它是完整的（complete）。它既是完整無缺，因此它也是獨一無異的（unique）。

iii. 宇宙的靈魂（world soul）是個「形」，一個永恆的「存在」。創世神祇在它身上捻合了兩個其他的「形」，「同」（Sameness）和「異」（Difference），因此，宇宙靈魂有分辨同、異的能力。通過這個能力宇宙靈魂可以分辨出甚麼東西是「形」、甚麼東西是「物」。這種分辨能力就是「認知」（cognition）。也就是說，宇宙靈魂可以認知甚麼是「真」，甚麼是「仿真」。

iv. 宇宙的「身體」（body）是由「火」（因為它是可見的，visible）和「土」（因為它是實在的，tangible）兩種「原素」（elements），加上氣（air）和水（water）捻合而成。火升土墜，加上不同比例的氣和水，造出不同的物種，構成一個統一的、和諧的整體。宇宙身體各部分的形狀和特性都有其不同的目的。

v. 宇宙是宇宙靈魂與宇宙身體的結合。首先生出的是日月星辰，所以它們的靈性最高，會各自按最適當的軌跡、規律的運行，施管畫夜、時令。日月星辰的運行衍生出「時間」（time）。因此，「時間」其實就是「永恆的模仿」（「image of eternity」）。此中，「時間」是個「物」，「永恆」是它的「形」。世人的靈魂是宇宙靈魂分配給日月星辰之後餘下來的材料，靈性較低。尤其當人的靈魂與肉身結合的一刻，他的靈魂馬上受到來自肉身需要和外界事物的衝擊，特別是官能感受的干擾，大大損毀它的正常運動（也就是未曾與肉身結合前的運動），破壞了它對真與美的認識能力，必需通過適當的教育和栽培才能恢復過來。

2. 創世

i. 宇宙之美與秩序顯示出「大智」。營造宇宙的創世神祇也是受這「大智」指引，按著「大智」的目的去營造萬物。宇宙既有其目的，創世神祇就必需按這些目的，以一些「必然」（necessary，也就是不能隨意修改或增減，因此也可視之為恆律或恆規）的「物理結構」（physical structure）和這些結構的「物理特性」（physical properties）去營造宇宙。

ii. 創世神祇的工作是模仿一個由不可見，不能觸摸的「形」組成的「真宇宙」（理想宇宙）去營造一個可見、可觸摸的「實體宇宙」。實體的意思就是既具備實體材料也佔據三維空間。在實體宇宙中，萬物都有其「基礎材料」（material substratum）和「空間範疇」（spatial field）。兩者的組合就是實體萬物的「載體」（receptacle）。創世神祇的挑戰就是為萬物設計一套最能仿效「真宇宙」、最能達到「大智」目的的萬物「載體」。

iii. 在「原始混沌」之際，宇宙中也有「載體」。但是，在空間上，這些「載體」都是雜亂無章的運動（motion）；在材料上，這些「載體」只有點滴的宇宙元素（上述的火、土、水、氣）。創世神祇首先設計出四種最完美的「固體」（solids），作為盛載宇宙元素的「粒子」（corpuscles）。這些「粒子」就是萬物的「載體」；萬物是由它們組合而成的。它們的「物理結構」和「物理特性」是最適宜用來模仿「真宇宙」、最能達成「大智」創造宇宙的目的。

這些粒子包括四面體的火粒子、六面體（立方）的土粒子、八面體的氣粒子、二十面體的水粒子（這些就是有名的「柏拉圖固體」，Platonic Solids，總應共有五個。除上述四個之外還有一個十二面體，是柏拉圖用來形容整個宇宙，因為十二面體最接近球形）。除了土的立方體粒子之外，其他三種元素粒子的面都是由半等邊直角三角形組成（這些直角三角形各邊的比例都是 1：$\sqrt{3}$：2），因此它們之間的面可以互相割切、掉換、連接（柏拉圖稱這些行為做「參與」，participate），因此它們可以聚結、互動、互變（transform，例如兩個火粒子可以變成一個氣粒子，反之亦然）。這樣，就產生出宇宙萬物的體積、形態和特性。還有，互動、互變是不停的，因此整個宇宙會在不斷的運動，因與果也會不斷的延綿。當然，創世神祇是按萬物之「形」，用「粒子」去組合出萬物的體積、形態、特性，以至它們的運動。

3. 造人

i. 人類不滅的（immortal）、理性的（rational）靈魂是包藏（embodied）在他可滅的（mortal）肉身之內，為此，人類靈魂的某些部分會跟肉身一樣，是可滅的。人的靈魂有三部分：理性（reason）、意志（spirit）、肉慾（appetite）。創世神祇把造人的工作委託給下級神祇（可見柏拉圖並不把人的地位看得太重），造出來的人是這樣子的：不滅的理性部分在頭蓋；意志部分在胸口（比較接近頭），並配之以肺和心；肉慾部分在腹部，並配之以肝。以外，四肢五官各有職守，都是按「大智」的目的，經「必然」的結構而營造出來的。可是，「必然」的結構有時也限制了造人的工程，使造出來的人不能完全達到「大智」的目的。例如，腦袋是是人體最重要的部分，需要保護，但保護層太厚也影響了腦袋對外界的敏銳性。因此，宇宙的恆律有時也限制了受造物的完美。

ii. 人的靈魂的安康至為重要。為要得到安康，靈魂的運動必須跟宇宙的運動重新看齊（天人合一）。這樣，人才可以達到其生命的目的：德行與快樂（virtuous and happy）。這裡是《宇宙論》的結尾高潮。柏拉圖把他的宇宙觀與倫理觀統一起來。他呼喚人類應高度重視栽培和保存他們不滅和理性的

靈魂。靈魂的安康有賴良好的秩序。但人類在出生那刻，靈魂的運動就被肉體所困，變得越軌和不規，必須再跟宇宙的運動回復和諧。為此，我們需要研究宇宙的運動與和諧，然後把靈魂帶回原來的軌跡和狀況，以其獲得「神祇們送給人類最好的生命，現在與及永遠。」為此，柏拉圖極強調教育。他看教育為一項「發掘性」的工程：發掘出靈魂天生的「認識」能力，去認識「真」。

其實，《宇宙論》的真正名稱是一個人名。它的直譯是「提馬亞斯的所談」，是某一年的「泛雅典慶節」（Panathenaic Festivals）中幾個朋友交談的記錄之一。柏拉圖是借提馬亞斯的口去演述他自己的宇宙觀。《宇宙論》是第二天的記錄。頭一天是記錄蘇格拉底談理想政制，第二天是提馬亞斯談創世的過程，下來是《克里特阿斯》談雅典戰勝亞特蘭提斯的史績（未寫完）。提馬亞斯分析天人合一、人的靈性和靈性的栽培；蘇格拉底強調教育可以栽培靈性、達成德行；克里特阿斯描述古代有德者的行為。三篇一氣呵成地貫切了人道與天道。柏拉圖以宇宙的美為契機，把人的善與天的真天衣無縫地連結起來。

柏拉圖的倫理觀、政治觀與他的宇宙觀是緊密相連的，強調的是如何在人世間模仿「大智」，特別是「義」（Justice）。在《理想國》（The Republic，約公元前 380 年）中，柏拉圖這樣說，「我們建立城邦的目的不在增加某一個階級的幸福，而在增加整體的幸福；我們認為一個按整體幸福去治理的城邦就是義邦。」現看看他的「義邦」（政治觀）是如何反映他的「義人」（倫理觀），與及他的「義人」如何反映他的「天道」（宇宙觀）。

《宇宙論》指出人的靈魂分理性、意志、肉慾三部分。肉慾部分是最大的。它驅使人追求享樂，甚至不顧後果。理性部分能認識「真」，因此它會考慮整個靈魂的利益去約束肉慾。意志部分使人知榮辱。假如一個人在成長過程中不誤入歧途，他的意志會接受理性的指引。「義人」（Just man）的意思是他的靈魂各部分各安職守：理性部分以智慧和先見去管治整個靈魂；意志部分聽從理性的指揮；理性與意志部分共同節制肉慾部分，因為肉慾部分會

隨著身體享樂增加而擴大，以至喧賓奪主，支配理性與意志。柏拉圖認為當一個人的靈魂的三部分達成共識，以理性為最高主人，他就會成為「義人」。

柏拉圖的「義」其實就是一種完美秩序與完美平衡的組合。秩序是有關如何去排列靈魂各部分，平衡是有關如何去管治靈魂各部分。完美秩序是按各部分的才能去分等，完美平衡是按整體的利益去管治。因此，「義」就是按個別能力分工，按整體利益管治。這樣就能達至和諧：各適其位，各盡其才。我們在「可見的宇宙」看到的和諧其實是反映了「真宇宙」的「義」。「義人」如是，「義邦」也如是。

《理想國》是柏拉圖政治思想的結晶，聚焦於「義」。這裡，他指出國家（城邦）的結構跟靈魂的結構一樣：治國階級（最高領導層）是理性的代表；衛國階級（戰士與官員）是意志的代表；生產階級（工、農、商，也就是一般平民）是肉慾的代表。（這裡有一個關鍵要說明一下。在柏拉圖的「理想國」構想中，這三個階級不是天生的，它們是在一個機會平等的理想社會，經過嚴格教育培養而產生的。孩子自小就由國家撫養。不論家庭背景，每個孩子接受廣泛和嚴謹的教育，然後經過嚴格的評審去決定他們應屬的階級。孩子 6 歲進學，受德、智、體的訓練，特別是體育、音樂、算數。18 歲開始服兵役兩年。20 歲後，才智較高的會開始為期 10 年的科學教育。30 歲再度評審，被選中的接受辯證、形而上、邏輯與哲學訓練，為期 5 年。之後，再當15 年小軍官或行政官去印證理論與實踐。50 歲才有資格晉升統治層。）柏拉圖認為，適當的教育和評選會帶來最理想的社會分工，因為這保證人盡其才。生產階級的成員會是最合適的人選去供給社會衣、食、住、行所需，但他們是受肉慾的驅動，有貪慾的傾向，因此他們需要懂得節制（temperance）與服從。衛國階級的成員會是最適合的人選去捍衛國家，但他們是受意志的驅動，有好鬥的傾向，因此他們需要有堅毅（fortitude）和教養。治國階級的成員會是最合適的人選去管理國家。智慧（wisdom, reason）使他們能辨正誤，使他們知道治國不是追求個人的榮耀而是承擔應有的責任，並使他們懂得如何去思考和提升整體利益。

可見，修身與治國的最大德行都是「義」（justice）：按個別能力分工，按整體利益管治。「義」的具體表現是和諧（harmony）。和諧是個客觀情況：一種靈魂各部之間或國家各階級之間的共識——理性（治國階級）精心管治，意志（衛國階級）盡心保衛，肉慾（生產階級）接受節制；三者各適其位、各盡其才，共同為整個靈魂（整個國家）謀求最大幸福。這樣，人就成「義人」，國就成「義邦」。當然，這是個理想，但不「僅是」理想，因為有理想才能定方向，有方向才能知進退。理想不是目標，是取向。

其實，這個理想是柏拉圖有所見、有所感而發的。雅典先賢們，特別是克里斯提尼（Cleisthenes，公元前 570─前 508），設計雅典民主，是要來維持社會安定，避免獨裁重現，篡奪政權。從公元前 6 世紀到公元前 322 年被馬其頓（Macedonia）征服為止的兩百年期間，雅典的民主制度與帝國功業確是盛極。雅典的海上帝國使雅典政府財源廣進，使雅典人民通過參加海軍和擔任海外官職而生活無憂。好景不長，公元前 415 年，雅典與世仇斯巴達開戰，艦隊被擊潰。公元前 404 年，雅典投降，被解除武裝，進入無政府狀態。強勢的斯巴達支持雅典和周圍城邦的寡頭政治。在雅典的政治混亂、經濟低迷之際，北面新崛起的馬其頓腓力二世（Philip II of Macedonia，公元前 359─前 336，亞歷山大大帝之父）乘機南下，於公元前 338 年擊敗雅典及其盟國。

柏拉圖生於雅典轉衰至被滅的一段從餘暉到黑暗時期，他對雅典式民主並無好感。他把治國（城邦之國）與修身相比。人有肉慾、榮辱、正誤之念；國有平民、戰士、領導之分；各掌握生產、捍衛、管治之責。正如一個人的靈魂同時擁有慾念、意志、理性，一個理想國（城邦）就是三者之間道德性的和諧組合。他的理想國是「智慧之治」。「智慧」就是對義的認識。「義」的本質（「形」）就是秩序（按個別能力分工）與平衡（按整體利益管治）。也就是說，平民、戰士與領導之間，生產、捍衛與管治之間要保持適當的秩序和平衡，社會才得和諧、安定。柏拉圖時代，雅典民主失去活力，在寡頭、民主之間的反覆。柏拉圖對不可知的未來充滿恐懼，對理想化的過去充滿懷念。但是，他不相信混亂無章的雅典民主會帶來和諧。

老師蘇格拉底於公元前 399 年被寡頭政權判死對柏拉圖有極大、極深的影響，使他恨極暴民式的民主和私心重的寡頭。那時的雅典，貧富分化極其尖銳。當時流行的詭辯派（Sophists）強調私利和私慾，撩動各階層間的敵對和仇視。政治被一班私心極重的人把持，政局反覆不定。柏拉圖認為社會和諧（現象）與社會公義（真理）是不能分開的。但是，受肉慾驅動，追求享樂的生產階級怎會聽從理性的統治者？柏拉圖提出教育和強制。最理想是大家都能明白和諧至上，為此柏拉圖是那麼的強調教育。但如果仍有不聽從理性統治的，衛國階級就要強制他們。可是，怎樣保證統治是理性的？柏拉圖提出「哲學家君王」（philosopher king）理念：君王一定是哲學家，哲學家才可以當君王。因為只有哲學家才可探知「義」的真義（也就是「義」的「形」）；只有知道了「義」的真義，才可以模仿它（正如創世神祇模仿「真宇宙」去營造「實體宇宙」）。

　　這裡，柏拉圖返回他的宇宙觀。他以一條垂直線去形容靈魂的狀態。線分兩段，上長下短。下面短的部分代表「屬官能的」（visible），上面長的部分代表「屬智能的」（intelligible）。然後，再把兩段按剛才的比例再分。這樣，這條垂直線就分為四段。最低的一段，也同時是最短的一段，代表靈魂最無知的部分。它所見的是幻覺、影子和事物的反影。在這一段裡，靈魂處於「幻想」（imagine）狀態。上一段，仍是「屬官能」部分，靈魂見到了事物的實體（而非它們的影子或反映）。在這一段裡，靈魂處於「相信」（believe）狀態。再上一段，也就是進入了「智能」的部分。靈魂可以經由理性去從實體事物中探索事物的真諦。在這一段裡，靈魂處於「思考」（think）狀態。到了最高的一段，靈魂才開始明白事物的「本質」，也就是「形」。在這一段裡，靈魂到達「知道」（know, understand）的階段。在政治層面上，這代表哲學家君王知道「義」的本質。《理想國》的「哲學家君王」是經過長期的教育、嚴格的選拔才產生的。君王的智慧使他懂得以義治國；國民的智慧使他們挑選出這位君王，並願意服從這位君王。君王的智慧與國民的智慧是平等平行、異途同歸，終點是「義」，表現在和諧地各適其位，各盡其才，並以

此帶來整個國家的最大幸福。柏拉圖這樣說,「除非哲人成為君王,或現今的君王能夠真誠地和充分地哲理化,這就是說,除非政治權力與哲學理性能夠完全相應……邪惡會使城邦永無寧日,也會使人類永無寧日。」

總結一下,柏拉圖宇宙觀的精華如下:宇宙中有些東西是「永遠存在,永不改變」,稱之為「形」;有些東西是「永在改變,永不存在」,稱之為「物」。「形」是永恆、不變,是「物」的真正本質。可以說,「物」是大千世界的現象,「形」是這些現象底下的永恆真理,是天道。天道的特性是「恆」。《理想國》與《宇宙論》其實是柏拉圖政治觀與宇宙觀之間的前呼後應,交匯點在「倫理」。他認為,政治倫理(人道)與宇宙倫理(天道)應該是一而二、二而一,是「義」。「義」的原則是按個別能力分工,按整體利益管治;「義」的具體是各適其位、各盡其才。也就是說,無論是修身還是治國,「合乎尺度」就是「合乎天道」。

從一開始,這個含有「創世」意識和「倫理」意識的宇宙觀就有爭議。但無可否認,它對西方文化影響深遠,是中古歐洲信仰與理性大一統的支柱。宗教改革以至啟蒙運用以來,西方人崇尚「俗世」(secular)思維,抗拒柏拉圖的「形而上」(metaphysical)思路。但 19 世紀下半期到 20 世紀上半期,人類經歷史無前例的戰亂和動盪,西方出現精神信仰危機,西方人再思宇宙和存在的意義,柏拉圖思想再被重視。在哲學方面,懷海德(Alfred North Whitehead,1861—1947)的「過程哲學」(Process Philosophy)是典型例子。科學方面,「相對論」與「量子物理」開始質疑牛頓式的宇宙觀(宇宙像時鐘:唯物的、決定的)。相對論打破了絕對的時、空觀念;量子物理探索物質的本質。量子「疊加」與「疊折」(quantum superposition and collapse)的理念重新開啟「本質世界」(noumenal world)與「現象世界」(phenomenal world)的辯論。玻爾(Niels Bohr,1885—1962,丹麥物理學家,1922 年獲諾貝爾獎)的「互補、互協」(Complementarity)、海森堡(Werner Heisenberg,德國物理學家,1932 年獲諾貝爾獎)的「測不准原則」(Uncertainty Principle)、薛定諤(Erwin Schrödinger,奧地利物理學家,1933

年獲諾貝爾獎）對「科學客觀」（Objectivation）的批判使西方有識之士再思宇宙的本質、人的定位，和重新探討不變、永恆的「形」。〔Shimon Malin 在 2001 年出版的《大自然喜歡隱藏：一個有關量子物理與存在真諦的西方透視》（*Nature Loves to Hide: Quantum Physics and the Nature of Reality, a Western Perspective*），頗值得一讀。〕

　　柏拉圖的宇宙觀、倫理觀、政治觀的個別完整性，與及它們之間的統一與呼應是驚人和動人的。這裡，不禁想起咱們的文天祥。「天地有正氣，雜然賦流形。下則為河嶽，上則為日星。於人曰浩然，沛乎塞蒼冥。」（《正氣歌》）文天祥的宇宙觀簡直就是柏拉圖的中文翻版。雖然沒有柏拉圖的系統性和分析力，但韻味十足。更使人驚訝的，或應說絕不驚訝的，是文天祥這套宇宙觀與他的倫理觀、政治觀的呼應：「孔曰成仁，孟曰取義，惟其義盡，所以仁至。讀聖賢書，所學何事，而今而後，庶幾無愧」（遺書，衣帶詔）。

　　文天祥的仁、義，出自《中庸》第二十章。「仁者，人也，親親為大；義者，宜也，尊賢為大；親親之殺，尊賢之等，禮所生也……故君子不可以不修身；思修身，不可以不事親；思事親，不可以不知人；思知人，不可以不知天。天下之達道五，所以行之者三。曰：君臣也，父子也，夫婦也，昆弟也，朋友之交也，五者，天下之達道也；知、仁、勇三者，天下之達德也，所以行之者一也。或生而知之，或學而知之。」這套倫理觀和政治觀跟柏拉圖的好像是來自同一個「模型」。且看，仁與義都是有關人與人之間的秩序與平衡：親親有先後，尊賢有等級。上下、長幼的次序乃「天下之達道」；仁與義的實踐是順從天道定下的秩序；知天才可知人，修身如是，治國如是。對孔孟來說，天道可以「生而知之，或學而知之」。柏拉圖則認為人的靈魂是「生而知之」，但因受肉身所困，必須在後天通過教育才會「學而知之」。看來，中、外哲人都肯定「大智」與「天道」的存在，都強調教育的重要。（有人或會說，柏拉圖、孔、孟說的都是封建的老套，反映封建時代統治階級的理想而已。首先要指出，柏拉圖時代的雅典早已有過幾百年的民主，所以柏拉圖很認識民主。還有，他的「理想國」其實是以雅典世仇斯巴達的政制

為樣板，而斯巴達的確是全民平等 —— 起碼是有公民資格的人是全民平等。孔、孟與封建我研究不足，不敢置評，但柏拉圖談的秩序與平衡是基於平等社會的公義。）

懷海德認為整個西方哲學史不過是柏拉圖思維的一個又一個的註腳而已。柏拉圖哲學內容豐富極了。在這一篇文章，我想聚焦於「恆」。「恆」是「不變」（changeless）與「永恆」（eternal），是「形」的一種特性。宇宙是「形」與「物」組成的，但只有「形」才是真正的「存在」。它們是「永恆存在，永不改變」，是「物」的本質，只可以經理性去認識。相對地，「物」是「永遠在變，永不存在」，是「形」的「仿製」。「恆」使我們懂得如何在這千變萬化的物質世界裡以不變應萬變，也就是處變不驚了。

在城市規劃理論中，我認為柯比意（Le Corbusier，1887－1965）最接近這條思路。他也因此被英、美式的經驗主義者批判得體無完膚。但懂得領略人道乃天道的中國文化可能比較容易理解和欣賞他。

相信大家都讀過他的《明日的城市和它的規劃》（*The City of Tomorrow and Its Planning*，1924 年）。現我節錄他開章明義的頭幾節讓大家咀嚼。這本書應有現成的中譯，但我仍是重新翻譯一趟，希望保留他的詩意和突出我的主題。

在「前言」中，他是這樣寫的。

　　「一個城市！

　　它是人類對大自然的支配。它是人類挑戰大自然的行動，是人類自保和生產的組織。它是個創作……

　　幾何是我們發明用來認識外在世界和表達內在世界的工具。

　　幾何是基石。

　　我們以它為基本材料去表達完美與神聖。

　　它本身帶有種數學的高貴與欣然。

　　機器是幾何的產品。在本質上，我們生存的時代是個幾何時代。

在這個時代，所有的理念都是朝向幾何。現代藝術與思想，經過了一個世紀的發展，已不再依賴突發與偶然；幾何引領它們走上數學範式。這是一個越來越普遍的現象。」

第二章，「秩序」，是全書的精華所在。這裡，柯比意宣佈他的規劃原則。

「房子、馬路、城鎮是人類精力的聚焦點；它們應該是有秩序的（ordered），不然，我們一切活動的努力都會被它們抵消。如果它們失序，我們的活動就會受到抗拒和阻擾；正如我們克服了大自然，但它仍是不斷阻擾我們，使我們每天都要與它作新的搏鬥……

我要重申，人的本質需要他的一舉一動有理有據。他的行動和他的思想受直線和直角指令。他直覺地跟隨直線；在他腦中，直線是個崇高的目標。

人，受造於宇宙，他本身就是宇宙的總和；他生於宇宙之法，他相信他能知曉宇宙之法。他已經構思出宇宙之法，並整理它為一個統一的系統、一套理性的知識去指引他的行動、反應和生產。這套知識使他不跟宇宙對抗；使他與宇宙和諧；因此，他不會行差踏錯，也實在不可能行差踏錯……

我們看到的大自然是亂七八糟的；天體的部署、湖海的形狀、山川的輪廓。我們眼前的景象 —— 萬花筒般的斷裂、模糊不清的長近 —— 是個大混亂。大自然的東西跟我們造出來的東西、我們用來圍伴著我們的東西，絕不相似。如果我們（單憑耳目所見）沒有其他的參照，我們看到的大自然好像是完全偶然的。

但賦予大自然生命力的靈性是秩序；我們認識它。我們要分開所見和所知。人類是以他的所知去指導他的一切努力。因此，我們擯棄外觀（appearance），依附本質（substance）。

舉例，我望著一個人，我看到的是他片面的、約略的外形；我知道這是一個人。人的理念不是來自我那一刻的所見，而是來自我對人的認識。如果他正面對著我，我會看不見他的背面；如果他向我伸直他的手，我會看不見他的手指、手臂；但我知道他的背面是甚麼樣子，我知道他有五指、兩臂，也知道這些手指和臂膀的形狀和功用。

地心引力定律為我們解釋了力與力之間是如何化解、宇宙是如何保持平衡，使我們生出「垂直線」（the vertical）的意念。地的平使我們生出「地平線」（the horizontal）的理念，代表著我們想像中的絕對平面。垂直線與水平線的交叉產生兩個直角。垂直線只有一條，地平線只有一條；是兩個恆量。因此，直角就是維持宇宙平衡的所有力量的總和。直角只有一個，銳角和鈍角是無數。因此，直角優於所有其他的角；它是唯一、它是永恆。人類的一切工作都要靠一些恆量。不然，人類寸步難行。可以說，直角是個必需和充份的行動工具，因為它使我們能夠絕對精準地確定空間。直角是自然規律，不可避免，必須服從。

我要再往前推一步，問一問你：你環視四周 —— 遠近古今 —— 除了直角之外，人類還用了甚麼，除了直角的東西外，你周圍還有甚麼？這是個有意義的思索。追尋下去會發現一個基本道理。

人要在混亂的大自然中求安穩，就在他的四周創造一個跟他的本質與理性和諧的保護地帶。他需要一個使他感到安全的退穩處和避難所；他需要可以由他來支配的東西。因此，他造出來的東西自然地跟他周圍的大自然截然不同，因為這些東西會比較靠近他的理性，比較遠離他的肉軀。我們可以說，人造的東西，越離開他的身邊，則越靠近純幾何，越靠近身邊的，如一個小提琴或一張椅子，則越離開純幾何。一個城鎮是純幾何。自由人會走向純幾何。在那裡，他會獲得秩序。

他絕不能缺少秩序，不然他的行動會失卻連貫，一事無成。完美的意思就是，秩序越精確，人越是快樂，越覺安全……人類所有的成

就都可以說是一種「秩序化」（ordering）。高空下望，地面的都是幾何體。

我們創造出來的東西規模越來越大，我們也走上越完美的秩序；產生出藝術。野人的茅舍與希臘的巴特農神殿（Parthenon）之間的藝術與知識鴻溝是這麼不能跨越！如果我們創造出來的是有秩序，它會永垂千古、萬人讚賞。這是藝術品，是人類的創作；它雖然跟大自然的東西毫不相像，但都是服從同一的法則。」

看來，柯比意與柏拉圖似極了：人的本質是理性；理性追求秩序；秩序來自遵從天道（宇宙之法）；天道的目的是和諧。天道是永恆的。就如垂直線、地平線，和它倆交叉產生的直角是永恆的。在這點上，柯比意的直角跟柏拉圖的「固體」同出一轍。柯比意屬典型的歐陸理性主義（Rationalism）。理性主義與柏拉圖是一脈相承。這套思路強調事物的永恆本質，以別於事物的無常現象。它堅持理性是求真（找尋事物的永恆本質）的唯一途徑。相對地，現今西方主流的經驗主義（Empiricism）則認為本質這東西是不存在的，就算存在也不是人可知的；人可知的只是現象，是一種「仿真」，而官能是求知識（仿真）的唯一途徑（見「文化基因」一文）。

理性主義認為理存於心，心與天連。天道、「形」、「真」都是同一東西的不同面貌。理性主義開山祖師笛卡兒（Rene Descartes，1596—1650）就是推崇數學知識的純（necessary，必然）、確（precise，精確）、穩（certain，肯定），特別是幾何（他發明解釋幾何）。他認為人對真的認識是種發掘性的工作。他發明一套心法作為求真的試金石：直覺（intuition）。直覺是純理性之光，透過一個清晰而留心（uncluttered and attentive）的思維而產生的一種清楚而分明（clean and distinct）、無可置疑的理念。也就是說，越是沒有雜念、越是集中注意的腦袋，所得出來越是清楚和分明的理念就是越真。笛卡兒稱這些經直覺而得出的理念為「天賦理念」——不是外來的、是內在的、是與生俱來的。它們是我們認識世界的天賦範式，也就是對真的一種直

覺式的認識。再推理下去就是這些天賦的理念應該是人人都有、人人都同。因此，理性主義有泛人與平等的意識。（這些將來在介紹笛卡兒時會詳細討論）。笛卡兒談的是心法。它的成效只可以通過實踐去領會，而不是通過實驗去證明的。因此，跟經驗主義衍生的「實證科學」格格不入，跟經驗主義引發的「個人主義」（每一個人的經驗不同，產生出來的知識是個人化的）更是水火不容。

柯比意當然不比柏拉圖與笛卡兒。他關注的是城市，而且還只是城市的建設。在這個小小的範圍裡，他堅持城市是人類挑戰與克服大自然的一項創舉。他認為城市的建設要按宇宙之法，以其取得與宇宙和諧。他指出，理性使我們認識到大自然看來混亂，其實也是服從宇宙之法。因此，人類要支配混亂的大自然，要建設「一個跟他的本質與理性和諧的保護地帶」、「一個使他感到安全的退隱處和避難所」，就要認識和引用宇宙之法，因為人與自然都是生於宇宙之法，都要服從宇宙之法。

在更深的層次上，柯比意談的人類要「支配」、「挑戰」、「克服」大自然其實是叫人類去認識在人類與自然之間的表面矛盾底下，是人類沒有遵行宇宙之法。他並沒有提出改變大自然。大自然的曲線、人類的直角都離不開地心引力的支配。這是宇宙之法。他想指出的是地心引力的直線與直角在不同萬物中製造出不同而獨特的成相和現象。柯比意談的「秩序化」就是叫我們認識和尊重同一的宇宙之法可以產生不同和獨特的成相。因此，在處理人類與大自然的關係中，不能張冠李戴，要各適其所、各安其位。城市，作為人類「自保與生產的組織」，與及「一個跟他的本質與理性和諧的保護地帶」就應該按幾何原則去建設，因為「人的本質需要他的一舉一動有理有據。他的行動和他的思想受直線和直角指令。」柯比意的最大貢獻是提醒了我們，人類聚居的城市不是大自然，不要「模仿」大自然的表面現象，而是要按宇宙之法去創造適合人類獨特本質的生存、生產空間。這才是真正的和諧。模仿大自然的表面現象只會製造不和諧：人與大自然的不和諧、人與宇宙之法的不和諧。

「天道」、「宇宙之法」對城市規則有甚麼意義？它們的特性是「恆」。「恆」就是不變、永遠存在。天地盡頭、歷史終結，你不在、我也不在，但大智在、正氣在、圓在、義在、直角在。這對城市規劃有甚麼啟發？

「恆」迫使我們反思：有沒有一些不變的東西？如果沒有，我們用甚麼來衡量任何的事情？城市規劃是百年，甚至千年的事。如果沒有恆量，怎來衡量？能夠辨別一些永恆的標準是「擇善」，有賴智慧；能夠堅持這些標準是「固執」，有賴操守。守恆需要我們擇善固執；智慧、操守不可缺一。

柯比意和理性主義都強調純真，也就是恆真。真不會是人云亦云，是要從靈魂深處發掘；真不可以早晚不同，要精忠堅守不移。在現實功利的社會中，這是不識時務。在英語系統的規劃中，柯比意被描繪為大罪人：他破壞城市的有機性，他忽視人類的複雜性。在這幾十年的英語的規劃文獻中，誰看出他的城市是最有機的 —— 不在模仿大自然的體態，而在效法宇宙之法；誰看出他的「以人為本」 —— 不在誇張個人利益的政治博弈，而是滿足整體利益的空間結構。他是求真的英雄，但在真假不辨、正邪不分的時代裡，他只能是個悲劇英雄。

在這被經驗主義支配的現世，我們要認識規劃本身其實也是種「信仰」，是建立在一些不能以經驗去「證明」的信念之上。起碼有四個。

1. 明天會來。不然，為甚麼還要幹規劃。但怎樣證明明天會來？

2. 明天會比今天好。不然，規劃有甚麼意思，但怎樣證明明天會比今天好？

3. 較好的明天可通過人的努力達到。但怎樣證明美好是會來自人力，而不是偶然或運氣？

4. 帶來美好明天的努力包括了規劃。這更是難以證明了。

其實，規劃的幾條必需的信仰可以作為我們與永恆連接的橋樑。它們使我們不得不思考永恆：一些我們永遠要接受，永遠要追求的東西。

1.「明天會來」就是永遠有明天。這需要信仰。聖保羅對信仰是這樣演繹：「對我們所希望的東西的一種保證；對我們看不見的東西的一種證據。」

（希伯來書：「Faith is the assurance of things hoped for, the evidence of things not seen.」）

2.「明天會比今天好」就是希望。這需要我們永遠樂觀。「信仰」與「希望」有一種脫胎換骨（transformative）的力量。有了信仰和希望，人生觀就完全改變：對今天的不滿變成對明天的期待，人生態度也就變成積極。信仰和希望提升人的視線：不單是瞪著我們站著的地方，而是望向我們可以去的地方。為此，我們的眼界就高了，我們的胸襟就大了。經驗主義的科學觀著重「證明」；理性主義的科學觀著重「嘗試」。只有嘗試才可以更上一層樓。

「明天會比今天好」。「好」包括甚麼？柏拉圖思路是以「義」為首。「義」的原則是秩序與平衡；「義」的實踐是各適其位、各盡其才；「義」的表現是和諧。因此，更好的明天就是更義、更和諧的明天。

3.「較好的明天可通過人的努力達到」是種鼓舞、鞭策，叫我們永遠努力。以儒家的哲理去演繹，這就是「誠」。《中庸》第二十二章如是說的。「唯天下至誠，為能盡其性；能盡其性，則能盡人之性；能盡人之性，則能盡物之性；能盡物之性，則可以贊天地之化育；可以贊天地之化育，則可以與天地參矣。」看來，誠的意義就是盡人之性、物之性，以其達到贊天地之化育、與天地參。但是誠的樣子是怎樣的？《中庸》提出以下：「誠者，天之道也。誠之者，人之道也。誠者，不勉而中，不思而得，從容中道，聖人也。誠之者，擇善而固執之者也。」這又回到上面談到的「辨別一些永恆的標準」（擇善），並「堅持這些標準」（固執）。

我們把「誠」形容為「真誠」，不無道理。「真誠」就是對「真理」的「至誠」。柏拉圖的「真理」與孔、孟的「真理」都是以「天道」為導。「誠」就是對真理的堅持；真理是永恆的，堅持是悠久的。因此，《中庸》第二十六章也說，「故至誠無息。不息則久，久則徵；徵則悠遠。悠遠則博厚，博厚則高明。博厚，所以載物也。高明，所以覆物也。悠久，所以成物也。博厚配地，高明配天，悠久無疆。如此者，不見而章，不動而變，無為而成。天地之道，可一言而盡也。其為物不貳，則其生物不測。天地之道，博也、厚

也、高也、明也、悠也、久也。」可見，天道給人的啟發是它的「誠」。「誠」既是天道，人之「至誠」就是模仿天道。上文說過，柏拉圖認為人類的責任就是跟「大智」合作，在「仿真」的宇宙裡追尋「真」，實踐「真」，亦即是叫人類模仿「至善」，已達「大智」創世的目的。《中庸》與柏拉圖可謂異途同歸。

4.「帶來美好明天的努力包括了規劃。」《中庸》第二十章有謂，「凡事預則立，不預則廢。言前定則不跲，事前定則不困，行前定則不疚，道前定則不窮。」這豈不就是規劃？規劃就是要把言、事、行、道好好地「前定」，就是「擇善」。至善的東西必是來自天道；天道必是永恆。按柏拉圖的思路，永恆的東西才值得堅持，才必須堅持（「固執」）。

城市不是永恆的東西，只是現象，也就是柏拉圖的「物」。城市規劃聚焦於城市空間的部署，而空間部署就是空間的「分配」和「使用」，是個「政治行為」。按柏拉圖的《理想國》與《宇宙論》的思路，這個「政治行為」必需有「義」。因此「義」就是規劃的永恆原則。也就是說，城市空間的功能、區位、使用必需有秩序與平衡。城市空間的「秩序化」是創造出和諧城市的不二法門。

現在的中國城市，恐怕誰也難說是和諧 —— 人車爭路、城鄉爭地、官民爭利，到處失控。中國城市發展的速度與規模在全世界是史無前例，但我們用的規劃工具是一些來自西方，不合時宜的設計標準和一些不能實用的社會科學批判。我們要趕緊思考我們城市的意義。這應該是我們城市科學的研究方向。柏拉圖的「義」與我們孔、孟的「義」都聚焦於「秩序」（這跟他們處亂世時代、懷救世情懷有關）。「義者、宜也」是指上下、尊卑合適的秩序。《禮記・禮運》如是說，「故聖人耐以天下為一家，以中國為一人者，非意之也，必知其情，辟於其義，明於其利，達於其患，然後能為之。何謂人情？喜、怒、哀、懼、愛、惡、慾，七者弗學而能。何謂人義？父慈、子孝、兄良、弟弟、夫義、婦聽、長惠、幼順、君仁、臣忠，十者謂之人義。講信修睦，謂之人利，爭奪相殺，謂之人患。故聖人之所以治人七情，修十義，講

信修睦，尚辭讓，去爭奪，捨禮何以治之？」可以說，恢復和維持合適秩序的意思就是從五倫的關係出發，通過對七情的調節（治七情）去達到十義（修十義）。用在現代城市規劃上就是好好的安排城市各種功能的「五倫之序」（孰先孰後、孰輕孰重）以期減低城市功能在空間「分配」上可能遭遇的「七情之困」（誰喜、誰怒、誰哀、誰懼等等），然後，好好疏導「七情之困」（誰應慈、誰應孝、誰應良、誰應弟、誰應義、誰應聽等等）以其達到在空間「使用」上的「十義之舉」（城市功能運作在空間上的和諧）。簡單地說，就是順「五倫之序」，解「七情之困」，達「十義之舉」。因此，關鍵在合理的空間分配，合情的空間使用。

　　每個城市都應該按它的實情與理想去考慮它空間部署的秩序與平衡。但空間只是功能的載體，因此，空間的秩序與平衡也只是反映功能的秩序與平衡。城市規劃的首要決定，或首要假設，是城市類型。城市類型定義整體利益。定義了整體利益才可知道甚麼是適當的秩序，甚麼是合理的平衡。舉例，經濟類型包括第一產業、第二產業、第三產業。（當然也可以，應該細分。如第三產業可細分為財經、旅遊、文化、教育各類型，反映這個城市的實情與理想。）選定城市類型就是選定城市的關鍵整體利益。「合義」的空間部署就是要按這城市的整體利益去處理城市內部各類空間分配的先後、輕重（各類空間的「五倫之序」）和處理各類空間使用的紛爭（各類空間使用者的「七情之困」）。因此，若是第三產業的城市就應把第三產業的空間優先部署，其他產業的空間分配與使用次之。如此類推。西方的功能分區在潛意識上或有這種考慮。但順「五倫之序」的意思是首先以理性的共識去定義城市類型，然後明確的按城市類型去制定內部空間的秩序和平衡各類空間使用者之間的紛爭。這也就是把柏拉圖的「義」演繹到城市規劃上。

　　空間分配不和諧並不是因為城市內部功能之間沒有先後、輕重，而是這些先後、輕重不合理性，也就是「不義」。不義怎能和諧？人車爭路是因為人車之間的貴賤失序，城鄉爭地是因為城鄉之間之輕重失序；官民爭利是因為官民之間的先後失序。我們必須重新建立城市空間的「五倫之序」。

空間使用者不和諧固然生於城市空間分配未能順「五倫之序」，但成於使用者所受的「七情之困」。現今「不吃白不吃，不拿白不拿」的功利社會裡，每個人都想白吃、白拿。但可惜的是多吃、多拿非但造成浪費，往往對自己也沒有好處；消化不良、樹敵過多，等等。看看政府部門之間的空間分配就可以見微知著。每個部門都想多佔用空間，不管有沒有需要。結果是很多空間都是閒置。但閒置的空間仍是需要維修、保養，增加了部門的開支，甚至扭曲了部門的經費分配。到了這地步，有些部門異想天開，想把閒置空間出讓、變賣去賺錢，也就是把國家分配給它們工作使用的空間看成自己的私產，完全扭曲了「公僕」的意義，並帶來部門與部門之間，部門與中央之間的新矛盾。這是加拿大的例子。相信別處也有同樣情況。「七情之困」是誰都逃不了的。但如果我們稍從現今主流的個人主義後退一步，讓我們天賦的理性多點空間去聽聽「大智」與「天道」的聲音，我們也許會重新發現「整體利益」與「大我」是存在的。那時，「七情之困」也可能稍易疏導。

　　順「五倫之序」可減低「七情之困」，但仍需加以疏導才可達「十義之舉」。柏拉圖的辦法是以理性控制肉慾，走上「哲學家君王」之路。我們的孔、孟民主多了。孔、孟給我們的啟發是，「飲食男女，人之大慾存焉；死亡貧苦，人之大惡存焉。故欲惡者，心之大端也。人藏其心，不可測度也。美惡皆在其心，不見其色也，欲一以窮之，捨禮何以哉？」（《禮記・禮運》）又說，「⋯⋯分爭辨訟，非禮不決。君臣上下父子兄弟，非禮不定⋯⋯」《禮記・曲禮》可見，「十義之舉」是非禮不行。但禮是怎樣去實踐的？孟子一針見血地說，「辭讓之心，禮之端也」。（《孟子・公孫丑》）「讓」是關鍵。「讓」的意思就是「求諸己」，這是典型的儒家風度：紛爭之中不敢損人；行善之際不甘後人。這與現今西方的主流文化有很大的分別。特別是表現在公共空間的規劃。西方個人自由主義的心態是，紅燈我要停，因為不停會被人撞（或被公安罰）；左上右落也是怕被人撞。儒家的心態是，紅燈我要停，因為要讓人走；左上右落也是不想撞到人。一邊是悲觀的法治，一邊是樂觀的禮教。法治之餘，我相信禮教仍可以疏導一下「七情之困」。

禮也是教育的工作。柏拉圖的教育是求真；孔、孟的教育是至善。非但城市規劃工作者要受教育，市民也要受教育，就如柏拉圖「理想國」的公民教育。教育的內容是城市空間分配的「義」；城市空間使用的「禮」。教育的態度是「誠」，是立己立人；「誠者非自成己而已，所以成物也。成己，仁也；成物，知也」（《中庸》第二十五章）。成功的公民教育是創造共識，也就是建立起城市空間分配與使用上的和諧社會。看看今天社會對生態、環境、衛生越來越重視，很大的功勞是小學生的教育。從小開始，學校老師就對小孩子灌輸生態、環境、衛生的重要。小孩子在家裡往往比父母更積極，甚至影響父母。我有一個想法，一個城市也可以把這個城市的理想、政府的承諾、市民的責任，簡潔地以容易上口的詞句寫成一章「城市約法」，作為建設和諧社會的共識。並在小學由老師向孩子們講解，要孩子們背誦，作為公民教育，潛移默化地建造一套以整體利益為導的城市秩序與平衡（當然可以包括城市空間分配與使用的秩序與平衡）。這才是「禮教」的真義，比法制強治更能發揮中國的文化力量。

當然，經過兩百年的歐風美雨，中國人不自覺地吸收了西方主流的個人主義、自由主義、資本主義。認為還是人家的比自家的好：自由比自制好、民主比民貴好、法治比禮教好。其實，西方有識之士早就知道自由、民主、法治都是雙刃劍，都要有互相平衡的機制，並需要不斷的反思、反饋。中國人嚮往的往往只是西方掮客向我們推銷的貨色，並沒有深研這些東西的背景與內涵。我們像文化孤兒：既沒有人家的根，也斬斷了自己的根。孤兒如果缺乏教養，就容易變成頑童；長大後，老練了，就變成刁民。如果再懂點詖詞、邪詞、遁詞，更是貽害千萬。

禮有矯情的成份，但也是人與人之間文明交往不可缺的因子。禮的「儀式化」（無論是公共參與的制度化、分爭辯訟的程序化，等等）都要我們做慢一點、想多一點；以不變應萬變，慢變應速變，速變應劇變，不劇變。這樣，我們的理性才可以趕上我們的情感，幫助我們消解「七情之困」，也所謂「知止而後有定，定而後能靜，靜而後能安，安而後能慮，慮而後能得。」

(《大學》)

　　城市規劃相信有明天，因此它是個樂觀的事業。城市規劃相信明天會更好，因此它是個積極的事業。城市規劃相信較好的明天可通過人的努力達到。這鼓舞和鞭策規劃工作者擇善固執。擇善是順從天道；固執是持之有恆。因此城市規劃是個至誠的事業。城市規劃相信帶來美好明天的努力包括了規劃。規劃的擇善固執就是依從天道，堅持天道。天道之中以「義」為著，因此城市規劃是行義的事業。

　　城市規劃是城市空間的分配和使用。怎樣行義？柏拉圖給我們的啟示是按個別能力分工，按整體利益管治。孔、孟的啟示是親親有先後，尊賢有等級。那麼規劃的首要工作是先定下城市的類型，作為考慮整體利益的基礎。然後，在空間分配上按「義」（「義者，宜也」）去決定城市內部功能的先後（順「五倫之序」）；在空間使用上以「禮」（「辭讓之心」）去疏導城市空間使用者之間的分爭（解「七情之困」）。看來，信、望、誠、義、禮就是城市規劃事業應有的「恆」。這也許就是柏拉圖給我的最大啟發。

第二章：奧古斯丁的「性惡」

　　悍警「骯髒哈利」（Dirty Harry，影片名港譯「辣手神探奪命槍」）
的巨無霸左輪（.44 Magun）對準匪徒前額正中，「來吧！讓我痛快啊！」
（go a head, make my day!）。匪徒手中的槍在哈利冷峻的目光迫視下慢

慢的垂低，俯首就擒……這是 1983 年荷里活電影「Sudden Impact」中最刺激的一幕。從此，「骯髒哈利」（由奇連伊士活飾演）這名字代表「兇捕頭」，他那句話代表「殺無赦」。美國有條法律原則以此為名「讓我痛快法」（make my day law）。

這條原則與 1985 年首先出現在科羅拉多州：當事人以暴力，甚至殺人去抗拒別人侵犯其居所，可不受民事或刑事起訴。這比「合理殺人」（justifiable homicide）更寬鬆，當事人無需證明入侵者是否蓄意犯案。這法律原則正名叫「城堡法」（Castle Law），來源已久。早在 1628 年，在被稱為英國法律三大寶典之一的《英格蘭的法律制度》〔*The institutes of the Law of England*，有名法律學者 Edward colze（1552—1634）所著。與 1215 年的大憲章和 1689 年的人權法案齊名〕就提出「一個人的住所就是他的城堡，而每個人的家就是他最安全的避難所」（Each man's home is his castle...and each man's home is a safest refuge）。

現在美國很多州都有類似的法律。除保護住所不受入侵之外。有甚至包括自己的車，自己的工作地點。只要當事人有足夠理由感受到生命的安全受威脅就可以使用暴力。在文明社會，一般人有「退讓的責任」（duty-to-netreat），也就是面對也就是執法的責任（權力）是應該由政府承擔的，自己執法往往就是犯法。但「城堡法」取消這個責任，代之以「堅守陣地」（stand-your-ground），也就是無需退讓。

雖然有些國家，如英國、加拿大、澳洲等等英語國家以及德國、以色列等，都有引用這個原則，美國是最典型。這跟美國的立國歷史和民族性格有關。雖然美國的法律源自英國的普通法，而普通法不鼓勵人民執法，但 1840 年代開始，到 20 世紀初美國往西擴張被視為「天定命運」（Manifest Destiny），往西移民是國策。拓荒自然要刻苦耐勞，冒險

犯難。千辛萬苦創造的家園，哪容別人侵犯（有時甚至包括不容政府侵犯）。這就是美國人自己嘉許自己的，自給自足，不畏不縮的「粗獷的個人主義」（Rugged individualism）。這是個典型的「牛仔」形象 —— 氣宇軒昂，單槍匹馬，警惡懲奸。

但是，豪情底下，隱藏著一種對人性的不安。為甚麼這個大家努力開墾出來的新天地不是雞犬相聞，夜不閉戶的安樂土？而是處處有壞人要欺侮你、有奸人要暗算你，你要時時警覺，步步為營的危險地？因為「人之初，性本惡」。你，我如是。你不能信人；細想之下，你會發覺連自己也不能信。這就是美國最原始的清教徒思想 —— 人性墮落，無法自拔 —— 來自於奧古斯丁的「性惡」論。

公元 3 世紀，羅馬帝國進入衰退期。面對危機四伏的未來，各種哲學思維和宗教信仰如雨後春筍，為惶恐的羅馬人帶來暫時的慰藉。此刻，基督信仰脫穎而出。據吉本（Edward Gibbon，英國史家，1337—1795，作《羅馬帝國衰亡史》）估計，當時的基督信徒已超過人口的 10%。這是怎樣發生的？

　　帝國邊陲的猶太省（Judea）是猶太人的聚居之地。在龐大帝國千萬子民中，只有他們是崇拜「唯一真神」，拒絕參與羅馬眾神的祭奠，包括對皇帝的效忠祭奠。猶太人很刁頑，多次拒抗帝國的壓力。他們既自驕也封閉，認為他們是真神的「選民」，等待他們的真神救贖，既不往外傳教，也不接納別人入教，更不與外族通婚。因此，雖然帝國對他們的效忠存疑，但地遠人少，也只算是癬疥之患。

　　但公元 30 年左右出了變化。有一個叫耶穌（公元的曆紀是以他出生之年為開始）的猶太人，自稱是真神的兒子、拯救世人的基督，吸引了不少追隨者。猶太的長老和經師們以為救世主應是個功勳蓋世的大英雄，而不是一個大言不慚的窮木匠。因此，猶太主流認為耶穌大逆不道、妖言惑眾，徵得羅馬總督的默許，把他釘死在十字架上，並嚴禁他的門徒宣揚他的教義，在猶太省到處搜捕，並知會旅居各地的猶太人舉報，務求肅清這些「基督之徒」。在族人的排斥之下，這些基督徒決定向外邦人傳教。傳的是甚麼？

　　猶太人對真神崇拜，出於敬和畏，他們有「創世紀」的故事。神做了人，一男、一女，叫亞當、夏娃。神本想他們快快樂樂的住在伊甸園，開枝散葉，與神為伴。但人既好奇，也不安份，偏要嘗嘗神說不能吃的禁果，犯了

「不聽命」之罪，叫「原罪」（Original Sin）。非但他倆被趕出了伊甸園，受生老病死之苦、七情六慾之困，他們的子孫，也就是所有的世人，都背上了這「原罪」，都要受這些困苦。但是神也慈悲，答應將來有贖罪的一天。這個救贖者會是神的兒子，他會出於神的「選民」（Chosen People）。

神選上阿巴郎。他沒有甚麼才幹，但對神是絕對信任、絕對服從。神選上他是證明任何人都可以得神的青睞。阿巴郎一家人到處流徙，終在現今猶太之地落籍。開枝散葉，建成猶太民族。過了幾千多年，神的救贖終於來了。神的兒子降生為人，取名耶穌。耶穌就是基督（救贖者之意）。他犧牲自己，代人類贖了原祖父母的罪。從此，人再回到神的懷抱。耶穌傳道三年，歸納出只有兩條：愛神和愛人。愛神，因為神愛你；愛人，因為神愛人，所以你要愛神之所愛。

耶穌救贖之功和以愛為本之道，基督徒稱之為「福音」。猶太主流非但不接受，更加之排斥、迫害。於是，基督徒（最初的基督徒都是猶太人）就向外邦人傳道。外邦就是羅馬帝國的千萬子民。猶太人在宗教與文化上是閉關自守，但在經濟上卻很活躍，旅居各地的很多。於是基督徒就從這些眾多的小核心向外邦人宣揚福音。福音的字義是「好消息」。外邦人聽到的好消息是這樣的：1. 耶穌救贖不限於選民之列，誰信誰得救，不分猶太人和外邦人；2. 愛是新的誡命，特別是愛人如己。外邦人，特別是婦女和低層階級如奴隸、士兵，很快就被這個愛的宗教吸引住了。耶穌的被釘和基督徒的被歧視更引起他們的共鳴。有些找到了慰藉、有些找到了解放，信徒越來越多。帝國，尤其是帝國的當權者，開始感到威脅。他們的理解如下：如果神是唯一，那麼羅馬眾神，包括了神聖的皇帝的地位何在？如果愛是一切，那麼帝國權力的基礎何在。在現實裡，婦女們、奴隸們、士卒們開始反思。在統治者眼中，這些都是危險信號。

公元 64 年 7 月 18 日晚上，羅馬城失火。燒了七日七夜，十分之一的羅馬城變為廢墟。尼祿皇帝籍口是基督徒縱火，下令鎮壓。理由是基督徒拒絕參與羅馬眾神的公開祭奠，褻瀆了神明。從 64 年到 311 年，前後十個皇帝，

基督徒殉道者的血滋潤著這個愛的宗教不斷成長。到 4 世紀初,君士坦丁大帝登位。他母親是教徒,對他有很大的影響。未登基之前,他與爭位者戰。士卒中基督徒很多,他答應他們在十字架旗幟下作戰,功成之日,對基督信仰解禁。313 年,他履行諾言,頒佈「米蘭敕令」(Edict of Milan)。從此,基督徒就可以在帝國內自由活動和傳教。380 年,狄奧多西(Theodosius)一世更定為國教,就是今天的天主教。這時已距離耶穌在生時逾三百年。這個國教是從被歧視和被迫害的社會邊緣轉成為被尊崇和被顯揚的社會主流,當然反映了當時社會的需要,但它也要適應新的局面。此中,最關鍵的是建立「正統」,特別是真神與真理的「一統」。中心人物是聖‧奧古斯丁(St. Augustine,354—430)。他的思維和理念,奠定了西方人生觀的核心。

奧古斯丁對神、人和世界的演繹支配著中古歐洲的社會、經濟與政治近千年。甚至可以說,今天西方人的人生觀,如果不是順他的,就是反他的,但都是以他的為參照。他的時代是基督徒終於得到帝國允許(313 年),成為國教(380 年),以致帝國開始崩潰到滅亡(476 年)。他的思想反映了這個時代,也反映了他多姿多彩的一生。

年輕時候,他任性放縱,但也同時著意找尋人生的終向。他才華橫溢,30 歲就當上帝國米蘭皇廷的修辭學教授,在當時是最高的學術地位。他對聲色情慾的追求也是人所共知的。雖然放蕩,但總有不滿足的感覺,不知何去何從,苦惱極了。有一天,他內心困擾難當,就在住所的小花園來回踱步。突然聽見一個小孩的聲音,不斷的說,「打開書看看,打開書看看」。他遂打開手邊聖經,剛好是保羅(保祿)致羅馬人書第 13 章,13—14 節。「我們該脫去黑暗的行為,佩戴光明的武器。行為要端莊好像在白天一樣。不可狂妄豪飲,不可淫亂放蕩,不可爭鬥嫉妒。但該穿上主耶穌基督,不應只掛肉性的事。」這段話觸動了他心靈深處,他馬上改變生活態度,領洗入教。這些,在他有名的《懺悔錄》(Confessions)裡都一一記了下來。這本真摯感人、剖心之作的世界名著至今仍是自傳的範本。他思維豐富而複雜。此中,對西方人最具影響是他的「性惡論」。這個理念其實完全反映了他的宇宙觀和人生

歷程。

奧古斯丁相信理性與信仰是一致的。他的信仰使他傾向於柏拉圖的宇宙觀。在他的《懺悔錄》裡，他記錄他求真的過程。他曾信摩尼教（Manicheanism，相信宇宙中善、惡相爭，勢均力敵，永不休止），但與摩尼高僧一辯之後，大失所望，遂放棄這信仰。偶然得看「柏拉圖之書」〔相信是柏羅丁（Plotinus，公元 204—270 年），新柏拉圖派創始人〕，發現這才是他追求的真理所在。

柏拉圖的宇宙觀出於他觀察到得宇宙之美和秩序。宇宙萬物都好像有其目的，因此，他認為宇宙不可能成於偶然，總有一個歸宿，他稱之為「至善」（The Good）。萬物是籍它而生，但它是無可名、無可知，是超越理性。理性可以知道它，但不可以明白它。奧古斯丁借用這套思路去統一信仰與理性：真神就是真理。

在這個宇宙觀底下出現奧古斯丁的倫理觀，關鍵在「原罪」與「神恩」。耶穌的降生，以至教會的建立，完全是因為「原罪」。原罪是「不聽神命」之罪，人類被趕出伊甸園。耶穌降生、受難，被釘死在十字架上是以「聽神命」的犧牲補償了人類原祖父母「不聽神命」之罪，使人有機會重返神的懷抱。這個「不聽命」就是奧古斯丁「性惡」的根源。且看他的演繹：

> （亞當和夏娃吃了禁果之後）……他們用無花果葉掩蓋身體上那些從前沒有甚麼可恥，但現在卻變得可恥的部位……吃了禁果，犯了越軌之罪後，他們為甚麼把目光投視到這些器官，而不是投視到犯罪的手和口？……這是因為他們的眼睛開了……可是他們從前每天都是看見這些器官……為甚麼突然地對赤身裸體感到羞恥，對這些器官的裸露感到羞恥，要馬上把它們遮蓋？是不是因為他們看到了這些器官 —— 他的在明處，她的在暗處 —— 已不再服從他們的意志控制？這就是他們應得的苦，正因為他們不服從神的旨意，因此他們生兒育女的器官不再服從他們的意志控制……

奧古斯丁認為神創造人，給了他「意志自由」（free will）。「原罪」的效應是這個意志完全墮落（depraved）。也就是說，人類的意志完全受肉身和私慾偏情支配，再沒有真正的自由了。此中，以性慾為最（這大大影響了西方的性道德觀，至今。這事上，奧古斯丁有點受了摩尼教和柏拉圖的影響）。他強調人性喪失了「不犯罪的意志」（the will not to sin）。

人有沒有自由意志是人類恆久以來不斷思考的問題。此中，最關鍵的是因果（causality）與必然（necessity）的爭議。蘇格拉底前的希臘哲學家的宇宙觀強調因果與必然，主要是針對希臘神話的宇宙觀之中眾神的隨意性、武斷性，藉此肯定人能夠控制自己的命運。

西方思想史一般以蘇格拉底（公元前 469—前 399）為分水。之前是啟蒙：哲理的探討是個人或小團體的活動。之後是成熟：哲學思想影響整個社會的文化氣候。從蘇格拉底到奧古斯丁，先後出現兩個主流。先是希臘轉衰、羅馬趨盛的公元前 3 世紀到 1 世紀流行的享樂派（Epicurianism，也稱「伊壁鳩魯派」）。此派是唯物主義，認為宇宙萬物是由極細的原子組合而成。他們接受因果鏈帶，但認為原子運動有時會離軌或碰撞，產生宇宙中的偶然性，為人的「意志自由」創造出點理論空間。但問題是這種偶然性是「無規則的」（random），不是人能夠創造和控制的。因此，所謂自由其實只是種「失常」而已。

羅馬帝國成立於公元前 27 年，開啟 200 多年的太平盛世、天下一統。生於亂世、傾向唯物、追求享樂的人生觀不合潮流。代之而起的是強調理性、秩序和責任感的克制派（Stoicism，也稱斯多葛派或寡慾派）。此派承認因果，但認為有關道德的行為包含著「自願同意」（voluntary assent）成份。因此，道德行為不是「必然的」。

享樂派與克制派輪替成為主流之際柏拉圖（Plato，公元前 427—前 347）思想仍是香火不絕。公元 2 世紀末，羅馬帝國開始衰落。外面的蠻族蠢蠢欲動，裡面的腐化和鬥爭重現。克制派的悲天憫人和享樂派的功利現實都不足應付這個內憂外患、暴力詭詐的時代。應運而生的是「形而上」而又略帶神

秘的「新柏拉圖派」（Neoplatonism，柏羅丁開創）。此派聚焦於人如何通過理性去模仿宇宙之「真」，作出天人合一的決定：堅持「知真」就會必然地「行真」（典型的「知行合一」，此中是「知難行易」）。這也是奧古斯丁要走的路。不同者是他把「神」與「真」視為一體。

柏拉圖派認為生活應由理性指揮，而理性之中以天理最高。但是，奧古斯丁認為單是理性不足解釋在道德決定中人的作用（human agency）。這點跟他人生經歷和歷史背景有很大關係。在有關意志自由的討論中他的希臘哲學與他的宗教信仰相互交織、交戰，越來越走向悲觀。

首先由他個人經歷說起。他雖然曾是摩尼教信徒，但很早就放棄，可是他仍遲遲不願受洗入天主教。他指出這不是他理性上的猶豫，而是他內心的衝突、意志的混亂。也就是說，是人性的問題。縱觀他對意志自由的演繹，可分為三階段。

1. 早期，他針對摩尼教的善惡二元論：假若全善的神是全能，怎會善、惡勢力相等？又假若惡行是附在人身上的惡魔所為，人怎還能有道德責任？奧古斯丁傾向「缺善論」（absence of good）：善惡不是二元對立，惡是沒有獨立的存在（也就是說，惡不是神創造出來的），它只是善的不足。因此，惡是一種「不完美」（imperfection）。惡行是人的選擇，主要是因為人對善缺乏認識。理性認清善惡之後，人會趨善棄惡。這是典型的柏拉圖式演繹，也就是哲學性的演繹。這段時期奧古斯丁對人的理性比較樂觀。

2. 到了奧古斯丁受洗入教，繼而細讀聖經，他開始對人的選擇能力，也就是以理性去規範道德的能力，越來越悲觀。這點他肯定受個人經歷影響。他說他有「惡習」（habit），尤其是情慾上的事情。他年輕時的名句是「神，請賜予我貞潔、寡慾，但不是現在。」他認為惡習好像有其自身的「必然性」，不輕易會服從理性。擇善需要人的意志做出一種極難的轉向（reorientation）。到此，奧古斯丁開始質疑意志是否真正自由。這也是他在寫《懺悔錄》的一段期間。

3. 後期，奧古斯丁更貶低邏輯理性對意志的影響力，轉向以其他因素去

解釋人的道德選擇，例如對所屬團體的承諾、對傳統權威的尊重、對神所顯示的法規的服從。他把自由（free）和自願（voluntary，有點像克制派把「自願同意」作為道德責任的基礎，見上）放在一起。也就是把意志自由的焦點從希臘哲學所談的「理性使人獲得真知，真知使人自動行善」的那種經理性而獲得的，差不多是自動導航式的「理性自由」逐漸轉到那種必須來自心底、脫胎換骨扭轉惡習的「感性自由」。此刻的奧古斯丁強調人類的極度無知（理性自由不可得）和人生的極度苦惱（感性自由無處尋），繼而踏上一切要「依賴神恩」的思路。這是他寫《神的國度》的期間，反映他對人性的極度悲觀。

奧古斯丁認為人類的無知與苦惱其實是反映了人的自由意志與神的全知全能兩者之間的邏輯矛盾。這不是哲學與信仰之間的矛盾，更是哲學自身的內在矛盾。哲學是求真，而真的定義之一是其「必然」。因此，從哲學的角度去看，如果神是全知全能，他所知的必然會發生。那麼，人的道德選擇豈不就是個虛像？人也就無需承擔任何道德責任。這確實是個哲學難題。

但奧古斯丁還得考慮一個使問題更趨複雜的嚴重教會危機。公元 410 年，羅馬城被蠻族攻陷，帝國進入黑暗期。有人更把國難歸咎於帝國離棄羅馬眾神，改奉基督，招來眾神之怒。有些教徒對基督的信仰開始動搖。教會內出現伯拉糾主義（Pelagianism）。這學派否定「原罪」，認為亞當與夏娃不聽神命當然是大罪，但罪不及「無辜」。對人類來說，亞當與夏娃之罪只是個壞榜樣，並未使後人負上罪孽，也未使人性完全墮落。人仍有足夠的意志力去選擇善、惡。因此，人對自己的得救與否是應該，和有能力負責的。人只要做善功，無需神恩（除了是神賜給人類自由意志之恩），也無需耶穌的救贖。耶穌只不過是給我們做個好榜樣去抵消亞當與夏娃的壞榜樣而已。這學派肯定人的意志自由，但在信仰上的代價是否定了耶穌的救贖之功，因此也同時否定了繼續耶穌救贖工程的教會。教會的教義基礎就被架空了。奧古斯丁是反對此派的主力，視此派為異端，因為它直接動搖教會的合法性。

但奧古斯丁反伯拉糾主義的立場也同時為他打開一條思路去處理全知之神與自由意志之間的矛盾。其實，他也未有「解決」這矛盾，他是把「人的

道德選擇」作了新的解讀，如下。

奧古斯丁先把「原罪」的意義分析。他認為人類雖未曾直接犯上「原罪」，但關鍵不在罪的本身，而是在罪的後果，也就是原罪的「效應」。這個效應感染了亞當的所有後代。原罪之前，人有意志自由，也就是可以自由地選擇善或惡。原罪的效應是人性墮落，不能向善，不會返回神的懷抱。因此，得救要全賴神恩，不能用善功「賺」來，是神無條件賜予祂在創世時已選定的得救者（這叫「預定論」，predestination），被選上的不用賺取，也不能推卻。奧古斯丁用這條思路去處理神的全知與人的自由之間的矛盾，作出以下的推理。一方面，原罪的效應非但是毀滅了人類的意志自由，更使人的意志只有犯罪的自由，也就是自甘墮落，永不超生。另一方面，神非但全知誰會得救，而且他預先定下誰會得救，也就是說神的所知必然發生。奧古斯丁把「原罪效應」加諸於人類原有的「自由意志」（人有辨別善惡的能力和選擇善或惡的自由）之上，產生出「性惡」理念（「原罪」之後，人的意志雖仍是自由，但喪失了知善的能力，只會自願的、不自覺的選擇惡），進而引入「神恩」，作為解救「性惡」的唯一途徑，得出「依賴神恩」的結論（神恩才可使人擺脫無知與苦惱，重獲真正自由）。

這個結論反映了後期的奧古斯丁。當時的歷史背景是帝國崩潰，教義分歧，而奧古斯丁則從一個追求學問與真理的思想家演進為一個慰藉與教誨千萬信徒的主教。他發覺以哲學（邏輯理性）為基礎的道德觀未能滿意解釋人性向惡，更未能指引迷途羔羊何處是彼岸。他的「依賴神恩」結論使他強調教徒應服從神通過聖經和教會顯示給世人的法規，尊重教會的傳統，堅守奉教時許下的承諾。這個時代，帝國的千萬子民對羅馬的崩潰充滿憂慮，自然嚮往穩定和統一；教會的千萬信徒對教義的分歧充滿疑惑，自然希望澄清和統一。奧古斯丁結合基督信仰與希臘理性，在社會動盪中他應允穩定，在教義分歧中他應允正統。因此，他被時代接納了。他的理念也從此深植在西方人的心底。這有點像中國漢朝董仲舒的罷黜百家、獨尊儒家。無可否認，主流的形成是它能迎合時代的心態。但主流的持續則必定是它觸及人性的基

本。姑勿論奧古斯丁思路是否真正解決了在理性邏輯上神的全知與人的自由之間的矛盾，他的「性惡」意識確實支配西方至今。

要認識奧古斯丁的「意志自由」必須由他的信仰入手。在信仰下，他的演繹是合乎邏輯的。首先，他指的「意志自由」，不單是一種個人感受的狀態（state），而是神恩解救罪罰之後而得的結果（result）。他指的「罪」不單是背棄了神（這是罪的宗教意義，哲學上可以解讀為背棄了善），也包括了由此而生的人、神之間的裂縫，和由此而來的人應受的處罰。神恩彌補這裂縫，使人重新得知神意（哲學上可解讀為「知善」），並能遵行神意（哲學上可解讀為「行善」）。因此，奧古斯丁的「意志自由」是一個以信仰去同時滿足理性與感性的「自由狀態的實現過程」。真正的自由是擺脫了罪惡與死亡的束縛而得的解放，是按神的意旨去生活而得的喜樂。這也是亞當在伊甸園享受過的自由。這是神所賜的。亞當誤用了自由，選擇了邪惡（不聽神命），被趕出了伊甸園。但神賜的自由仍在，可是選擇的範圍就從此局限在邪惡，而邪惡主要是指肉慾的追求（will of the flesh，指扭曲或過分的肉慾追求，奧古斯丁認為嬰兒也難免）。耶穌救贖之功洗淨原罪的效應，非但使人恢復亞當未犯罪之前所擁有的自由，更把人的自由提升一級。「原罪」前，亞當有意志自由去選擇善或惡；「原罪」後，人「只會自願的、不自覺的選擇惡」；經救贖，人「只會自願的、不自覺的選擇善」。

神賜亞當意志去知善、行善（奧古斯丁稱之為「足夠神恩」，Grace Sufficient）；但通過信仰耶穌，神賜人意志非去知善、行善不可，也就是完善的自由（稱「有效神恩」，Grace Effective）。奧古斯丁把這個「墮落、得救、提升」的論點作為他《神的國度》一書的高潮。

　　　　「噢　快樂的錯，

　　　　噢　亞當必要犯的罪，

　　　　它為我們博得了一個如此偉大的救贖者」。

　　　　（「O happy fault, O necessary sin of Adam, which gained for us so great a Redeemer.」）

奇妙地，在教義上，「原罪」成為耶穌救贖的前定因素；在心理上，「性惡」成為依賴神恩的先決條件。從此，「性惡」是可憐多於可鄙。聖經上，耶穌屢次說是為「罪人」而來。罪人與神恩緊緊相扣。相對地，循規蹈矩的就往往被形容為「偽善」、「刷了白灰的墳墓」。

奧古斯丁對人性悲觀和對神恩的嚮往是二而一。他的「性惡」是用來肯定「神恩」。但是，隨著日後的宗教改革、啟蒙運動，「神恩」理念隨著宗教的萎縮而趨淡，但「性惡」理念則深堪西方文明的土壤。此中有段演變過程：「性惡」從「道德」演繹移到「科學」演繹。「自由」從「意志」層面移到「行為」層面。

16 世紀的宗教改革運動衝到了千多年的道統，個人意識開始抬頭。到了17 世紀，經驗主義（Empiricism）出現。它的宇宙觀跟千多年前的享樂派差不多完全一樣，相信宇宙是由原子組成，原子不斷發出「發射物」（lamina）刺激人的官能，構成經驗。此派開山祖師洛克（John Locke，1632—1704）把人的道德觀看成「一張白紙」，由經驗把它塑造。經驗告訴我們，人是趨吉（享樂）避凶（痛楚）的，因此享樂是道德的基礎，人實在沒有自由意志。當人考慮兩件事的利、弊後，他一定會選擇對自己有利的事。這個「經驗之談」把人性的「道德」演繹轉移到「科學」演繹。他更說「意志自由」是個沒有意思的辯論。他認為「人的自由」才是有意思的討論。這樣地，現今西方主流的經驗主義就把自由聚焦在行為與行動的層面了。也就是說，自由不再是個人的道德問題，而是眾人的政治問題。

經驗主義的另一大師休謨（David Hume，1711—1776）更把倫理觀建立在「人的科學」基礎上。對他來說，「人」只不過是一堆由相關關係和因果關係相互聯繫起來的感知體，也可稱是一堆「有內容的感知」（sense-contents）。因此，休謨對人的道德觀和推動力有這樣的形容：「理知（reason）是，也應該是慾望（passion）的奴隸，除了服從慾望和替慾望服務之外，並無別的

任務」。相應地，慾望是人改變世界、改造環境的推動力。他堅持人類行為是由人性支配，任何控制人類行為的意圖必被人性衝破。最基本的人性是自我保存。但經驗主義之下，每個人對自我保存的道德意義有不同的判斷。為此，道德是相對的。

休謨更認為善行和惡行是沒有理性原則的。理性使我們知道正、誤（true and false），不是對、錯（right and wrong）。道德不是一種正、誤的東西。它受感知（perception，官能的察覺）和愛惡（appetite，慾念的傾向）支配。因此，會因人、地、時而異，是主觀性的。善、惡之別是看它給人的「印象」（impression）如何。如果印象使人「滿意」（agreeable），它是善；如果不滿意，它就是惡。因此，休謨的道德觀裡沒有永恆和不變的標準，一切要看人的需要和處境。

到了斯密（Adam Smith，1723—1790），人性非但是無善無惡，傳統的「性惡」（自私）更還是公益的基礎呢！斯密對他的《道德情操論》（*The Theory of Moral Sentiments*）比對他的名著《國富論》更為重視。他的道德觀完全受休謨影響。斯密認為人性驅使我們追求財富（雖然他同時認為富人不比窮人快樂），而在這追求中，分工和交易增加人類快樂的總和。由此，我們可見斯密非但繼承了經驗主義的傳統，而且把它發揚在經濟領域中，成為自由經濟的理論支撐，稍後更被用作資本累積和資本壟斷的辯白。從思想史層面去看，經驗主義是享樂派（見上）的復活，它倆的宇宙觀（物質宇宙、人死燈滅）與倫理觀（追求現世的官能享受）都是一致的。

經驗主義延伸出個人主義與自由主義也是很自然不過的事。每個人的經驗不同，不同經驗產生不同的道德觀，因此不同的道德觀應有同等地位；不同的道德觀既有同等地位，人人就應享有自由去按自己的道德觀去生活。最基本的道德觀是自我保存與追求享樂。資本主義附生在個人主義與自由主義身上也是自然不過的事。資本主義建立在財產私有、自由競爭的原則上。財產私有是自我保存的最佳保證；自由競爭是追求享樂的不二途徑。

當然，常識與歷史告訴我們過分的自我保存和過度的追求享樂會損及他

人，不容於世。因此，個人主義與自由主義發明「不損害別人自由的個人自由」的原則。但這是不可能的。可作以下的理解。

首先，個人自由是「按自己所想去做」。但是在個人主義的定義下，每個人想的都不同。而且，我想的只有我自己知道，別人不會知道，我也不知道別人想做甚麼（無論他說甚麼）。因此，我永遠不會知道我做的事情有沒有損害別人。「不損害別人自由的個人自由」是不可知的。就算把這認知的問題撇開，仍有以下的邏輯問題。每個人都有他的別人；每個人也是別人的別人。因此，個人自由有兩條界線：上限、下限。如果我不能損害任何別人的自由，我的自由範圍肯定最小，這是下限。如果我不用考慮別人，我的個人自由範圍肯定最大，這是上限。但是，如果我是真正的個人主義者，我必須承認真正的界線不是我能夠定的，道理如下。（1）我知道我的上限肯定會損害某些人（這來自個人主義的定義）。這我不該做。（2）我也知道如果我的自由界限是由那些可能被我損害的人去決定，我肯定損失自己的自由。這我不會幹。這是邏輯上的死結。在實際裡，個人自由的上、下限都是社會定的。個人自由的上限一般是從天賦權利演繹出來，屬人權的討論；個人自由的下限一般是約定俗成定下的最大容忍度，屬民主（正式與非正式）的決定。約定俗成，或民主，就是大多數人的決定。從被限制者的個人觀點去看，這就是「大多數人的獨裁」（在個人主義的定義下，不可以有別的演繹），而「大多數人的獨裁」正是自由主義最抗拒的。到此，我們可以得出以下的結論：在個人主義下，「不損害別人的個人自由」的界限是不能實踐（實踐就是大多數人對個人的獨裁），但是又不能不實踐（不實踐就是個人自由損害別人自由）。這是個人自由主義者的死門。

這兩百年，盎格魯·撒克遜文化是西方主流，「性惡」意識支配西方文明。要說明，「性惡」的意思是「人類天性是追求肉慾享受」。這跟西方現代前的宗教與哲學傳統有很大的差異。在宗教上這代表把肉身的地位放在靈魂之上。肉身和靈魂都是神創造的，而靈魂更是神按自己的肖像而造的。因此，重慾輕靈就是離棄神，而離棄神就是「惡」（evil）。因此，「性惡」就是

自甘墮落（depraved）。在柏拉圖哲學裡，追求肉慾代表輕視理性；在柏拉圖宇宙觀裡，理性使人去近至善，肉慾是人的羈禁，使人墮入虛無。柏拉圖的哲學重知，認為理性知道了甚麼是真的、對的，肉身定會跟著去做。因此，「性惡」就是不知長進（ignorant）。

當然，「性惡」文化並不代表西方人自甘墮落或不知長進。它只是使西方人不會以「不長進」而內疚，不會以「墮落」而羞恥。這文化的主題是追求肉身享受乃人的天性（姑勿論為何有此「天性」），與人的情緒與知識無關。再往前推一步，道德觀是個人的、主觀的。這文化不關心人的意志自由與否，只強調人的行為必須有自由。

事實上，西方是好人多於壞人（按「傳統」的標準），但西方「性惡」文化是對惡人、惡事（特別是離經背道）特別包容，寧縱無枉。他們的宗教強調愛罪人；他們的社會強調尊重個人自由；他們的法制強調未證明有罪前是無罪。（他們深厚的社會傳統和豐富的經濟資源使他們能夠承受這套文化的社會與經濟成本。）相對地，對善人、善事則特具介心，特別是反感「偽善」；對利他、大我則缺乏信任，特別是懷疑「無私」。且看他們的小說、電影，都是突出十惡不赦的會得成正果，仁人君子則不保晚節。

總結一下。柏拉圖主義聚焦於物質世界之上的本質世界，也就是天道。由此而生的倫理觀是以天法人；重理性、輕肉慾。奧古斯丁原本也就是走走這條路，但他的個人歷史使他不敢依賴理性的能力去約束肉慾的衝動。他的宗教信仰使他找到另一方向，如下。肉慾的失控（「性惡」）是「原罪的效應」，不是人力（善心、善行）可以解救，必需依賴「神恩」（對神的信賴 —— 實際的演繹是對教會法規的服從，對教會傳統的尊重、對教會承諾的堅持）。「神恩」非但是種解救，更是種提升，使人真正懂得與神同行才是真正的自由。因此，奧古斯丁的思路是個奇妙的組合。他的「性惡」來自對人性悲觀，但他的「神恩」使人樂觀，兩者都帶有濃厚的感性。從他開始，人性的不能自拔深深植在西方文化的泥土裡。17 世紀的經驗主義重新演繹「性惡」：肯定了「性」，否定了「惡」。開山祖師洛克摒棄尋求官能不可達的本

質世界，也就是摒棄了基督宗教的真神和希臘哲學的真理，聚焦於官能可達的物質世界。也就是以現代「科學」取代古典「理性」。他以「一張白紙」去形容人性──道德是經驗塑成，而經驗是絕對的、個人的、主觀的。休謨進而以此「科學」去證明人性無分善、惡，只有愛、憎，而愛與憎是以能否滿足肉慾追求來決定。擴大到社會層面，就是大多數人覺得滿意（愛）的就被認為是善；大多數人覺得不滿意（憎）的就是惡。從此，善惡之別就成為「政治」的東西。當然，洛克、休謨之流都認為追求肉慾享受，也就是奧古斯丁的「性惡」，是天經地義之事，只要不損害他人。從此，「性惡」被正常化，變成「性本」。再加上斯密的「私利可達公益」，「性惡」（性本）更變成值得表彰（最高的表彰是自由競爭，起碼在經濟層面上如此）。現看看「性惡」在城市規劃上的一些演繹。

現代城市規劃的最基本原則是功能分區。這其實是「性惡」文化的一個具體表現。性惡文化對人性不信任，對人如此、對己也如此，認為人性嚮往私慾偏情，不能自拔。現代之前，西方人信仰一統，有神的慈悲可以依靠，有基督的博愛可以效法。性雖惡，但人與人之間的關係仍有教義為準則、教會為裁判。可以說是種社會性的約束制度。這制度有 3 個層面：信徒「自我約束」（道德力量）、信眾「互相約束」（社會力量）、教會「強制約束」（法律力量）。宗教改革把這套以教會為中心的社會約束推倒。繼之是經驗主義抬頭，引發出個人主義和自由主義。在這套現代文化意識中，人的行為是自主的，只可以「自我約束」（道德制裁，主要出於內疚），或是由合法政權施行的「強制約束」（法律制裁，主要是通過阻嚇）。「互相約束」是不可能的，因為互相約束就是社會制裁，主要是通過羞恥。這需要兩個條件：辱人者有公認的道德準繩；被辱者有自發的羞恥之心。但在經驗主義下道德是相對的，哪有公認的準繩，辱人者憑甚麼去辱人？在個人主義下道德是自主的，只要自己覺得對就是對，被辱者哪會自發的羞恥？加上自由主義使西方人把「性惡」演繹為「性本」，非但無需內疚，甚至認為「性惡」可以發揮競爭潛力，提升大眾福利。到此，羞恥沒了，內疚也不必。人類行為只可以經法律強制

去約束，也就是靠阻嚇。

現代城市功能分區的假設是人人自私（傳統的「性惡」；現代的「性本」），每個空間（土地）使用者都在追求最高享受、最高效率，不會自覺的考慮別人，自動的容忍別人。因此，真正的混合用途是不可能的。在個人與自由的社會裡，公說公理、婆說婆理，既沒有公認的準繩，更沒有自發的忍讓。所以最後還是把功能分區，楚河漢界，以免麻煩。

功能分區還是種法律約束。人與人之間沒有，也不必互相理解、體諒，更不可以矯正別人，只須各自守法。當然，這只是把活生生的人際關係硬套在死板板的法律條文上。但法律怎樣制定、怎樣執行，仍是非人不行。「性惡」問題並未有處理，仍是隱藏在每一條法則的演繹和實施裡頭。不同者是，由人產生的問題不再由產生問題的人去解決，改由專家們（包括規劃師、律師、工程師、建築師，等等）用專業術語、以專業邏輯去分析、辯證、判決。西方規劃法是出名的修改最繁、舞弊最多。

歐洲的古城風貌反映當年西方人的「大我意識」。住所與工場、商店與學堂、衙門與妓坊雖是混在一起，但誰可以幹甚麼、應該幹甚麼，大家都心知肚明，不會越軌。在真神的護佑、真教會的指引下分工而無需分區。這些中古城市活力十足，看上來是雜亂無章，但給人一種有機、和諧的感受。現代城市規劃是工業革命之後，隨著資本的需要和條件（包括維持和延續資本社會）而出現的。現代資本把「性惡」（自私、自利）看成「性本」，當然沒有大我，甚至不能接受大我。各行各素、自我膨脹是資本社會的活力所在，功能分區更能增加資本效率（起碼初期是如此）。功能分區（在每個人、每樣功能都在追逐最大利益的假設下分開不同的人、不同的功能，以免衝突）遂成為現代城市規劃的金科玉律。後現代規劃是對現代規劃的批判，但並未有改變、也不能改變「性惡」文化。後現代規劃的「新城市主義」也許會美化一下功能分區的呆滯、點綴一下功利社會的冷漠，但只會是精英（包括規劃師）的一種自我滿足、自我陶醉，不會成為主流。

　　我認為最能反映「性惡」文化是西方規劃界常用的三個相連的名詞。「多元化」（pluralism）、「包容」（inclusiveness）和「意見一致」（consensus）。現細說。

　　1.「多樣化」（diversity）一詞來自生態學。它的意思是多樣化的生態有最強的生存持續力，因為它的應變能力比「單樣化」（homogeneity）強（當然，多樣和單樣的分別是相對而非絕對的）。這一概念用在社會學上便是「多元化」。它的意思是一個尊重不同文化、價值觀或生活方式的社會比一個歧視某些文化、價值觀或生活方式的社會好。但是，把這個生態學的隱喻用在規劃上很有問題。生態多樣化也許是件好事，但生態學上的概念是否通用於人際關係？從整個社會或整個城市的角度去看，是否每一種價值觀或每一種生活方式都有助這個社會或城市的持續生存？實際上，「多元化」社會往往被「性惡」利用。這裡，「性惡」是指超乎常規的肉慾追求，或超乎常理的功利自私。這些「少數」或「邊緣」分子是「性惡」文化的尖兵。他們想正常化、想被尊重、想更多取。吸毒者要別人當他是受苦的病人、雞姦者自稱是「驕傲快樂人」、賣淫者叫做性工作者。功利自私是因為人人都是同樣自私，自己不吃就是白不吃、不拿就是白不拿。現代西方城市規劃整天強調城市多元化是好事，而多元化的衡量是離經背道的多寡。甚至有專家認為同性戀者最多的城市是最活力和最創意的城市！凡有任何規劃決定都唯恐不及的鼓勵這些「少數」或「邊緣」分子參與。道理是，假如社會承認「多元化」是件好事，就得承認這些人的價值觀和生活方式與主流社會的價值觀和生活方式有同等地位，不可以厚此薄彼。荒唐怪誕的雖屬少數，但仍應該跟循規蹈矩的大多數有同樣的權益。規劃參與者良莠不齊，但誰也沒有資格去判決誰良誰莠。良與莠只是反映價值取向不同而已，沒有真正的好、壞之別。人人都應有同等的政治地位，同樣的參與權利。「多元化」豈不就是給「性惡」一個奪權的契機？

　　2.「包容」（inclusiveness）是美德。要發揮社會多元化的力量，第一步就要社會主流去包容少數分子的不同文化、價值觀和生活方式。當然，包容

的意思遠超越「忍受」：包括大方和尊重。尊重就是讓人家參與「政策討論」（policy discourse）。因此，真正的包容就要接受「包容性的爭論」（inclusionary argumentation），讓少數分子有機會向政策（包括決策的程序）挑戰。這也使我想起「阿拉伯人和他的駱駝」的故事。阿拉伯人在沙漠中騎著駱駝趕了一整天的路，晚上他搭了個小帳篷，在裡面睡覺。半夜，駱駝輕輕地推醒了他，「老闆，發發慈悲。外面實在很冷，可不可以讓我把鼻子伸入帳裡，取取暖。」阿拉伯人很愛護他的牲口，見它也實在可憐，就說：「好吧，你就把鼻子伸進來吧。」他睡了一會，駱駝又吵醒了他：「老闆，外面冷得要命，你帳篷這麼大，請讓我把頭放進來，可以嗎？」阿拉伯人好夢方濃，就說：「好吧，但不要再吵我了。」隔了一陣子，駱駝用蹄踢醒了阿拉伯人：「我看你睡得真舒服，你知不知道我在外面凍僵了。你替我想想，這公平不公平。我要和你一樣，睡在帳篷裡。」阿拉伯人說：「怎麼成？這帳篷這麼小。」駱駝說：「有甚麼不成？你把帳篷讓給我不就成啦。」於是，他們就爭起來。你推我拉，嘩啦一聲，帳篷倒了。「包容」豈不就是「性惡」奪權的包裝？

3. 誰會說「意見一致的決定」（consensus）不是件好事？意見一致就是沒人反對。多元社會怎有意見一致？事實上，「意見不同」正是多元社會的特徵。在「民主」政治中，處理意見不同的一般辦法是少數服從多數，但如果意見一致變成決定的標準，少數派（甚至一個人）就有絕對否決權，這豈不就是多數服從少數？少數的獨裁？「性惡」者往往就是非主流的少數分子或反對分子。「意見一致」豈不就是他們奪權的部署？

把以上的三個概念（名詞）串聯起來就產生以下的邏輯。生態多樣化是好事，因此社會多元化也是好事；多元化社會有多元文化、價值觀和生活方式，要相互包容，因此主流一定要包容少數；在政策決定時，主流非但要包容少數，主流和少數還應有同等的政治地位，因此意見一致的決策方式才是多元化社會唯一合理的決策模式。這個邏輯的開始是多數接受少數，繼而是多數遷就少數，最後是多數服從少數。在個人主義、自由主義的文化底下，「多元」往往就是表彰「性惡」；「包容」往往就是讓「性惡」入侵；「一致」

往往就是對「性惡」投降。

這個「性惡」文化支配西方幾百年，尤其是最近兩百年的英語世界。我在《西方文明的文化基因》一書探討了現代西方人在經驗主義、個人主義、自由主義支配下為人類帶來高度的物質文明和空前的人為災難。這個個人至上的文明使人類失卻了道德行為的準繩。為離經背道的來說這是種解放；為只求安定與溫飽的大多數來說，這是種失落，容易導致失措。單看自殺與戰死的數字，無論是絕對或相對（與人口比例），人類自毀是史無前例。這套「性惡」文化使西方人墮入無是無非的虛幻世界：所有價值觀都有同等地位，所有生活方式都有同等權利。試想這需要多少經濟與社會資源？西方擁有世界人口的 20%，佔用世界資源的 80%，還可勉強應付，但越來越捉襟見肘；西方二千年的宗教信仰和由此而生的社會結構仍可勉強支撐，但越來越力不從心。中國當然沒有這樣的條件，但更關鍵的是我們有沒有這樣的需要？人家是已經不能自拔，我們為何要自投羅網！

中國沒有「性善」文化，只有點「性善」的傳統。這應否發揚光大？可否發揚光大？孟子的智慧是他聚焦於「善之端」。（休謨、斯密之流聚焦於「性之本」，堅持「性之本是惡」。然後，在「惡」上塗金，製造出「性之惡是性之本」的論調。善與惡之分就沒有意義了。）他提出「惻隱之心，仁之端也；羞惡之心，義之端也；辭讓之心，禮之端也；是非之心，智之端也。」這些都是「善之端」。真正成善，仍需要培養。西方認為「性惡」不能改，是硬道理，因此而生的「性惡」文化是種悲觀、霸度文化。孟子非但對人性比較樂觀，更認為通過教育，人人可以成善。因此，「成善」是一個過程。在這過程中，有教無類，誰都有成善的潛質。因此，「性善」文化會是慷慨的，可以包容「性惡」；會是慈悲的，可以感化「性惡」。「性惡」文化底下，城市功能分區是楚河漢界，哪來活力；規劃參與是犬儒功利，哪有雙贏。「性善」文化的城市是怎樣子的？「性善」文化的規劃是怎樣幹的？我們可以想像一個有惻隱、知羞恥、尚辭讓、明是非的城市嗎？這需要有志氣、有實力的規劃者，有勇氣、有魄力的政治家。中國之大，有的。

第三章：亞里士多德的「變」

　　有這樣一個故事。一個年青小伙子，醉心功夫，想得高人指點。聽得南山頂峰的破寺有位高僧，身懷絕技，深藏不露。小伙子學藝心切，決定離家，上山拜師。穿州過府，好辛苦找到這座不起眼的破寺。問問小和尚，師父可在？小和尚指一指寺後面的小茅舍，說師父在裡面。小伙子說聲謝，就往裡闖。茅舍的木門半閉，裡面傳來喃喃誦經之聲。他就在門外叫「大師，大師，弟子求見」。裡面應一聲，「何求」。小子撲一聲跪下，「求收我為徒」。裡面沒有應，有時喃喃的誦經。他心想，老和尚或者想試試我的誠意吧，於是就跪著等。個把時辰過了，仍然沒有動靜。連誦經聲也停了。老和尚睡了？明天再來吧。如是每天跪著求見。終於，十天後老和尚開口了。如果拜他為師就要絕對服從。小伙子高興還來不及，自然應承。從此，他就住在茅舍旁邊的柴房，連床鋪也沒有。睡在地上，幸好山上還不算冷。吃的是粗飯，每天還得打水，劈材，種菜。老和尚非但沒有教功夫，更是要他做些沒有意義的粗活。老

和尚的武功多高未有見到，但他的文人雅興卻不淺，特別喜歡練字。可是脾氣就認真差，一下筆不滿意就把紙揉成一團，摔在一角。但不捨得把紙扔掉，就要小伙子把紙再撥得平平滑滑，讓他再用。每天這樣，小伙子手也酸了，但功夫卻一點也沒有教。他心想，「快天冷了，日子怎麼捱，是不是掉了眼，拜錯師？」如是再過十來天，依然一樣，他火光了，「死禿子，分明作弄我。走！」馬上就下山。天色已晚，山路拮据。半跌半撞的往山下跑。突然，草叢裡跳出來幾個山賊「小子，留下買路錢！」他滿腔怒火，滿懷怨氣，正無處發洩，連腳步也沒有收慢，想也沒想的就雙手往外一推。兩個小賊來不及避開就摔在地上，其他人見狀快滾開條路，小伙子頭也不回的繼續往前走。不幾步，心中一突，腳步慢下來。然後停下來，跟著轉身，回頭，往山上直奔，一口氣的跑到老和尚面前，跪下，撲撲的磕頭，「師傅，我明白了。」那天開始，老和尚傳他絕世武功，終成一代宗師。

亞里士多德兩句名言：「我們重複的做甚麼，我們就是這甚麼。因此，不凡的德行，不是種行動，而是個習慣。」「We are what we repeatedly to do. Excellency, then is not an act but a habit.」「年青時養成好習慣決定一切。」「goo habits formed at youth make all the difference」亞里士多德極中道德習慣，認為是所有的道德德行（moral virtues 有別於 intellectual virtues 理性德行，見下文）的先決條件。

道德德行是種「人格狀態」（state of character）。人格狀態的養成需要理性（mental／reason）感性（emotional／passion）、物性（physical／practice）的行為。為此，道德德行是理性上思考有的德行的行為；感性上享受有德行的行為；物性上實踐有德行的行為。但它的起點是實踐，是「行而得知」。亞里士多德把人的屬性（attribute）分兩類：來自

本性，處於選擇。前者如消化：人生來就有消化的能力，不用「聯繫」（practice）。後者如走路，不是按身體的成長而自動會做到的，是選擇（choose）去做的；主動的嘗試，重複，最後成為「第二本性」（second nature）也就是說，是需要「學習」的（learn），而且是通過「練習」去

「學習」的。亞里士多德又舉彈琴、蓋房為例，道德德行也如是。

亞里士多德説，「我們的本性使我們可以接受德行，並且通過習慣而使德行完美。」（We are adapted by nature to receive virtues and are made perfect by habits.）他又説，「我們要把因行動而帶來的苦或樂的感受看作為道德人格的表記。」（We must take as a sign of states of character the pleasure or pain that ensues on acts.）他的意思是，道德德行也有感性的層面，它會使人有樂與苦的感受；為此，它不單只是嫁接在人的性格之上的道德理論（他認為假如一個人的感性，帶他走向行惡，而他卻堅持行善，並且因而感到痛

苦，他就不是個真正有德行的人）。一個真正有德行的人會很自然從善行中感到樂，惡行中感到苦；為此，他的感性自然而然地引導他朝善避惡。

亞里士多德認為這些感性應從小就植入人的生命，以後就很難抹掉。而這些感性培植出來的道德習慣在漲到過程中通過理性的反思而成為我們的人格狀態。雖然我們的感性有能力帶引我們向惡，我們不應壓抑感性，或消滅感性。感性是可以教育的。我們可以訓練感性去使我們因善而樂，因惡而苦。他的總結是「能夠把樂與苦利用得好的會做個好人，用的不好的就會做個壞人。」（the man who use "pleasure and pain" well will be good, and the who use them badly lad.）而且良好的道德習慣不一定是自己培養的，可以通過教育或立法（Legislation）。好習慣就是慣性的傾向（abetted disposition）善行，愉快的選擇善舉，德行行為就變得自然和容易了。

亞里士多德是位前無古人，後無來者的大哲。他給了人類一套巨細無遺、節節緊湊的宇宙觀，倫理觀和政治觀，對我們搞城市規劃有莫大的啟發。

亞里士多德的宇宙觀是「變」（change）。老師柏拉圖的宇宙觀是「恆」（enteral）。師徒之別影響西方思維至今。

　　柏拉圖認為有些東西是「永遠存在，永不改變」，稱「形」（form）；有些東西是「永在改變，永不存在」，稱「物」（matter）。「物」是現象，可分可合（divisible）、各具特異（particular）；「形」是本質，不可分割（indivisible）、普世相同（universal）。我們官能觀察到的人，各個不同。這是「現象宇宙」裡的「個人」，是「物」。我們理性認識到每個不同的人都是人，這是「本質宇宙」裡的「人」，是「形」。在現象宇宙裡，每個人、每座山、每件愛情、每項義舉都不同，但我們仍能認識人之為人、山之為山、愛之為愛、義之為義，是因為我們的理性能認識本質宇宙裡的人、山、愛、義（當然這需要教育和智慧）。問題來了。柏拉圖的「形」與「物」既居於兩個獨立、平行的宇宙，那麼，「形」與「物」是怎樣的關係？怎樣扯得在一起？

　　柏拉圖當然知道這是問題。他的解釋（寫在《巴門尼德》，*Parmenides*）是「參」（participate，有點像《中庸》的「與天地參」的意思）。「物」參於「形」，就是沾上了「形」，因此，見其「物」就知其「形」。但這是怎樣發生的？柏拉圖舉了一個隱晦的隱喻：「形就像白天，同時覆蓋大地每處；不同的各處，同樣的白天。」意思就是，「每處的白天」乃各個不同的「物」；「白天」是它們共參的「形」。看見「各處的白天」就知道「白天」是怎樣的東西。

　　但這並未有解決問題。拿這個隱喻做例子，我們可以得出以下兩種情況。（1）「白天」與「每處的白天」是同一樣的東西。但若是如此，「白天」

就不再可能是普世的、不可分割的「形」了。(2)「白天」與「每處的白天」不是同樣的東西。「每處的白天」是每處不同之「物」，但它們共參「白天」之「形」。見其「物」而知其「形」，「白天」之「形」遂現。但這個演繹也有問題。假若有甲、乙兩地。「甲地的白天」與「乙地的白天」是一組東西。它倆共參於一個叫「白天」的「形」，使他們沾上「白天」的共性。柏拉圖理論中這叫 OM 原則（「One Over Many」：任何一組東西的共性本身就是一個「形」）。這一個「甲地的白天」和「乙地的白天」共同參與，而使它倆沾上「白天」素質的「形」也當然是具有「白天」的素質。這叫 SP 原則（Self-Predication，使其他東西沾上某種素質的「形」其本身必須具有這種素質）。因此，我們可稱這個使「甲地的白天」和「乙地的白天」沾上「白天」素質的「形」做「白天 1」。這樣，我們就有了新一組的東西：「甲地的白天」、「乙地的白天」和「白天 1」。這組東西的共性也是個「形」，是個不同於「白天 1」的「形」，可稱「白天 2」。這叫 NI 原則（Non-Identity: 一個帶有某組東西共性的「形」不可能是這組東西中一分子）。這樣地，我們又有更新一組的東西：「甲地的白天」、「乙地的白天」、「白天 1」和「白天 2」。這組東西的共性會是一個叫「白天 3」的「形」。直追下去，永無終結；並且最終的「白天」之「形」永不能達。這叫「第三人之辯」。（Third Man Argument，柏拉圖沒有用「白天」的例。他用「人」為例，後人以此名之。）

柏拉圖自知「形」與「物」的獨立存在產生邏輯問題，但要等到亞里士多德才有突破性的處理（亞里士多德對師傅也有尖銳的批評）。亞里士多德師承柏拉圖，但走上很不同的方向。分開三部分討論：宇宙觀、倫理觀和政治觀。

宇宙觀

1. 物之理

亞里士多德談「物之理」聚焦在「變」。《物理》（*Physics*）一書是後人

整理而成的，分 8 卷。前半談變（change），後半談動（motion，其實也是變得一種）。

他的突破是把柏拉圖的「形」與「物」的二元獨立統一起來。他提出每個存在的東西（存在體，being）都是由「形」、「缺」（privation：「形之缺」，也算是一種「形」）和「主體」（subject，或稱 substrate）組成的復合體（holomorphic compound）。「形」或「缺」是「主體」的本質（essence，見下面「形而上」討論）。「物」是「主體」的最原始材料，不會因變而消失。舉例馬吃草。在這個變的過程中，草消失，但草的「物」仍存於馬，成為馬的一個不可分割的部分。這種變化中，「物」是沒有獨立的存在，它的存在與「主體」的「形」是分不開的。

物之理是萬物之變（動與止）的源（source）與因（cause）。變包括增長（量變）、變質（質變）、移位（位變）、成長與死亡（本質變）。萬物可以是自然的東西或人工的東西。人工的東西也能變，但它的變不是基於它的「本質」而是基於構成它的東西的「本質」。例如把一張木床埋在地下，它或會發芽，成長為樹。但這不是因為床的「本質」，是因為床是木做成的，而木的「本質」是可以發芽成為樹。

自然界萬物（主要是生物和天體）之變，不離 4 個變因：（1）質料因（material cause）來自它的構成材料；（2）動力因（efficient cause, moving cause）來自它的啟動機制；（3）形式因（formal cause）來自它的「本質」；（4）目的因（final cause）來自它的功能（存在的目的）。現今科學界用的「因」只屬狹義的動力因。從另一角度去演繹，變其實是萬物從它們的「潛質」（potentiality）走向「實現」（actuality）的過程（這點將是亞里士多德《形而上》的重點）。

亞里士多德觀察天體運行 —— 永恆、完美（無始、無終、不斷的圓形軌跡）—— 推論出宇宙的開始和持續實在是顯示一位非「物」的（non-matter）、純「形」的（pure form）、完美的（all perfect）原啟動者（prime mover）。動是存於它、生於它（motion is embedded in the mover）。從「潛質到現實」的

角度去看，原啟動者是個完全的「實現」。

做一小結。亞里士多德的宇宙觀是植根於可見的宇宙。他認為可見的萬物都是復合體，具永遠存在、永不改變的「形」和永在改變、永不存在的「物」。萬物不斷變。變有變因，出自它的材料、本質、目的和內在或外在的啟動機制。變又是個「潛質到實現」的過程。宇宙之生與變是由一位純「形」、全「實現」的神啟動和維持。形容宇宙是求「物之理」，屬「物理」範圍。解釋宇宙是求「物之理之理」，屬「形而上」範圍。

2. 形而上

《形而上》（*Metaphysics*）其實應譯作「物理之後」。在《物理》，亞里士多德考慮自然界（主要是生物與天體）中存在的東西。在《形而上》，他探討存在的真相。

要問甚麼是「存在」（being）就得問甚麼是一個東西的「本體」（substance of beings）。這要從亞里士多德的《範疇》（*Categories*）說起。他是西方第一個「科學家」，以觀察、歸納求真（相對老師柏拉圖的原理、演繹求真）。他先觀察具體的事物，從「個體」（particular individuals）開始，按它們之間的共性歸納出「種」（species），再按不同的「種」之間的共性歸納出「類」（genus）。例如，「一個人 —— 黃種人 —— 人類」。在這個從下到上的構思中，越高層次越是普世性（universal）。普世的東西（universals，普世是個相對的理念，所以也有不同層次的普世東西）才是事物的「本體」（substance）。

共性是甚麼回事？是「共有的屬性」。亞里士多德的《範疇》就是描述這些屬性的類別。（究竟亞里士多德把「範疇」看做理念還是實在，至今仍充滿爭議。大多數人認為是後者。）他分出 10 個範疇：本體（substance，例如人、馬、這些和以下都是亞里士多德舉的例）、數量（quantity，4 尺、5 尺）、質量（quality，白色、聰明）、關係（relation，雙倍、一半、較大）、地點（where，在學院、在集市）、

時間（when，昨日、去年）、姿態（being-in-a-position，臥著、坐著）、狀態（having，穿了鞋、披了甲）、活動（doing，在割、在燒）、遭受

（undergoing，在被割中、在被燒中）。亞里士多德的「個體——種——類」系統是從個別到普世的推理。最頂的是最普世的東西，也就是共性最強的東西。每個範疇之內都如是。

「本體」是最重要的範疇，因為它是事物的基本存在。亞里士多德取「本質」（essence）作為「本體」的定義。「本質」是一個東西的「這是甚麼」（the what it is，或 the what it is to he）。一個「本體」的「本質」就是這個「本體」的「這是甚麼」；一個「本體」的「這是甚麼」就是這個「本體」的「名」（logos）。一個「名」叫馬（horse）的「本體」的「本質」是它的「馬質」（horse-ness），也就是「做馬是甚麼回事」（what it is to be a horse）。因此，馬的「本質」與馬的「本體」的關係就是「馬質使馬之所以為馬」的關係。

每個存在體都有其「本體」。「本體」是以「本質」來識別的，這「本質」就是這個存在體的「基本屬性」。但同時，每個存在體有其數量、質量、關係等等的屬性，叫「偶有屬性」（accidental characteristics）。「偶有屬性」是附於「本體」之上，或以「本體」為其參照的。例如「白馬」。白是顏色，屬「質量範疇」，但白是這匹馬的顏色，沒有這匹馬（「本體」）就沒有這匹馬的顏色。因此，這匹馬的白只是這匹馬的「偶有屬性」。

那麼，「本體」實實在在是甚麼？可以如此推理。取一個存在體，例如一匹馬。撇開它所有的質、量和其他「偶有屬性」，例如它是白色，它有四腿等等，我們仍知它是馬。這個使我們能夠準確地、完全地知道它是馬的「東西」就是馬的「本體」，是「使馬之所以為馬」（horse-ness）的東西。因此，一個存在體的基本存在是它的「本體」。一個存在體的質、量等「偶有屬性」也是存在體，但它們的存在是基於「本體」的存在。

現可以看看亞里士多德談的變實在是甚麼。上面說了，所有存在體都有其「主體」（subject），是「形」與「物」的復合體。「物」是「主體」的原始材料，但「物」是不能獨立存在，須要「形」作為它的整合機制。「形」投諸「物」（也就是「物化」，enmatter）就構成存在體的「本質」。在這前提下，變就是一個存在體從「缺乏某一個形」（lack of a certain form）到「取得這一

個形」（acquisition of that form）的過程。

亞里士多德講的「因」（cause）就是變的過程中「形」投諸於「物」的機制，如下：（1）一個待變的存在體的「物」必須是合適的材料，因此「物」是變的質料因。（2）但材料合適與否是決定於它要取得的是個甚麼「形」，因此「形」是變的形式因。（3）變是須要啟動和延續的，存在體內和存在體外的「形」都可以啟動和延續存在體的變，因此「形」是動力因。（4）變是有方向的，從「缺乏某一個形」走向「取得這一個形」，因此「形」是變的目的因。舉例工匠造房。房子的設計是房子的「形」，存於工匠的靈魂（思想）；工匠腦裡有房子的設計，加上他懂建造，就把設計在合適的建材中「物化」，也就是把設計投諸建材之中，房子遂現。這裡，建材是質料因；工匠思想中的藍圖是形式因；工匠按藍圖建造是動力因；符合藍圖的房子是目的因。

亞里士多德把「形」與「物」放在同一個宇宙內，避開了柏拉圖的「形」與「物」二元獨立，不能互動的難題。但他仍要解釋「形」怎樣去啟動「物」的變。這裡，他還是用上老師的「因果同類」（causational synonymy）原則：「變因」把「形」輸入待變的「主體」（「變體」），產生出與「變因」同屬一類的「變果」。他著名的例子是「人生人」：「必須是一個『已經實現了的人』才能夠從『人的潛質』中造出一個人」。（Only a human in actuality produces a human from what is a human in potentiality.）

這裡，亞里士多德從解釋變的機制走向演繹變的意義，露出一點他的倫理觀。「潛質」是一個存在體的「變力」，包括變的能力和變後的適應力。變是存在體從「潛質」走向「形」或走向「缺」的過程。如果是去向「缺」，最終是完全喪失「形」，變成「無形之物」（formless matter），就是「非存在」（non-existence，因為「物」的定義是永在改變，永不存在，因此，純「物」是不可能存在的）。但這是不可能的。因為「形」的定義是永恆、不變、不會毀滅，因此，「形」不可能是種「潛質」，只可以是種「實現」。因此，在亞里士多德因果關係中，「實現」是優先於「潛質」，猶如樹是優先於種子。所有存在體永遠向著「形」推進。在亞里士多德的構思裡，變是種「現形」

或「成形」的過程（相對於「喪形」、「毀形」），因此他是樂觀的。

但是，如果「形」是不存於「潛質」之中，它如何去啟動「潛質」去向「現實」？亞里士多德作深一層的演繹。（1）變的先決條件是有一「待變」的東西，即是這東西具備「可實現的潛質」（existence of a potential which can be actualized），叫「被動性潛質」（passive potentiality），存於「主體」之內的「物」。（2）變也須要有「啟變」的東西，把「待變」的東西帶往「實現」。這叫「主動性潛質」（active potentiality），可以是「主體」內部的「形」，也可是別的存在體的「形」。也就是說，「待變」的存在體具備「被動性潛質」，使它能夠變，走向「實現」；「啟變」的存在體具備「主動性潛質」，能夠啟動和延續「被動性潛質」，達成「實現」。

那麼，「啟變」與「待變」是怎樣連在一起的？首先，「待變」的存在體和「啟變」的存在體可以是同一個存在體，也可以是不同的存在體，但兩個「潛質」（「被動性潛質」和「主動性潛質」）的互動程序是發生於「待變」的存在體之內，如下。「主動性潛質」是「形」；「形」是「實現」；「實現」啟動和延續「可以實現的潛質」，走上「現形／成形」之路。亞里士多德的例子，「必須是一個『已經實現了的人』才能夠從『人的潛質』中造出一個人，」就是這意義。當嬰兒（「待變」的東西，具有「人的潛質」）出生時，他父母（「啟變」的東西，是「已經實現了的人」）的人「形」輸進剛冒出來的生命。「變因」是人；「變果」也是人。這就是「因果同類」的貼切演繹。

亞里士多德還加上補充。某些變（「潛質的實現」）只是延續或完成上一個變，因此不一定需要啟動（動力因）。他叫這種變做「第二實現」（secondary actuality），以別於「第一實現」（first actuality）。他的例子是剛出生動物的靈魂會指揮和延續這動物汲取必須的營養。他的解釋是：汲取必須的營養是動物「本質」的一部分。這個「本質」（生命）是在「第一實現」（出生）時已授諸於這動物。因此，「第一實現」（出生）足夠成為「第二實現」（生命延續）的動力因。他認為「第一實現」開啟跟著來的所有「第二實現」，直到結果。此中，「第一實現」與最終的果應是「因果同類」。

　　亞里士多德還指出，在自然的生殖和人工的生產中總有一連串的動力因，但只有最初的一個才須滿足「因果同類」原則。亞里士多德的「人生人」就是最主要例子。人取得父親的「人形」是以父親（亞里士多德以男性為中心）精液的「生殖潛質」（generative potentialities）為動力因。但精液不是人，也沒有人的「形」。真正啟動人生人是父親的「人形」。父親的「人形」是他精液的「生殖潛質」得以「實現」的第一個因。另外一個例子是「工匠靈魂生出工藝品」。工藝品的「形」是來自工匠的靈魂；通過他運用工具，這個「形」被授諸材料，成為工藝品。工匠的動作和他的工具是這個過程中的動力因，但這些動作和工具本身都不擁有出自工匠靈魂的「形」。工藝品得以「實現」的第一個因是工匠靈魂內的工藝品之「形」。在連串變因的情況下，只須最頭一個的「變因」和最後一個「變果」同屬一類。中段的「變因」只負責輸送頭一個變因的「形」。（這原則對城市規劃會有很大的啟發，見下。）

　　到這裡，我們談的仍是「本體」（substance）之變，也就是「本體」的「本質」之變。但除了「本體」之變外，還有其他的變。此中，以區位之變（locomotion）最為關鍵。「區位之變」就是「移動」。它是各種變之中最不涉及「本體」的，因為東西的「本質」並沒有因為東西的移動而改變。但除了「本體」之變之外，所有其他的變，包括質、量、關係等等，就算是生長、毀滅，卻都離不開移動。因此，移動是種極普遍和極重要的變。在「因果同類」原則底下，只有動才能生動，也就是必須有動因才能產生動果。於是，難題來了。亞里士多德觀察天上、地下，尤其是自然世界，萬物都在移動。動因何來？他的演繹是「區位之動」的因果關係往往是包藏在龐大的因果系統之中。他又體會到萬物之變（量變、質變、位變，以至「本質」變）不斷，有生有滅，而且所有的變都離不開動，於是推理出宇宙有一套變與動延續不斷的因果鏈帶，而且有一個「因」保證這套鏈帶不會中斷。他的結論是宇宙有一個或多個永恆的動（eternal motion），它們來自天體永恆的運動。（天體運轉的軌跡是圓，而圓是無始、無終、無盡，因此是永恆。）

　　天體永恆的運動保證宇宙的因果鏈帶，也就是天動地動的「因果同類」。

但永恆運動仍是一種動。動是變，而凡變都是「潛質的實現」，因此，天體永恆之動仍須有「實現」這「潛質」的啟動者。永恆運動的天體意味它們的啟動者只可能是個「完全的實現」（actuality without restriction），也就是沒有「潛質」在其內，擁有無限能力（它把能力輸送給天體）、不可分割、不能延伸。但這個啟動者又不可能是「不動而動」，因為這會違背「因果同類」原則。亞里士多德於是提出另一種「動」：「首動者」（First Move）不是「不動而動」，而是以「愛」（love）與「願」（willing）而動。首動者就是神，祂以純思想，通過「凝思」（contemplation），創造和維持宇宙萬物。「凝思」就是「同一認知」（cognition identity）：思者與所思在思想上結為一體。神「凝思」甚麼的宇宙就出現甚麼的宇宙；神不斷「凝思」宇宙，宇宙就不斷存在。

　　到此，亞里士多德的《物理》、《範疇》、《形而上》構成一套完整的宇宙觀，如下。宇宙裡的每一件事物都是「形」與「物」的復合體。「形」是「本質」，「物」是「材料」。「形」是事物存在的真義，也就是事物的功能／目的（例如人的功能／目的是活得理性；眼睛的功能／目的是看得清楚）。變是「潛質去向實現」，其實就是「現形」的過程。因此，觀萬物之變可知其「形」；知萬物之「形」可測其變。這就是亞里士多德的宇宙觀，反映天道，是他的倫理觀和政治觀的基礎。天道就是萬物皆變，而變是有因由和有目的的。因此，我們可用此去判斷人的修身、治國是順天還是逆天。

倫 理

　　文藝復興時期畫家拉斐爾（Rehpael）名畫《雅典學院》對亞里士多德的描繪是左手拿著《尼各馬可倫理論》（*Nicomachean Ethics*），右手掌心向下，作勢向前，意味他關注人間、變化、官能、邏輯、百姓。亞里士多德的《倫理》是西方談倫理的第一本專論，談的是幸福（happiness）、德行（virtue）和美好生命所需的人格特徵，最後還有人與神的關係以及倫理對政治的影響。

　　幸福（happiness，也叫 flourishing，可譯作豐盛，或盡情發揮）是人類最

終的渴望（desire）。人渴望健康、財富，不是為了健康、財富本身的價值，而是因為健康、財富會給他幸福。人渴望幸福是為了幸福本身的價值，因此「幸福」是終極的「好東西」（good）。幸福是「生活得美好」（well-lived）。「生活得美好」是「按人的功能（希臘文是「ergon」，英文是 function, task 之意）去生活」。人與萬物不同之處是人的靈魂包藏理性。（亞里士多德認為凡生物都有靈魂，但等級不同。植物只有生魂，掌生長與生殖功能；動物除生靈外還有動魂和感魂，掌移動和官能；人的靈魂更有理性的部分。）「按人的功能去生活」可作以下的演繹。萬物之中唯有人的靈魂有理性部分；理性部分的活動是有其德行標準的；如果理性部分能夠按其德行標準去活動，人才是按他的功能去生活，才是生活得美好，才是幸福。那麼，甚麼是理性部分的德行？

先談德行。德行是「生活得美好」的核心，是有關行動與行為（action），而不是某種狀態或情況。與柏拉圖不同，亞里士多德不認為我們需要有專才（科學、數學）才懂甚麼是德行。德行不保證幸福，因為人的幸福還要靠幸運，例如出生家庭、天賦才能，但德行保證我們在追求其他的好東西時會以幸福為終向。

德行有兩種，（1）屬靈魂理性部分，稱理性德行（intellectual virtues）；（2）屬靈魂理性部分可指揮的非理性部分，稱倫理德行（ethical virtues）。

先談倫理德行。倫理德行來自個人的成長過程，得出是良好習慣（proper habits）和實踐智慧（practical wisdom）。這些習慣和智慧使這個人以運用理性為樂事。

首先，倫理德行是種出自習慣的傾向或性格，使人對事物有恰當的直感（feel）或反應（emotional responses）。甚麼是良好習慣？孩童時期我們從很多、很多類似的環境中學習到在甚麼環境中甚麼是適當行為，久而久之就成慣性行為，包括公道、勇敢、慷慨。逐漸長大了，就不再需要依賴別人的指引，通過自己理性的思考，自動地不幹違心事，不求虛名。因此，亞里士多德強調在孩童時代要養成好習慣。他並未有辯證為甚麼這些是好東西。但他

堅持這些成於習慣的人格德行是推動我們理性追求幸福的先決條件。也可以說，心理狀態是啟動理性的先決條件。一個人慣性地作出壞選擇反映此人的心理狀態驅使他做出非理性選擇。他對享樂、權勢的狂熱使他不顧倫理。但就算有倫理德行的人也會被這些破壞性力量影響。只有極少數人能夠追求和達到人生最高目的。因此，一個社會（政治團體）需要有法律、有懲罰。

　　人的理性不能完全控制慾念，特別是享樂和憤怒，構成一種內部失調。（這點他跟老師柏拉圖有很大分別；柏拉圖認為理性戰勝一切，求知是難事但一旦通曉，人會完全接受理性指揮。）這種失調做出三類人。(1)「有自制者」（continent）。他們較能成功抗拒慾念。他們做德行之事，但不能稱有德行之人，因為他們的內部仍然失調。(2)「缺自制者」（incontinent）。他們往往不能抗拒慾望（希臘文 akrasia 是「不能做主」[lack of mastery] 之意）。他的感情（emotion）使他抗拒理性。「缺自制者」又分兩類：「軟弱者」和「衝動者」。前者做理性的思考，但行動時受感情支配；後者就簡直不做思考，完全按感情行動，但事後又後悔（事後做思考）。亞里士多德是以心理學（psychology）解釋倫理的第一人。他強調心理可以支配理性：感情與理性的衝突其實是「受感情影響的有限理性」與「完整理性」之間的衝突。(3)「邪惡者」（evil）。他們拒絕抗拒慾念，因為他們認為正義、節制、慷慨之類的東西是沒有價值，或只有很低價值。他們追求支配（domination）和放縱（luxury）。但縱使他們毫無內疚地去追求支配與放縱，他們內心實在是分裂的，因為永無止境的慾念使他們永不滿足和充滿自怨。真正有德行的人會以追求理性為樂事，也就是以理性為最高享樂，不會被其他享樂所惑，因此不會發生理性與慾念的衝突，不會有內部失調。有點像中國的「智者不惑」。

　　亞里士多德的倫理觀極重視中庸之道（政治觀也如是）。但是，中庸不是妥協、不是混淆。他聚焦於具體、實際，也就是人、事、時、空。這些不斷在變（來自他的宇宙觀），因此凡事相對。但在特定的人、事、時、空底下，中庸之道則只有一條，是絕對的、清晰的、必然的。中庸（Mean）就是在過猶與不及之間的執中。例如勇氣是懦弱與魯莽之間的執中。亞里士多

德非單把倫理德行看成一種對有德行者有益之事，更是一種美（像詩歌、音樂、戲劇）——多一分太多，少一分太少的「美」。

實踐智慧就是在具體事物上能夠推理出甚麼是執中。這需要定義過猶與不及。如何定義？這需要看行動的目的。良好習慣使人直覺地、準確地認識事物的目的，也就是這事、這物存在的目的。認清目的就可以推理出何是過、何是不及，就可以判斷如何執中。

綜合起來，倫理德行就是良好習慣加上實踐智慧。良好習慣使人傾向正確目的，實踐智慧使人選擇合適行動去達到目的。倫理德行遠高於聰明（cleverness），是人格與聰明的組合。單是聰明也會使人達到目的，但往往是無價值的目的（worthless ends）。亞里士多德的中庸之道沒有普世性準則，因為每事、每物處境不同。具倫理德行者可以在每件具體事物裡「看出真相」。此人的看法應該被他所屬的社會視為權威。

現看理性德行。亞里士多德列出五種：理論智慧（theoretical wisdom）是辨別最有價值的東西的能力；科學認識（science，希臘文是 epistême）是推理能力，得出的是不變、必然的真理；直覺認知（intuitive understanding，希臘文是「諾斯」，nous）代表最真知識，也就是自明之理，例如因果與矛盾的原則；實踐智慧（practical wisdom）是選擇合適行動去達成正確目的，有「指揮」的意義，聚焦於實際生活、具體行動；技能專長（craft expertise）是按理性去造出有用的東西，聚焦於產出而非行動。五者以理論智慧為首位，因為它結合科學認知和直覺認知；以實踐智慧為中樞，因為它統一理性德行和倫理德行。可以說，理論智慧本身就是理性德行，給人直接帶來幸福；實踐智慧使人追求理論智慧，並按理論智慧去選擇合適行動，間接帶來幸福。為此，理論智慧是幸福之源。現分開直接幸福和間接幸福去看理論智慧。

先看理論智慧與直接幸福。幸福是終極的好東西；「好」是種享樂（pleasure）。亞里士多德認為理論智慧會使人得到最高的享樂，因為他使人像神——一個純理性體。他指出，所有生物都在模仿神的「凝思」（見上）。這裡要解釋一下柏拉圖與亞里士多德對神的理解（這套解釋影響基督宗教極

深）。神是純理性、純思想。祂以「凝思」創造宇宙。祂「凝思」甚麼就生出甚麼。「凝思」是「同一認知」，就是思者與所思在思想上結為一體。因此，神「凝思」甚麼的宇宙就產出甚麼的宇宙；神不斷地「凝思」宇宙，宇宙就不斷的存在。純思想是神的「最單一和最簡單享樂」。亞里士多德指出所有生物都追求生育、繁殖是因為它們追求不斷延續，而不斷延續就是「參與」（participate）神的不斷「凝思」，也就是模仿神。人類幸福並不包括所有的享樂，但當人作「理論性活動」（theoretical activity）時得到的享樂肯定就是最接近神的「凝思」之樂。在某種程度上，人「凝思」神時就是與神結為一體。因此，理論智慧會使人得到最高享樂和最直接的幸福。

且看理論智慧與間接幸福。實踐智慧使人選擇合適的行動以達中庸（見上）。但這個選擇是需要標準的，不然就沒有意思了。實踐智慧主要是按照理論智慧做出選擇，如下。首先，中庸是沒有普世準則的，是按人、事、時、空的具體情況而定。以哲學家為例。如果一個人選擇哲學家生命，他需要有足夠的財資使他有餘暇去思考，但又一定不能擁有太多財資，變成負累，使他分心。明白事物的目的（這例子是指哲學家生命的目的）才可以在具體的事情上（擁有財資）執中（不多、不缺）。明白目的就是明白事物的「本質」（「本體」、「形」）；懂得執中就是懂得事物的因果原則（變：「潛質」與「現實」）。理論智慧為實踐智慧締造選擇準則，實踐智慧使人按這些準則去判斷和選擇合適行動以達中庸，間接地幫助人走向幸福。

小結一下。亞里士多德的倫理觀聚焦與幸福。幸福來自「生活得美好」。德行是「生活得美好」的核心。德行有兩種：倫理德行與理性德行。（1）倫理德行是處理世事的藝術（craft）。所有人都有倫理德行的「潛質」，可分為兩階段來「實現」：孩童時經教養取得良好習慣，成長後經思考掌獲實踐智慧。兩者組合起來發展出倫理德行。倫理德行的原則是中庸——在過猶與不及之間執中。執中需要知道哪裡是「中」。良好習慣使人直覺傾向正確目的（何處是中），實踐智慧使人理性選擇合適行動（怎樣去執中）。具倫理德行的人的行為為他所屬社會（團體）樹立楷模。（2）有關理性德行，理論智慧

是首要；實踐智慧是中樞。當人作「理論性活動」時，實在是模仿神的「凝思」，也就是「與天地參」，是人最高的享樂、直接的幸福。理論智慧使人明白事物的目的和因果原則，使人在行使實踐智慧時有了準則，在現實中能夠事事執中，間接的帶來幸福。

政 治

亞里士多德是哲學家，但也參與高層政議，影響他的政治觀。總的來說，他的政治觀仍主要來自他的倫理觀，而倫理觀也是出自他對宇宙的認識和理解。他父親是馬其頓國王的醫生。他 18 歲就師從柏拉圖。柏拉圖死後他自立門戶，稍後應邀任馬其頓國王腓烈二世兒子（日後的亞力山大大帝）老師。亞歷山大出發遠征，亞里士多德重回雅典（那時由馬其頓統治），主要著作〔包括《政治》（Politics）〕寫於其時。公元前 323 年，亞歷山大暴卒，亞里士多德被迫逃出雅典，翌年去世。他的參政和遊歷使他從觀察入手，歸納經驗，然後建立理論，跟老師柏拉圖的「理想國」政治觀很有分別。

亞里士多德的政治觀與他的倫理觀相互呼應，都是聚焦現實和強調中庸。同時，他的宇宙觀支配他的政治觀，特別是「潛質到現實」的變動和因果關係的鏈帶。

他身處的城邦政治，是細規模、強黏合，由政治、宗教、文化捻合一起的團體生活。他把政治學看成一種實用科學，聚焦於行動（有異於以思考為主的哲學，和以生產為主的工藝）。他認為治理城邦跟修身與齊家是同一的倫理德行，就是追求幸福。但他認為治國比治家更高貴。它的倫理學聚焦於培養政治家品格（如儒家的「大人之學」）。他的政治學則聚焦於建立和實施政制（包括法律、風俗、教育、體制）。

建立政制有其因果鏈帶。以「瓶子」為例。黏土是質料因；陶工是動力因；瓶子形狀是形式因；瓶子可以載水是目的因。相似地，一國的國民（可以是個人、家庭、階級等）和資源是質料因；憲法（不是成文法，是組織國

民政治生活的原則）是形式因；統治者（包括擔任公職者，特別是開國者）是動力因；一個使國民生活得更好的城邦是目的因。

從「潛質到實現」的角度去演繹，一個城邦是一個「物」與「形」的復合體。國民與國土資源是「物」；統治者靈魂裡的理想政制是「形」；建國就是「形」引發「物」的「潛質」，「物」跟隨「形」的指引；最理想的城邦政制是有智慧的人民選擇有智慧的統治者，按理性去塑造城邦，使國民活的更理性、更像人（因為理性是人的功能）、更美好（因為美好來自按功能來生活）。

亞里士多德觀察和分析歷史，得出以下。（1）人類天生是政治動物，自然的想生活在一起。（2）生活在一起可使個人和他的團體生活得更高貴（更理性、更幸福）。（3）政治團體有多種，反映統治者和被治者的靈魂本質。（i）獨裁政制反映主人與奴隸關係。這種政制主要是為主人服務，奴隸得到的好處是附帶的。（ii）父親式（亞里士多德以男性為本位）和軍事式政制反映男性社會。這種政制是為家長服務，目的是保衛妻兒。（iii）平等公民輪流執政，相互服務。他的評語是「以共同利益為目的的政制是毫無疑問的正確和公正，為統治者服務的政制是變質和不公的，因為它是種獨裁，不適用於一個由自由人組成的政治團體」。因此，共同利益是正確政制與變質政制的試金石。

亞里士多德特別關注自由人（個人利益）與公義（共同利益）的關係。他把公義（justice）分二：普世的（universal）和特殊的（particular）。（1）普世公義聚焦於法理（law），強調以法制維持共同利益和整體幸福。他認為在正確的政制底下所有國民都應該擁有私產和接受教育。但是他又主張一個城邦可以放逐未有犯事的權貴以維持國內和諧。（2）特殊公義聚焦於權力分配的公允（fair），強調同等人應有同等待遇，不同等人應有不同等待遇。他認為寡頭權貴統治者誤解多有財資就應該多得權力，而民主統治者則誤解同是天生就應有同等權力。他們都誤解了城邦的功能。城邦的功能不是寡頭統治者想像的增加財富，也不是民主統治者想像的推廣平等。城邦的功能（目

的）是為整體人民生活得高貴。因此，特殊公義的正確理解是對城邦功能貢獻越多的人應得越大的權力，也就是越能為整體人民生活得高貴作出貢獻的人應有越大的權力。

亞里士多德以正確與變質去類別當代和古代的政制，得出以下。一人統治：正確是君王（monarchy），變質是暴君（tyranny）。數人統治：正確是英傑（aristocracy），變質是寡頭（oligarchy）。眾人統治：正確是群治（polity），變質是民主或亂民（democracy/mob rule）

深懂現實世界的亞里士多德知道柏拉圖的「理想國」是不可能的。難有哲學家君王的人材會願意放棄追求哲學，出來作統治者；更難有智慧的人民會誠請哲學家君王去統治他們。因此，他強調中庸，主張混合政制去包容民主、寡頭和英傑統治。混合政制可以保證沒有任何利益團體能夠攬權，因為它把權力放在中產階層手裡，作為貧、富階層之間的緩衝。他認為中產階層最少結黨，最容易受理性指引（rule of reason），而貧與富階層則會流於極端，容易對其他國民作出不公義行動。因此，以中產階層為主的政制比較安定、公義。

小結一下亞里士多德的政治觀。城邦的政治目的只有一個：整體人民高貴的政治生活。亞里士多德說，「當人達到完美，他是最好的動物。但若是離開了法理和公義他是最劣的動物。因為有武力的不義是更危險的。」亞里士多德的政治重心在「人民」。一個城邦的政治基礎是建立於人民按自己的社會地位和身份去參與政治，使個人與眾人活得更高貴。

城市規劃

早些時，我在〈城市人〉一文（見本書第九章）把「城市人」定義為「理性選擇聚居去追求空間接觸機會的人」；不同種類的「城市人」追求不同的空間接觸機會，因此選擇不同種類的聚居（人居，human settlements）。「規劃者」（包括所有參與城市規劃、設計、決策、實施者）的職能是匹配不同「城

市人」與不同人居。我引用亞里士多德的「四因論」來解釋城市（人居）。「城市人」是其質料因（但也有其他的質料因，如經濟資源和物理條件）；規劃者是動力因；「城市人」與相應人居的匹配是形式因；「城市人」拿取最優化空間接觸機會是目的因。我想以這個構思為例子去探討亞里士多德的「變」對城市規劃的啟發。

「城市人」是城市的質料因。我們怎樣去認識這材料。他可以是男、女、老、幼，或貧、富、貴、賤，或善、惡、美、醜。但這些屬性都不是「城市人」所獨有。用亞里士多德的術語，這些都是「偶有屬性」。我們更須要知道的是他的「基本屬性」，也就是他的「本體」。

「本體」分析可以巨細無遺，也可以蜻蜓點水。

1. 亞里士多德從「個體」出發，按它們的共性組出「種」，再按不同的「種」的共性組出「類」，是一套從下到上、從個別到種與類的歸納。人的「個體──種──類」系統多極了，可以是以人的經濟共性歸納出來的「經濟人」系統、社會共性得出的「社會人」系統、政治共性得出的「政治人」系統，等等。規劃關注的是「城市人」系統。這幫助我們穩定我們的分析焦點。

2. 「本體」是以「本質」（共性）定義的，就是「基本屬性」（其實就是「形」）。每一個「城市人」的「基本屬性」是「理性選擇聚居去追求空間接觸機會」。這是「城市人」的最普世性共性，貫徹整個「城市人」的「個體──種──類」系統。

3. 「城市人」的「個體──種──類」系統的層次可以包括「鄰里人」、「街區人」、「城區人」、「城市人」、「都會人」，等等。規劃分析可以按此層次。例如，「鄰里人」的「本質」是「理性選擇聚居於鄰里去追求鄰里空間接觸機會」，「街區人」的「本質」是「理性選擇聚居於街區去追求街區空間接觸機會」，等等）。

4. 「本體」還有「偶有屬性」。「鄰里人」理性選擇聚居於鄰里去追求鄰里空間接觸機會。這個追求行動帶出若干的「偶有屬性」，可以按亞里士多德的「範疇」去組織。例如，他的量是幾百人；他的質是經濟能力和社會地

位相若；他的活動地點是在鄰里；他的活動時間是早與晚；他的活動姿態是步行。相對地，「街區人」的「偶有屬性」就不同。他的量是幾千人；他的質是經濟能力與社會地位的分別比較顯著；他的活動地點是在街上，他的活動時間是在白天；他的活動姿態包括步行與乘車等等。

綜合以上得出一個鮮明的分析構架，如下：

1. 人的共性是理性，但人的理性可顯露在很多方面。顯露在經濟行為上就是「經濟人」，顯露在社會行為上就是「社會人」，顯露在聚居行為上就是「城市人」。

2.「城市人」理性選擇聚居去追求空間接觸機會，是人居成形的質料因。這是城市規劃的分析焦點。

3.「城市人」有其「個體 —— 種 —— 類」系統：「個人」、「鄰里人」、「街區人」、「城區人」、「城市人」、「都會人」等。每個層次的「城市人」追求不同的空間接觸機會。

4. 不同層次的「城市人」有不同的「偶有屬性」，如數量、質量、活動地點、活動時間、活動姿態等等。

這個分析構架幫助我們系統地、邏輯地觀察、分析和歸納實際。

這跟我們城市規劃的主流理論家很不一樣。理論家們煞有介事談邊緣人士、環保分子、地方政府等一些好像很實在，實在很抽象的理念。然後把這些抽象的理念當做很實在的東西去論證更抽象的「多元化社會」、「多樣化規劃」等理念。理論家們不是沒有觀察實際。我的感覺（只可以是感覺，因為我還未有去找證據）是現代文明把我們（包括理論家）異化了。我們的知識不再是來自實際的觀察、細心的思量，而是來自意識形態驅動的妄斷、媒體利益支配的演述。加上屏幕面前、車子裡面、空調之中的生存使我們與自然及他人隔離。24 小時的信息世界、應接不暇的視聽娛樂使我們再沒有時間和空間去靜思細想。

我教的是物理規劃。每年的第一堂我會叫同學們閉上眼睛一會，想想他們身處於鬧市的街角，然後告訴我他們看見甚麼。有說行人、汽車、交

通燈；有說餐館、顧客、售貨員；更有說貧窮、剝削、階級鬥爭。當然，顧客、售貨員已經不是直接看出來的，是從他們的服飾、動作演繹出來的。剝削、階級鬥爭更只可以是推斷和想像。但每年都總是等很久，甚至很久也等不到一位同學說，「天空」。天空起碼佔上同學們「所見」的四分之一。城市人對天空「視而不見」。一直到天空差不多全被建築物檔蓋才發覺失去的天空是那麼可貴。在西方，大城市往往被形容為陰暗的「水泥峽谷」（concrete canyon）就是這道理。這有很關鍵的規劃意義。規劃可以把天空看做背景，去烘托建築物；也可以把天空看做前景，被建築物挖掉。如果是後者，我們就可以合理地要求建築物以它的造型、材料、設計去略補償城市人損失的，多姿多彩、千變萬化的天空。但是如果我們對天空的存在根本不察覺，我們怎麼去思考建築物與天空的關係？這樣規劃出來的城市自然脫離現實。現代城市文明已經把人異化了。我們需要認識「城市人」就得從實際、個別的事物出發。通過觀察、分析、從下到上的歸納出不同種的「城市人」和他們的所需、不同種的人居和它們的所供，這才是科學的求真，求出不同類別的城市人和不同類別的人居的特有本質和屬性。

亞里士多德關注事物的「本質」，他把事物的構成分 10 個範疇（見上）。「本質」是指事物的「基本屬性」，其他是事物的「偶有屬性」。舉例，一匹白馬。「馬」是它的「基本屬性」，「白」是這匹馬的「偶有屬性」。不同的馬可以有不同的「偶有屬性」（或白或黑、或高或矮、或快或慢），但所有的馬都有馬的「本質」。因此亞里士多德沒有「白馬非馬」的悖論。中國名家學派的公孫龍子、惠施之流，甚至荀子，都沒有亞里士多德的嚴謹邏輯系統，才出現「基本屬性」和「偶有屬性」的混淆。亞里士多德的「白馬」不會是「白」上加「馬」。「白」與「馬」不是對等。「馬」是「基本屬性」；「白」是「偶有屬性」。亞里士多德的結論會是「白馬是馬」、「黑馬也是馬」。同樣地，亞里士多德也不會有「老鼠跟兔子是同類因為同是嚙齒動物；兔子跟嬰兒是同類因為同是被寵物；因此，老鼠跟嬰兒是同類」的謬論。（很多「社會多元」、「價值相對」的論點都用上這些「邏輯」。）「基本屬性」（「本質」）

與「偶有屬性」之別幫助我們在解釋城市現象時分辨出哪些是現象底下基本的、不變的東西，哪些是因時、地、人、物而異的東西。不變的東西我們要認識，適應；可變的東西我們要掌握、利用。

以上是解釋城市的質料。以下是解釋城市的變化。亞里士多德以「物」從「缺形」到「得形」去演繹變的道理。這有非常厲害的的邏輯威力，清除所有無謂的、誤導的辯論。正負之辯、好壞之辯難有結論，因為正、負或好、壞不是相對，因此不能作比較。正的相對不是負，是不正；好的相對不是壞，是不好。舉些顯淺的例。有了白，可以辨出甚麼是不白，但不可辨出甚麼是黑；有了高，可以辨出甚麼是不高，但不可辨出甚麼是低。不可辨就是不可辯。「形」與「缺」是真正的相對，使亞里士多德能夠清晰地、嚴謹地討論變，繼而從萬物之變中看出萬物之「形」。

亞里士多德又把「物」看成「潛質」，「形」看成「潛質的實現」。而「變」就是從「潛質到實現」的過程。因此，宇宙萬物都是處於「現實」過程中，都是動態的。這很有啟發。這個過程的終向是肯定的 —— 走向「形」。因此，「變」是一種「現形」的過程。觀察和分析這過程可以窺測終向。也就是說，看城市的動態可窺測它會變成甚麼樣子。因此，城市現象是有蹤跡可尋，城市未來是有線索可追。研究城市歷史（包括宏觀與微觀）是關鍵。但應怎樣去研究？

「潛質」有兩種：變的能力（包括被動的承受變和是主動的啟動變）和變後的適應力和延續力。假設人類聚居是有目的（追求空間接觸機會），我們就有標準去衡量各類人居的進度，也就是各類人居的「成形」過程，如下。通過觀察和分析足夠的鄰里、街區、城區、城市或都會後，就可以為每一類人居建立一套里程標系統，反映這類人居「成形」過程中的各個典型階段。這套里程標就可以用來衡量任何一個特定人居的變向和變力。先是按里程標系統去把這個人居的現狀定位（定位它在里程標系統裡所處的發展階段）。然後，與里程標系統的上一個階段比較，可以評估這個人居過去的走向和走速；與里程標系統的下一個階段比較，可以得出這個人居未來應走的方向（應

繼續還是改變）。在亞里士多德的透視中，這個人居的「潛質」（也就是它的質料）就是它的變力，可以用來解釋這個人居從過去到現在的進程，和預測它從現在到將來的突破。因此，綜合亞里士多德的「個體 —— 種 —— 類」系統和「潛質到實現」過程，我們就得出一套分析和預測人居演變的工具，使我們可以針對性的分析任何一個特定人居所擁有的「潛質」，然後好好去利用、戰略地提升。

亞里士多德的理論既可用來解釋城市現象也可用來指導城市規劃，焦點仍是變。變是由「同果同類」啟動。這有很大啟發。歸根結底，城市規劃者的職能是處理城市空間；社會對我們的期望是搞好城市空間。當然，我們知道規劃不能脫離經濟、社會、政治。但我們的專業不是經濟規劃、社會規劃、政治規劃。空間規劃是我們的工作焦點，空間因果是規劃的槓桿，而且是唯一的槓桿，但也是很有威力的槓桿。

世事的因果鏈帶延綿不斷。空間因果是嵌在龐大和錯綜的鏈帶系統裡頭。舉一個膚淺的例子。假設一條因果鏈帶：經濟衰退①，因此投資於公共住房的力度下降②，因此住房建設馬虎③，因此住房素質下降④，因此優質住房供應緊張⑤，因此社會不和⑥。這鏈帶可作以下分析：①與②是經濟因果；③與④是空間因果；⑤與⑥是社會因果。但這些因果不是獨立的。②與③是經濟轉空間的因和果；④與⑤是空間轉社會的因和果。幹規劃的往往過分折騰於他們管不了的環節。例如，規劃者爭取公共住房投資②是合理的，但投資的決定不在規劃者的手裡。爭取投資者（可以是政府資金，也可以是社會資金）的青睞還是需要拿出可以說服投資者的空間規劃來。又例如，規劃者關注公共住房供應緊張⑤也是合理的，但住房供應的權力不在規劃者手裡。舒緩供應者（主要是政府住房部門）的壓力也還是需要拿出可以幫助減輕住房分配壓力的空間規劃來。因此，規劃既要聚焦於空間因果，但又同時要考慮空間因果的上游與下游。通過規劃把有限資金的利用最優化去維持公共住房素質，並以此爭取投資者的青睞就是連接上游。通過規劃把公共住房素質下降的分佈平均化，去使住房的分配可以比較易於公允，並以此幫助分

配者舒緩緊張就是連接下游。

空間因果非但是嵌在龐大的鏈帶系統裡頭，任何一套空間因果裡頭都可以包藏若干的中段因果。例子中的空間因③與空間果④之間可以存在很多非空間的中段因果。譬如公共住房建設馬虎（空間因），因此只有社會底層的人才會去住（中段因），因此住戶對住房保養往往疏忽（中段果），因此住房的素質下降（空間果）。這裡，中段因與中段果是社會性的因果。

那麼，「因果同類」是甚麼意義？亞里士多德很清楚 —— 目的決定一切。從「城市人」的思路去分析，城市的目的是為理性的「城市人」提供最優化的空間接觸機會，讓「城市人」「生活在美好空間中」。因此，城市規劃的因果鏈帶有以下特性：它的最終果是空間，因此它的最始因也應是空間；但這套空間因果鏈帶是嵌在龐大的宇宙因果鏈帶系統之內，而且在空間因果之間也會嵌進了很多中段的、非空間性的因果。規劃的責任是在這龐大而錯綜的宇宙因果裡啟動正確的「創造美好空間」之因，利用合適的中段因果去「達成美好空間」之果。空間因是規劃的槓桿；空間果是規劃的貢獻。

我們可以用亞里士多德的「四因論」（見上）去再演繹。城市的質料因是「城市人」、經濟資源、物質條件等，代表城市的「潛質」。在城市「由潛質到實現」的「成形」過程中，規劃的使命是引導這過程。於是，美好空間是目的因；規劃工作是動力因；規劃所倚的藍圖（如何創造美好空間）是形式因。這藍圖當然包括創造美好空間所用的手段和槓桿，也就是各式各樣的因果鏈帶。「因果同類」的意思是空間果只可以來自空間因。但「因果同類」只需第一個因和最後一個果是同一類。「美好空間」是空間果，因此它的頭一個因必須是空間因。但是，在頭一個因和尾一個果之間可以有中段的、非空間性的因因果果。在亞里士多德的「變的延續與完成」的思路中（見上），第一個空間因（空間的設計、部署、規範、建設）會把「美好空間」的「形」（城市的目的、「本質」）授諸於城市的「潛質」，稱「第一實現」。「第一實現」可以開啟跟著來所有的「第二實現」（經濟、社會、政治的因因果果），直到最後的空間果。這就是「因果同類、首尾相連」的啟發。

由於空間因到空間果之間可能要通過經濟、社會、政治等的中段因果。這些，我們要認識才可利用。同樣地，世界上眾多的經濟、社會、政治等因果也會影響城市空間。這些，我們也要認識才不會被它們支配。但更關鍵是不要好高騖遠、捨本逐末，把自己想像為經濟家、社會家、政治家。對城市規劃來說，這些是沾花惹草。沾花惹草生出的是「雜種」，不會真正的、持久的，滿足理性的「城市人」。正因才能成正果。辨別「正確」的「創造美好空間」之因需要規劃者養成對城市空間有恰當的直感（良好習慣）；選擇「合適」的中段因果需要規劃者懂得中庸之道（實踐智慧）。加起來就是規劃者的倫理德行。可惜現今規劃界在「美好空間」的辯論中把焦點放在「美好」，忘掉了「空間」。規劃首要工作是辨別空間因果及其上、下游的關係，與及空間因果之內的中段因果。

　　綜合以上，亞里士多德給我們提供一套立論嚴謹，但又是運作簡明的規劃範式。我把規劃工作假設為匹配並提升「城市人」的所求和城、區（「城市人」理性選擇的人居）的所供。這在這個假設中，亞里士多德給我們很大幫助。

　　1.「個體 —— 種 —— 類」系統可助辨別各類典型的「城市人」（「鄰里人」、「街區人」、「市區人」、「小城市人」、「大城市人」等等）和相應的各類典型人居（鄰里、街區、市區、小城市、大城市、等等）。

　　2.「基本屬性」與「偶有屬性」之別可助理解各典型「城市人」和典型人居的典型特性。

　　到此刻，就可以建立一系列人居「成形」過程中的典型階段，和這些階段的典型特性。

　　3.「潛質到實現」的「成形」理念可助追蹤個別人居的「成形」過程，和衡量該人居的「潛質」。

　　4. 最後，「因果同類」邏輯可助鑒認和利用個別人居的「潛質」去促進該人居的「成形」，也就是為理性選擇聚居於該人居的「城市人」創造和提升「美好的空間」。

城市規劃者是個工匠，按他靈魂深處（理性）對城市（人居）的「形」的認識去塑造城市空間。這是個實際的行動，屬倫理範圍。這裡，亞里士多德提出理性德行和倫理德行的考慮。（1）規劃者應該執行理性的指引。這是倫理德行，需要養成良好習慣（使我們對事物有恰當的直感和反應）和實踐智慧（使我們在選擇合適的行動時能夠執中）。（2）規劃者應該思量理性的指引。這是理性德行，需要開發理論智慧（使我們明白事物的目的和因果原則）好使在行使實踐智慧時有準則。

解釋城市是理論智慧，在上面談了一點。規劃城市是實踐智慧。在實踐智慧中亞里士多德強調中庸（執中）。他的啟發是城市要「以人為本」；「城市人」要有良好習慣；城市規劃者要有城市靈魂。現在分開來談。

1. 城市要「以人為本」。

執中須要知道「中」在哪裡。「中」的定義只可來自城市的功能、目的。因此，規劃者要明白城市的目的。以亞里士多德的思路去演釋就是提供個人與團體生活的美好空間。人的「基本屬性」是理性，因此，美好空間就是「符合人的理性的空間」。今天大多數的規劃理論聚焦於人人不同的「偶有屬性」，強調多元、多樣，有「以個人為本」的傾向。亞里士多德的啟發是叫我們聚焦於「城市人」的「基本屬性」，這才是真正的「以人為本」。

但他也非常懂人性，知道人的理性不能完全控制慾念，特別是享樂和憤怒。理性與慾念的鬥爭使人性內部失調。他認為真正不惑的智者極少，大部分人屬「有自制者」、「缺自制者」，少數是「邪惡者」（見上）。但他的中庸之道不是妥協，是一種對執中的堅持。他的《政治》給我們一點端倪。他強調公義（以整體利益治理、以個人貢獻分權）和慎重（以合適行動去達成正確目的）。因此，他主張在制度上採混合（民主、寡頭、英傑之間分權），以免攬權；在極端間設緩衝（他以中產隔離貧、富為例），以求安定。有異於現今西方主流強調差異與競爭的「以個人為本」規劃，亞里士多德為我們提供一套強調共性與和諧的「以人為本」規劃。

2. 「城市人」要有良好習慣。

亞里士多德的倫理觀非常重視良好習慣，因為它使人直覺地、準確地認識事物的功能／目的，是理性智慧的導航和實踐智慧的保證。這種成於習慣的人格德性是驅動我們理性追求幸福的先決條件。亞里士多德特別推崇公道、勇敢、慷慨，認為都是從小養成的。「城市人」也需要有良好習慣，使他對美好城市有恰當的直感。這也要從小養成。小學生必修的公民教育應該強調「城市人」的責任、義務、權利。我的理想是公民教育設有「美好城市」一項，由規劃專業去設計、講授。城市的美醜反映「城市人」人格的美醜。但人格美醜不是天生。我相信規劃專業應該教育社會、教育自己。

　　3. 城市規劃者要有城市靈魂。

　　藝術品創作之中，「形」是來自藝術家的靈魂。規劃者創作城市也如是。誰是規劃者？他可以是規劃專業，也可以是非規劃專業的政治家、開發商、甚至老百姓。只要他們的行為影響城市空間的部署、分配與設計，就是在創造。當然，不同人有不同的貢獻。按亞里士多德的公義原則，專業規劃者應負最大責任，也應有最大權力。亞里士多德的名句是「人生人」：「必須是一個『已經實現了的人』才能從『人的潛質』中造出一個人。」用在這裡就是指必須是一個「已經實現了的城市人」才能夠從「城市的潛質」中造出一個「城市」。城市不斷地在變，可以變美，也可以變醜，要看城市創造者的靈魂。所有的「城市人」都在創造城市，但專業規劃者被委重任。可惜有些規劃者對城市根本沒有感情、沒有承諾，也就是他們的靈魂裡不存在城市的「形」，創出來的城市怎能美？看來，城市之美還是應該從專業規劃者的靈魂開始。

結 語

　　城市規劃離不開知真（明白城市的目的）和行善（按城市的目的去規劃）。這有點像古雅典城的「規劃」（廣義的規劃）。古希臘戲劇與政治的關係是密切的。看戲不是娛樂，而是公民必須參加的一種宗教儀式。演戲的費用是由國家負擔，看戲也不用買票。古希臘戲劇的輝煌成就和古希臘的公民

精神都與此有關。劇作家埃斯庫羅斯（Aeschylus，公元前 526—前 456）在
《復仇女神》一劇（*Euminides*，又稱《歐墨尼得斯》，公元前 458）藉雅典娜
女神之名演繹了法治的公正與慈悲，也可以說是法治的中庸，得到了雅典人
的共鳴。公元前 5 世紀以後直到雅典滅亡，每年都在雅典娜女神廟前廣場上
演，並以劇中供奉「復仇女神」為雅典城保護神的全民大遊行為高潮。這就
是有名的「泛雅典遊行」（Panathenaic Procession）。每四年更是大大鋪張。遊
行和遊行的路線與雅典城的發展有密切關係。這條路既是雅典城工商業和政
治活動的主街，也是雅典人民從小就嚮往的每年遊行盛會必經之路。這遊行
深入雅典人的集體意識。最後一幕，演員與觀眾共同「演出」，由山上雅典
娜女神廟出發，沿「泛雅典大道」（Panathenaic Way）下城。這遊行的目的並
不只是製造熱鬧場面，更是提供一個公民參與的機會。公民既是觀眾也是演
員，既渲染了場面，也被場面所感染。遊行路線經過的都是雅典人每天走的
路，有神廟、商店、市集、廣場、民居、衙門等等。在這每一年度的多姿多
彩遊行裡，官能和靈性的感受深深地嵌在每一個人心裡。久之就成了「集體
自覺」（collective consciousness），是雅典城發展的指導。地產商、開發商、
建築師們都是這「集體自覺」的創造者和受造者。沿途每一幢建築、每一處
景點、每一個視野都是遊行路線的標點符號：有感歎號，有句號，有引號，
或長句，或詩歌，或敘事，各顯風騷，但都是相互補充。是大我中的小我：
是個體，又是整體。知義（理性德行）、行義（倫理德行）締造古雅典民主
政治之美，也是古雅典城規劃設計之美。

　　亞里士多德的思想太豐富了。我認為「變」是他的理論精華所在。他
從實際出發，觀察入微、立論嚴謹。但最動人的地方是他對人性的樂觀和慷
慨。「以人為本」的規劃也應如是。大智、大惡的人都是極少數。大多數人都
屬「有自制者」或「缺自制者」，都是既有理性但又受感情支配；都是想做
好人但又經常犯錯誤。我們需要別人以中庸待我才可以自我保存，也應以中
庸待人才可以與人共存。人生是個「成形」的過程。城市也是如是。「以人為
本」、「良好習慣」和「美好靈魂」是很不錯的規劃原則。

第四章：阿奎那的「普世價值」

1912 年 4 月 15 日晚上 11 時 45 分，在紐芬蘭南面 600 公里的大西洋海面上，郵輪鐵達尼號與冰山相撞。凌晨 2 時 20 分，船身斷裂，沉沒，千多人葬身海底。其中有八個人成為傳奇。

兩千多的乘客，救生船隻只足夠載千餘人。甲板上一片恐慌、混亂。34 歲的隨船樂隊領班哈特利（Wallace Hartley）要安定人心，好使救生船隻可以多載，就開始拉起小提琴，樂隊其他 7 個人也陸續跟著提起樂器，一起奏樂。泰坦尼克號就是在樂聲中，徐徐下沉。有人看見他們中 3 個人被海浪衝走，其他 5 個人緊抱著船的欄桿，與船一同沉下海底。沒頂的一刻，哈特利還叫著，「諸位，我跟你們說再見了！」（Gentlemen, I bid you farewell）。

捨己為人是高貴的；但捨己為人是不是無私的就莫衷一是了。因為「人心隔肚皮」，心中怎樣想別人怎知？當然，這種懷疑也反映了對人性的悲觀。那麼，無私的捨己是否存在？19/20 世紀有名的法國哲學家柏格

森（Henri Bergson，1859—1941）有一個說法。無私的捨己（altruism）是難證明的，但有很強的端倪指向它的存在。假想你站在急流河邊。河中有人在掙扎，岸上很多人觀看。突然，你身旁的一個人跳進水裡，游向這個在掙扎的人。柏格森問，你那一刻有甚麼感受？絕大部分的人都有一種震撼，覺得這個人在捨己救人（雖然也許有些不智）。柏格森認為這就是無私存在的端倪。不管河裡的人是真的在掙扎還只是想跟岸上的人玩耍，不管跳進水裡的是想救人還是想乘機搶東西，這些都是可能的，但也是無關緊要的；最重要的是這個場面在你的心中產生一種對捨己救人的共鳴。共鳴是因為你心中存有無私捨己救人的理念。柏格森認為這就是無私捨己的存在的一個有力端倪。

現今社會，不但懷疑無私的為人，更是極力的主張自私的為己。有兩種說法：比較「老實」的指出個個人都是為己的，「人不為己，天誅地滅」；比較「老練」的會說人人為己帶來競爭，競爭帶來效率，效率帶來繁榮，人人得益。後者是典型的資本主義思維。我在《西方文明的文化

基因》裡已經把它的不邏輯和不老實說過了。現在說說前者看法的邏輯錯誤。

「人不為己，天誅地滅」有兩種演繹的可能：人不為己，一定有禍；人若為己，一定得福，我們更可以把這說法所指的福禍看成世俗名利的得失，並不是指道德修為。首先，我們不可能知道別人是為己還是為人，只有別人自己才知道（甚至他自己也不一定清楚）。所以我們只可以作表面的觀察。可是，但從表面上來看，有甚麼「證據」證明為己的得福，不為己的有禍？的確，很多表面為己的人確實名成利就，但更多表面為己的人並沒有名成利就。可是說，假如真的是「人不為己，天誅地滅」，在這個人人為己的世界裡為甚麼沒有名利的遠比有名利的多？這證明，為己決不能擔保名成利就。因此，為己不是名利的「充分條件」。退一步，假如「人不為己，天誅地滅」只是指不為己的人一定失敗，也說不通。多少表面上說不為己的人實在是名利雙收？因此，為己不是名利的「必需條件」。結論是，人為己與不為己，跟在名利上面的得失是沒有因果邏輯的。也就是「人不為己，天誅地滅」不是事實，是種意識形態，是種選擇。

說「人不為己，天誅地滅」的往往是沒有名利的人對有名利的人（尤其是強調不是為己的有名有利者）的反感或不服，或者是對自己未能拿到名利的解嘲或無奈。但是這些反感、不服或解嘲、無奈其實包含著一種「反為己」的情操。（你看，這些「為己」的傢伙們，不就是名成利就麼，假如我願意為己，我也會同樣成功，只是我不屑。這裡隱藏著的意識是為己不是好事，但為要功成名就，有人會降低人格。）甚至是包含著為己者以這句話去掩飾自己的行為底下的歉意。（你看，人人都是為己，我為甚麼不能為己。這裡暗藏著，我不是想為己的，但人人都為己，怎能單怪我；也就是說，假如不是人人都是為己，只有我是為己，

那麼你怪我才有道理。）因此，說「人不為己，天誅地滅」的人往往視「為己」為一種「不得已」，而不是歌頌。

我認為，人天性不是單為己，但也不會全為人。捨身為人的更是少之又少。阿奎那提出自然之法就是針對為己與為人之間的平衡點何在，作為普世價值的基礎。這啟發我們對人性的認識和知道我們應如何處理人與人之間的矛盾和紛爭。

起碼是 20 年前的事。我忘了是建設部還是中規院，那年在福州辦了一個住房政策的研討班，由我組織外國專家來講。我請了兩個美國人，其中一人給我的印象深刻。當時中國還在起步初期，沒有能力高薪禮聘。我用的是聯合國發展項目的援助，錢少得可憐。當時，他就是這樣說的，「去中國是虧本的買賣」。日後，他把這趟研討班寫成文章，開始建立自己中國問題專家的地位，現更是在美國林肯土地中心任高職。這是很典型的互利，無可厚非。但也隱約顯示西方人自視高人一等的心理。開班的第二天，配給他做翻譯的女孩子找我，說此人對她不尊重，言語間帶有調戲的意味，要求馬上調職。研討班結束，兩美國人經香港返美，我也往香港探視，一起吃茶。這個人突然問，「你相信不相信有普世價值？你同意不同意言論自由、法治、人權是普世價值？」言下之意，是我不能不相信，不能不同意。當時，我的心理實在是有點不平衡。一方面，我對他的自大和對中國女性的不尊重實在反感，另一方面，我對他在研討班推銷的資本主義自由經濟實在不認同，加上我對普世價值未曾有真正的想過，就毫不考慮的回答，「不相信，也不同意」。現在想起來這魯莽的答案，有點汗顏。

當時我是從文化的角度看他的問題，並抱「文化是相對」的心態。但是，我是以此人作為西方文化的代表，因此對西方文化有偏見的反感；我以自己做中國文化的代言，所以對中國文化有直覺的堅持。其實，這是不科學和不公平，因為我的答案是出自無知和偏見。多年來的觀察和思考，才知道「不相信」是答錯了，「不同意」卻是答得對。因為我混淆了原則與行為。

普世價值

普世價值的關鍵在「普世」（universal）。是西方人權的基礎。它本身的基礎是「自然之法」（natural law）。這要從古說起。

西方主流思路是天賦人權出於自然之法（natural law）。一般的解釋是自然之法是內在的（immanent），只可以被發掘、被發現，不可能被創造，但它可以是隨著人類處理人與人之間的事情而「呈現」（emerge）出來。自然之法既是自然，當然也是普世。古典的演繹是，自然之法乃人類（個人與眾人）道德行為必須遵守的法規。它的基本假設是道德乃人性特徵，通過理性觀察與分析人類在社會中的行為可發現道德原則。自然之法是相對於人為之法，（positive law，政治團體、社會、國家之法），是評價和批評人為之法的標準。為此，自然之法與自然公義（natural justice）和自然權利（natural rights）往往被視為同義。

法國的「人權與公民權宣言」（Declaration of the Rights of Man and of the Citizen）和美國的「獨立宣言」（Declaration of Independence）和憲法都引用自然之法和自然權利。「獨立宣言」是這樣寫的。「我們認為下述真理是不言而喻的（self-evident，或自明之理）：人人生而（created，可譯「受造」）平等，造物主（Creator，是神的意思）賦予他們若干不可剝奪的權利，其中包括生存權、自由權和追求幸福的權利。」

追溯古代，柏拉圖的「有秩序的宇宙」已含有自然之法的意味。在這秩序裡，最終的「形」（柏拉圖的術語：「永遠存在，永不改變」的東西）是「善」（the Good）。宇宙萬物是生於它；人生目的是要知它、仿它（這對基督宗教的神學有很大影響）。亞里士多德更強調「自然」與「法」之別。前者是四海而准、人人皆同，後者是因時、地而異。蘇格拉底、柏拉圖和他都有自然公義和自然權利的理念（亞里士多德的公義主要是種政治討論，聚焦在一個城邦的理想法制和權利分配，見下），有人稱他為「自然之法之父」（其實主要是通過阿奎那的力捧，見下）。

古希臘的斯多噶派（Stoics，克制派或寡慾派）已提出「大自然的基本之法」（basic law of nature）的理念。他們的大自然是相對於「神定」（指希臘的眾神，含有任意和武斷的意味）和「人立」（指希臘的城邦政體，含有功利和權謀的意味）。他們認為宇宙是秩序的，而這些秩序是有理性、有目的和永恆的，人類行為的道德性應以這些秩序來衡量。羅馬共和時代，斯多葛派再把自然之法的理念延伸去包括所有人，不分彼此、不分厚薄都應取得公道（justice）的「權利」（「ius」，英語是 right）。這就是「自然公義」。

西塞羅（Cicero，公元前 106—前 43，政治家、哲學家，凱撒死後力圖恢復共同政體，被安東尼派人殺死）把斯多葛派學說「羅馬化」和「帝國化」，從獨立小城邦的背景和文化轉移到龐然大帝國的背景和文化。西塞羅認為自然之法（來自宇宙的秩序）指令我們要為社會的整體利益做貢獻。因此，在自然之法的指引下，人為之法的目的應該是保證人身安全、保持國家完整、提供國民安樂和幸福的人生。否則，不配稱為「法」，因為「法」的定義中包含著要選擇公義和真理的理念和原則。因此，「法」是應該抑惡揚善的。所謂「善」（德行）就是關心自己的幸福，並通過互惠去與別人生活得融洽。（這個自然之法和人為之法的關係很影響阿奎那，見下。）西塞羅的「整體利益」和「個人責任」理念反映了，也配合了「泱泱大國」的情懷。在 18—19 世紀的大英帝國，西塞羅之名盛極。美國開國的幾任總統（特別是傑佛遜）對他近乎崇拜。

羅馬帝國黃金時代（公元 1—2 世紀），斯多葛學派流行。自然公義的理念跟著帝國的擴張逐漸成為一種放諸四海而准的自然之法的理念。這理念被用來支撐法律的約束性和強制性。在這理念下，每個人都擁有一些來自法律，經法律指定，人人一樣的權利。這些權利往往含有「神的判決」的意味（divine judgment）。這是西方最早按自然之法衍生出的人權理念。同時，斯多葛派堅持自然之法是每個人都可以通過理性去認識的，但由於大多數人都是重情慾、輕理性，因此他們都既不快樂，又是墮落。

到了羅馬衰亡，歐洲基督化之後，人權與自然之法的理念隱藏近千年。

那時的西方文明以神為中心。在以「家庭」為藍本的社會與經濟制度下，人與人之間的關係是互給、互換（reciprocal），沒有獨立個人的理念，更沒有以個人自由為中心的人權。十字軍東征與希臘古籍重現衝擊西方人的反思。歐洲從中古開始踏上現代。此刻，出現一個大思想家，聖托馬斯·阿奎那（St Thomas Aquinas，1225—1274），有稱他為「現代的第一人，中古的最後一人」。他對西方文明的影響極深遠。

阿奎那出生意大利南部貴族家庭。他不是長男，不能繼承父業。按當時風氣，就是出家。他叔父是天主教會最古老和高貴的本篤修會（Benedictines，創立於 529 年）總部，蒙特·卡西諾修道院（Monte Cassino）的主持。他的母親很希望阿奎那會加入這修會。他 5 歲進修道院，但幾年後，因戰亂，家人把他送到那不勒斯。那裡，他認識了剛成立幾年的多明我修會的教士（Dominicans，創立於 1216 年，與 1209 年創立的方濟各修會Franciscans，都是針對時弊而開創的宗教團體），對他們的學問修養和求知態度景仰得不得了，決定加入。那時他是 19 歲，家裡頭，特別是母親，很不願意。認為阿奎那不進入與家庭有深切關係和在社會有高貴地位的本篤會，反而去參加剛冒出來的新派多明會是很丟臉的事。阿奎那決定離家出走，但路上被兄弟們追上，捉回家，並嚴密監管在家裡，不得外出。當時，連教皇也被牽入，但他不願干預。阿奎那留在家裡，做姊妹們的導師，但仍與多明我會士保持通訊。母親甚至招來兩個妓女去引誘他，但被他用火棒趕走。這樣過了兩年，家裡終沒有辦法，就使他假裝扒窗偷走去出家，為家人保留一點面子。阿奎那的別號叫「笨牛子」（Dumb Ox），主要是他的體胖寡言，但他的堅持也確是少見。

亞里士多德的學說，尤其是倫理學，在中古歐洲消沉（甚至可以說湮沒）近千年，終於被重新發掘了。十字軍和商人從阿拉伯把亞里士多德（和其他希臘先哲）的真跡，以及回教和猶太教學者對這些經典的演繹和評估帶回歐洲，衝擊歐洲人的宇宙觀和人生觀。阿奎那對亞里士多德的研究不可能說是後無來者，但肯定是前無古人。他重新引入亞里士多德的自然之法理念。這

裡，自然是相對於人為之法、傳統和習慣。

亞里士多德的自然公義是種政治理念。他認為，最好的政治團體（政制）會有公道的分配和賞罰。因此，公道的分配和賞罰（自然公義）就是政治上的自然之法。亞里士多德的名句「人天生是政治動物」。他認為人類結邦不是為了安全或富裕，而是希望活得更高貴（noble）。因此，城邦的政治目的只有一個：整體人民高貴的政治生活。他說：「當人達到完美，他是最好的動物。但若是離開了法理（law）與公義（justice），他是最劣的動物。因為有武力的不義是更危險的。」因此，高貴的政治生活的基礎是法理與公義，也就是「行義」。

阿奎那的興趣在政治理性，也就是亞里士多德的「行義」中的「義」是甚麼。阿奎那的「義」來自「法」，有點中國的「道」的意味。這個「義」的理念是現代西方人權的理論基礎。阿奎那提出四種「法」，也可以說是四種理性、四種義、四種道。

1. 永恆之法（eternal law，也可譯為永恆之道）就是神的意旨，支配所有的受造物。

2. 自然之法（natural law，也可譯為自然之道）是永恆之法裡頭有關人類的部分，由人類通過理性發現出來的。

3. 人為之法（positive law）是自然之法裡頭，可以通過人類政體施諸於人類社會的。這也就是我們一般所謂的法律、法制。

4. 神聖之法（divine law）是神通過聖經給人類的啟示。

阿奎那的巨著《神學大全》，是中世紀西方的治學範式。全書分兩部，討論的題目超 600 個，自然之法是第二部第二卷的第 94 題，分 6 條。《神學大全》是經院派（Schoolmen，13—15 世紀的主流思想）的典型。每個題目的處理方式都是一致的。先是表明題目，然後是列出各經典中對題目的論述，繼是論述作者的見解，最後是回應先頭列出的經典論述。這裡只節錄和意譯阿奎那的主要見解。他對經典論述的回應也是非常精彩的，但篇幅所限，只好略過。還有，阿奎那的思路源自亞里士多德，包括很多術語，在下面會註明，並請參

考本書第三章〈亞里士多德的「變」〉。

第一條，自然之法是否習慣而已？

習慣有兩種意義。一、在「本質」上（in essence，見亞里士多德一文），自然之法屬理性，因此不是習慣。二、習慣可以是指我們慣性做的某東西（某習慣），正如信仰可以是指我們所信的某東西（某信條）。自然之法的法規（precepts）有時要經理性思考，有時是種理性習慣。在這樣的演繹下，自然之法也可稱為習慣。在理論推理（speculative reasoning）中，我們會慣性地持有一些不可論證的原則（indemonstrable principles）。這些原則本身不是一種習慣；但我們「習慣地」擁有這些原則。

第二條，自然之法有多少法規？

自明（self-evident）之理有兩類：（1）本身自明（in itself）；（2）人類自明（in relation to us）。

在一個本身自明的命題（proposition）裡。其謂項（predicate）會被其主項（subject）包納（見作者在《西方文明的文化基因》有關亞里士多德「三段論」邏輯的討論，中和出版，2017）。當然，如果我們不懂主項的定義，那就看不出命題的自明之理。舉例。作為命題，「人是個理性的存在體」是自明之理，因為當我們說「人」的時候我們也在說「理性存在體」；但如果我們不知「人」是甚麼，這個命題就不是自明之理了。

某些自明的公理或命題是普世性的，它們的主項、謂項都是人所共知的，例如「每個整體大於它的構成部分」、「與同一個東西相同的東西是互同」。但有些自明之理是要有智慧的人才得知。

普世性的自明之理也有等次的。最先的是「存在」。要理解宇宙任何事物必須先有這個理念。這個理念產生第一個不可論證的原則：「同一個東西不可能同時被肯定和否定」。這原則是所有論證原則的基礎。正如「存在」是第一個經由純理性領會的東西；「好」（good，也可以作為「善」、或「吉」）是第一個經由實踐理性，也就是有關行動的理性，領會的東西，因為每一個「有自主權的行動者」（agent）都是以「好」作為它行動的目的，也就是「萬物求

好」。因此，自然之法的第一條法規就是，「做好、求好、避惡」（「good is to be done and pursued, and evil is to be avoided」）。

好是我們嚮往的東西，惡則反是。因此，凡人的本性所傾向的，而他的理性自然地領會是好的東西就是他追求的對象；相反的就是惡，是躲避的對象。本性傾向的強弱（普世性的強弱）次序就是自然法規的先後次序。排首位的是人與萬物共有的自然傾向。所有萬物都想保存己身的存在和維持己身的本質：基於這理由，任何用以保存人命和避開對人命障礙的手段屬自然之法（這裡，自然之法有「天道」的意思）。第二是人與其他動物共有的自然傾向。由此傾向而來的東西也屬自然之法，例如交媾、教育子女。第三，人有理性，理性使他傾向合適他本質的好東西，因此，人有追求真理和與人共存（live in society）的傾向。由這些傾向而來的東西也屬自然之法，例如捨棄愚昧，避免開罪共同生活的人。

這些自然法規都是從第一法規引伸出來的，因此我們可以說自然之法只有一條。

第三條，自然之法是否包括所有德行（acts of virtue）？

自然之法包括人的本性所傾向的所有東西。因此，從傾向來說，自然之法是包括所有德行（德性行動）。但也有某些德行不是人性當初的傾向，是經過理性的探索才發現是有利於美好生活。

第四條，自然之法是否人人皆同？

自然之法包括人的自然傾向，此中包括人是自然地傾向按理性來行動。但理論理性與實踐理性不同。理論理性是有關「必然」（necessary）的東西，得出的結論是普世原則、不會錯的真理。實踐理性是有關「具體」（contingent）的東西，也就是有關人類的行動，也有其必然的一般性原則，但越是具體的細節，這些原則的運作越會遇到瑕疵（defects）。因此，有關理論性的東西，真理是人人皆同，包括原則和結論；原則的真理人人皆知，是種常理（common notions），但結論的真理就不是人人皆知了。有關行動性的東西，真理或正確的實踐（practical rectitude），只適用於一般性的原

則上，不能用於細節，就算在細節上有相同的正確實踐，各人的所知也不是相等。

因此，作為一套一般性的原則，人人對自然之法的認識和正確實踐是相同的。至於由原則引伸出來的細節，在大部分情況下，人人的認識和正確實踐也是一致的，但在某些少數情況下就不一致。正確實踐會受障礙，就如大自然的生生滅滅會因為遇到障礙而不能實現；認識會被扭曲，因為人的理性可以被情慾、惡習或劣性扭曲。偷竊是有違自然之法，但凱撒大帝說從前的日耳曼族人就不當是罪過。

第五條，自然之法可否更改？

更改有兩種。第一，加。這種更改不妨礙自然之法。「神聖之法」和「人為之法」把很多有益人生的東西加在自然之法之上。第二，減，也就是終止某些自然法規。在這種情況下，自然之法的一般性原則是絕對不改的。而且，在大多數的情況下，次要的原則，也就是由一般性原則引伸出的、細節的、大約的結論也是不改的。但在特殊和極少的情況下，某些特別原因使遵行自然法規遇到極大障礙。那時，自然法規可改。

第六條，自然之法能否從人心中廢止？

自然之法有人人皆知的一般性法規，也有某些從第一原則引伸出來的結論，也就是第二的、細節的法規。一般性原則，也就是抽象的自然之法，不可能從人的心裡抹掉。但如果人的理性被色慾或其他情慾障礙，不能把一般性原則用諸於實踐上，這些第一原則就在某些具體的行動上被抹掉。但那些從第一原則引伸出來的第二或細節的法規就有可能從人的心裡抹掉。這可能是因為邪惡的風俗和墮落的陋習，正如在某些人裡頭，偷竊，甚至違反自然的邪行也不當是犯罪。

自然之法既來自永恆之法，它就是普世價值，而且是可以經理性去發現的普世價值。此中，阿奎那特別強調「自我保存」和「與人共存」。西方的天賦人權理念都以此為理據。當然，許多哲人、聖人都得此結論。基督的「愛人如己」就包括了愛人（與人共存）和愛己（自我保存）。與基督差不多

同時的猶太教最偉大思想家希勒爾（Hillel the Elder，公元前110年到公元10年）就有著名的三句：「若是我不為自己，誰來為我？若是我只為自己，我是甚麼東西？若是我知道應該怎麼做，還不馬上去實行？」

阿奎那指出，在我們的理性中，這些自然之法都可以是非常清楚的，但在具體和個別的行為上我們的理性會受到情慾、邪說、惡習等干擾，需要「法律」（rules）去幫助我們求好避惡。例如，為甚麼要有法律禁止酗酒？因為酗酒傷害身體，擾亂理性，而喪失理性就喪失了人的「本質」，因此法律禁止酗酒是扎根於人類自我保存的自然之法。為甚麼要有法律禁止盜竊？因為盜竊破壞社會關係，而人是社會動物，因此法律禁止盜竊是扎根於人類與人同存的自然之法。可以說，阿奎那的自然之法就是普世價值原則，人可以憑理性去掌獲，主要是自我保護和與人共存。但由普世價值產生出來的行為則不然。任何行為一定有它的人、事、時、空特徵，不會普世。上面談到的酗酒和盜竊的例子就是比較接近普世。至於言論自由、市場經濟、多黨政治、獨立司法等等雖然都可以出自普世價值，但這些行為就肯定不是普世。

希臘、羅馬的自然之法是建築在理性上，基督宗教的自然之法是建築在信仰上。但兩個基礎都是超越個人的，因此是非主觀的。宗教改革前夕出現兩個現象。（1）人文思想抬頭，西方人開始思考個人權利。主觀性的人權理念萌芽。（2）西方世界擴張，特別是西班牙與葡萄牙的海外發展，使西方人要面對美洲與非洲土著的人權。真正泛人類的人權理念是在那時萌芽。這兩個人權理念其實是有點相反方向：人文思想使西方人走向主觀性的人權；全球擴張使西方人去向客觀性的人權。日後，英語文明使個人主義與自由主義成為主流，西方人用客觀性的人權語言，如自然之法、天賦人權，去推行主觀性的個人權利、個體權利。

現代人權理念的成形主要來自英國的霍布斯（Thomas Hobbes，1588—1679）與洛克〔John Locke（1632—1704），經驗主義開山祖師〕。霍布斯的《利維坦》（*Leviathan*）在1651年出版，是英國殘酷內戰中查理一世被殺頭後

的兩年。霍布斯極度強調自我保存，並以此作為人權的核心。他認為人類天賦的自由與平等使人類社會紛爭不斷。這種「自然狀態」（state of nature）使人類的生命變得「孤獨、貧窮、惡劣、野蠻和短暫」。為避免這些痛苦，人類授權（可以自願、可以被迫、可以被騙）給統治者去維護和平，以天賦的個人自由去交換政府強制維持的社會秩序。霍布斯是典型的「後果主義者」（consequentialist），以後果的好壞去衡量善惡，推理如下。在他的「自然狀態」裡，人人都害怕死於別人的暴力之下。因此，自然之法就是「一個有理性的人，為了生存和富足應採的行動」。採取這些行動就是人的天賦權利（人權）。可以說，「人權是自然之法的基礎」，有別於他之前的「自然之法是人權的基礎」。

洛克比霍布斯晚，看盡 17 世紀英國政壇的變幻，他的人權理念當然清晰：人權是天賦，包括保存生命和擁有為了保存生命所需的財貨的絕對權力。洛克的自然狀態跟霍布斯的很不一樣。在他的自然狀態裡，人人可以把自己的勞動力加諸於物質世界，無限制地為自己創造財富。他認為人是自由、平等，並有足夠的理性去按天然的道德來自治，包括尊重別人的權利。

以自由為基礎，以自主、自治為體現的洛克式人權理念其實與自然之法是拉不上關係的。他的天賦自由是種政治主張，不是人性事實。功利主義的邊沁（Jeremy Bentham，1748—1832）就認為天賦權利的理念是胡鬧（nonsense），再加上不可剝奪的理念就是更加胡鬧。在另一方面，保守主義者也譴責天賦人權。代表人物伯克（Edmund Burke，1729—1797）批判法國革命的暴力行為，認為這些暴行都是革命者意圖以抽象的人權理念去建立社會和政治新秩序。他指出革命者以這些抽象理念為依據去摧毀傳統（教會、階級、政府），而傳統其實就是人類共性和社會團結的源泉，是人權的真正和實質的基礎。社會主義（包括共產主義）和無政府主義者對人權理念也大有戒心。普魯東（Pierre Joseph Proudhon，1809—1865）就認為人權是經濟強盜的理論，產權是經濟強盜的實踐。馬克思更一針見血地指出這樣的人權理念只能代表「資產階級的權利」（bourgeois rights），是一個資本階級用來榨

取無產階級剩餘勞動力的意識形態構架。

啟蒙運動把洛克的人權觀念往前推，如下。人有自主權，有制定和執行法律的自治能力。這個自主和自治之權是自然之法。因此，政府的權力只可以來自人民的首肯。到了 18 世紀，洛克的人權理論再被延伸、提煉。美國「獨立宣言」就特別強調人權是「自明之理」。法國革命的「人權與公民權宣言」更直言政治生活的目標就是「保存天然和不可剝奪的人權」。人權的範圍也從反抗暴政擴大到政治、經濟、社會、宗教和文化的各種自由。在英語文明成為主流的近兩百年。西方主流以此來衡量和評價別的國家、別的文明。1948 年的聯合國「普世人權宣言」更確定了它的全球性地位。除了個人、政治、法律的基本人權外，還加上了社會性的福利、教育和生活保障。

其實，從洛克開始，人權與自然之法（普世價值）的因果（前題與結論）關係被扭曲。洛克之前，自然之法是人權的基礎：由於自我保存和與人共存是普世價值（自然之法，或天道），因此是人所應有的權利。這裡，自然之法是個客觀事實，得自對人性的觀察和反思；人權是一個引伸。洛克之後，人權是自然之法的基礎：由於自主、自治是人的天賦權利，因此這些權利就是普世價值（自然之法）。這裡，自然之法既不是人權的因，也不是人權的果，是被戴在英式個人自由主義意識形態的人權之上的一個光環。

本文聚焦於以阿奎那為代表的古典自然之法（天道、人人皆同、人人皆知），以自我保存和與人共存為第一原則的兩個側面，兩者均屬普世，也就是同等重要、同時存在、不能分割、沒有取捨。

這裡要說明一下，自我保存是「保存己身和維持己身的本質」。「本質」很關鍵。人的自我保存不單是生存，是生存得像人；與人共存也是讓別人生存得像人。因此，自我保存和與人共存是對稱的、適度的。譬如在父與子的關係中，父親的自我保存是保存作為父親，兒子的自我保存是保存作為兒子。他們之間的與人共存是父親待兒子如兒子，兒子待父親如父親。為此，他們在與人共存上的投入和自我保存上的期待是對稱的、適度的。做父親的

想自我保存為父親（父親的期待）就要待兒子如兒子（父親應作的投入）；做兒子的想自我保存為兒子（兒子的期待）就要待父親如父親（兒子應作的投入）。朋友之間、夫妻之間，官民之間，都是以朋友、夫妻、官民的本質去決定自我保存的期待和與人共存的投入。一但離開了「本質」就變成不對稱、不適度，就出亂子。如果父親縱容兒子（例如應約束時不約束），他就是不把兒子當兒子來對待（例如把兒子像寵物來對待），那麼兒子也不會把他當作父親來對待（例如不尊重他）。這樣，做父親的就喪失了父親的本質，也就是不能自我保存為父親了。為此，自我保存和與人共存不可能有取捨，因為他們是同一個原則的兩個側面，也就是阿奎那所說的「自然之法只有一條」。

自然之法是來自客觀事實的觀察和反思。它本身不是種道德規範。它的唯一結論是凡違反自然之法原則的東西就是反自然，不會普世。例如，捨身成仁是種高貴的情操，但是違反自然之法的自我保存，因此只有極少數的人在極少數的時刻會捨身成仁。如果人人都捨身成仁，人類就會滅絕。又例如，同性戀也是違反自然之法的交媾、生兒育女。因此，大部分人都不會去做。否則，人類也會滅絕。自然之法的普世性是客觀事實，不是道德指南。客觀事實是人類不能，也不會普遍地、長久地違反自然之法。因此，唯有符合自然之法的行為才可以持續，合乎自然之法的政治才可以久安。

阿奎那很清楚的分開原則和實踐（見他的第四條）。在人權的討論上可作以下的演繹。在理論上，從自我保存和與人共存普世價值（原則）引伸出的人權理念（結論）是人人皆同，雖然不是人人皆知。在實踐上，人人對普世價值實現於人權法規的認識和正確實踐也是一致的。但是，越是細節的人權法規，普世價值原則的運作會遇到越多瑕疵，對人權法規的認識（法規如何引伸自原則）越易被扭曲，人權法規的運作（法規如何去實現原則）越易受障礙。如果我們選擇普世價值作為城市規劃的導向，我們的挑戰將會是如何把普世價值原則落實到具體的規劃行動上，或如何從具體的規劃行為中追溯出普世價值原則。

城市規劃

　　在城市規劃，普世價值的最高演繹是聯合國 1948 年的「普世人權宣言」（Universal Declaration of Human Rights）。早在 1945 年，50 個國家在舊金山簽署聯合國憲章，並議決起草「人權宣言」。起草委員會把宣言分為原則與公約兩部分，1948 年先公佈原則。這文件反映「二戰」浩劫後各國特別關注基本人權。但其內容有濃厚的美式自由思想，特別是羅斯福總統的 4 個自由（言論、集會、無恐懼、無匱乏）。1966 年公佈「經濟、社會和文化權利的國際公約」（International Covenant on Economic, Social and Cultural Rights）；1976 年開始生效，成為國際法。其中第 11 條款的內容包括住房權：「本公約締約各國承認人人有權享有為他自己和家人適足的生活，包括足夠的食物、衣著和住房，以及不斷改善生活條件。」其實，早在 1948 年的人權宣言已提及「住房權」：「每個人都有一個標準的生活，足夠為自己和家人的健康和福祉，包括食物、衣著、住房、醫療和必要的社會服務的權利……」（第 25 條款）。1978 年聯合國人類住區規劃署（United Nations Habitat，或 United Nations Human Settlements Programme，也稱人居署）成立，是為最權威的國際性城市規劃組織。

　　「普世人權宣言」的道德基礎是人權的普世性。住房權被視為具有普世價值的行為，引伸出以創造和維持人居環境為使命的城市規劃也可視為具有普世價值行為。這點很關鍵。之前，西方城市規劃從未有戴上普世價值的光環。它有過軍事、宗教、經濟的作用。聯合國宣言給它打造光環，但同時也明確了它的使命，劃定了它的範圍。

　　城市規劃毫不諱言以「社會整體利益」（the interest of the society as a whole）為城市規劃的基石，而「社會」（society）與「整體」（whole）都隱約包含著「普世」（universal）意識。這裡，「普世」有「每個人」（each person）和「人人」（every person）的意義。

　　上面說過，西方普世價值可歸納出兩個第一原則：自我保存和與人共存。

〔《斯坦福哲學百科全書》的自然之法討論列舉不同古今哲人提到的普世價值原則。唯有自我保存和與人共存是人人都提及的（另外一個原則是「追求知識」）。〕自我保存是有關「每一個人」（自我）的層面；與人共存是有關「人人」（與人）的層面。上面也說過，普世價值原則是普世的，也就是不會因人、事、時、空而改變，但是由這些原則引伸出來的具體和個別行為（可稱之為普世價值行為）則會因人、事、時、空而異。但這些行為必須能夠追溯到普世價值原則，否則就不算是普世價值行為，喪失它普世價值的道德光環。下面，我試用「土地開發糾紛」去演繹普世原則如何落實到具體規劃行為上。

很多理論家把規劃看作一種博弈：有得益者、有損失者。有些理論家（特別是古典與後古典經濟學的信徒）認為只有個體利益是實際的、真正的；群體利益是抽象的、意識形態的。因此，規劃博弈是個體與個體之間（包括它們的代理人）的事。如果叫這些理論家把規劃納入普世價值的範式裡，他們會肯定自我保存為普世價值，視與人共存為一種虛無的東西，或是一種在追求自我保存時使用的戰略（權謀）。因此，他們的理論只有贏、輸的局面（他們也談雙贏，但在雙贏中，也是我多贏、你少贏）。如果叫他們以普世價值範式去演繹規劃，他們會以自我保存為本，與人共存為用。為此，他們的與人共存不可能是普世（也就是不能跨越時、空、人、事），因為它是權宜的（也就是因時、空、人、事而變）。

另一類理論家（特別是社會學或後現代主義者）認為規劃須要是「整體」（holistic）和「以群體為基礎」（community-based），視自我保存為一種自私的象徵和自利的掩飾。如果叫他們以普世價值範式去演繹規劃，他們會肯定與人共存，視自我保存（以斂財的開發商、貪財的政客、庸才的官員為代表）為一種歪風、墮落。因此，這些「為民請命」的理論也是只有贏、輸的局面，正、邪之爭。在普世價值中，他們只肯定與人共存的側面，視自我保存為負面的東西；只有與人共存是唯一的普世，而且要凌駕一切的、霸度的普世。因此，它不是真正的普世。

看來，西方規劃理論不可能同時容納自我保存和與人共存。有視與人共

存為權宜（如博弈派視權力鬥爭之中的與人共存），有視自我保存為負面（如請命派視奸商、貪官的自我保存）。但普世價值原則應該是四海皆准、古今如一，怎可以此一時、彼一時？我想探討這個西方規劃理論的困境，特別是自由與平等、效率與公平不可共存的悖論。

土地開發糾紛一般涉及兩種利益：（1）土地開發者；（2）被土地開發影響其安居者（包括居住和工、商、企的運作）。在此，規劃的工作是合理地處理這些利益之間的衝突。

在「規劃就是博弈」的範式下，土地開發糾紛是種個體利益之間的博弈，而規劃工作就是保證博弈公平。這個「博弈派」規劃範式是以效率取向，輔之以酌量的公平。但是，這些個體利益的實力往往是很不對稱的。就像拳擊賽，如果不分級數，肯定是體重的佔便宜，就算裁判如何公平也不能改變這事實。因此博弈派其實就是接受、肯定和延續「現狀」（現存的利益分配），也就是富的強、貧的弱。有很多人會認為這是助紂為虐，不能接受。他們就是「請命派」。在「規劃應是為民請命」的範式下，規劃的假設是現狀不公，規劃的使命是扭轉現狀，鋤強扶弱，甚至包括扭曲博弈。因此，「請命派」規劃範式是以公平取向，輔之以適量的效率。但是，無論是「博弈」還是「請命」，這兩套範式都是從政治層面去看規劃，也就是從「權力」的角度去看規劃。無論是肯定權力現狀（博弈派）或否定權力現狀（請命派），這兩套範式都帶有強烈的強、弱和勝、敗意識，因此會認為自我保存和與人共存不可能有同等價值。這兩派都有捨本圖末的傾向，一開始就把土地開發政治化（權益之爭），然後注入意識形態（接受或否定現存的權力分配），把土地開發的合理性強行劃分為效率上的合理（不管權力分配）和公平上的合理（只管權力分配），中間挖下不可跨越的鴻溝。

普世價值規劃範式或可為規劃理論和工作開出一條新路、生路。首先，在一個「提升人類普世價值為使命」的規劃範式底下，土地開發（以至其他的規劃工作）不會以權益為主題，也不會以處理權益矛盾為焦點。規劃的焦點是人居環境，著眼在以人為本的居住環境。規劃的主題會是「提升人類

普世價值的人居環境」。用在土地開發上可以作以下演繹。土地開發，作為「合理配置用途與土地」，就是以人類普世價值去指導用途與土地的配置。因此，土地開發的合理性將會以普世價值來指導、衡量。這會帶來技術上和政治上的突破。在政治上，普世價值原則為利益紛爭處理的合法性定下標準；在技術上，普世價值原則為用途與土地配置的合理性定下標準。

首先，博弈和請命的規劃範式都是聚焦於權力。博弈範式肯定現有的權力分配；請命範式否定現有的權力分配。但是，這兩套範式都潛有對現存權力分配的假設。博弈範式假設現有的權力分配是合理的，或最低限度是可接受的。因此，公平的遊戲規則會產生公平的遊戲結果，如果不能每次都是公平，起碼在大多數情況下，或整體而言，是公平的。這範式漠視了現實中人所共見的不對稱的權力分配。雖然博弈派會堅持權力不對稱不等於結果不公平，而且不對稱是社會進步的推動力，但大多數人都認為這是強辯，甚至是狡辯。姑勿論這假設是否科學，經博弈產出的結果往往就是政治的火頭。更關鍵的是，就算博弈得出的土地開發糾紛解決辦法是合法（合政治的需要），它不可能保證是合理（合人居的需要）。請命範式的假設更誤事，因為這範式的意識形態味道特別重，一般請命派都仇視和敵視開發商、政客、官員。這裡潛有一套很不科學的假設。對請命派來說，土地開發所涉及的兩種利益是善、惡分明。鋤強扶弱的心態使他們往往把開發者與商人、政客、官員視為一體，或者是同路，都是侵奪者，而被影響者都是小市民，都是被侵奪者。但在現實裡，開發者也有是小人物。難道小住戶不想加建、小商店不想擴充？反對他們的，也就是被影響者，也有是大業主、大商店。那麼，難道這些小住戶、小商店永遠是合理的，而大業主、大商店永遠是不合理的？若是如此，也不用規劃了，土地開發也不需要理性了。可見，土地開發雖會構成權益衝突，但孰是、孰非跟誰強、誰弱是不可以一概而論的。請命範式的仇富、仇強意識弄瞎了規劃。鋤強扶弱有種任俠的逞強心態，確實使人快感，但容易使人喪失理性。現看看普世價值原則如何可以理性地為用途與土地配置的合理性定下標準。

普世價值原則是自我保存和個人共存。這涉及兩個層面：自我保存是關係每一個人的，與人共存是關係人與人之間的。前者好像是個人的事情，後者是眾人的事情。博弈派與請命派的基礎假設是個人利益與眾人利益很難一致，因此必然衝突。「很難一致」是客觀事實，無須辯論；「必然衝突」出於意識形態，有選擇性。博弈派選擇肯定現存權力分配，聚焦在公平角力；請命派選擇改變現存權力分配，聚焦在鋤強扶弱。為此，衝突是邏輯性的、必然的。可是，在普世價值的範式裡，普世價值是不可能互相衝突，不然就不是普世價值了。在這範式裡，每個人都會同時追求自我保存和個人共存，而且這些追求是無須作相對的取捨，是沒有真正的衝突，是對稱的。怎能達到此局面？當與人共存成為自我保存的保證；當自我保存成為與人共存的標準。應用在土地開發糾紛上可作以下演繹。

土地開發涉及兩類人：「開發自己土地而影響別人安居者」（開發者）和「因別人開發土地而被影響自己安居者」（被影響者）。兩類人各有自我保存的考慮（怎樣開發自己土地？怎樣保護自己安居？），也各有與人共存的考慮（怎樣不影響人家安居？怎樣容許人家開發土地？），可分開討論。

1. 與人共存成為我自我保存的保證。

在普世價值範式裡這兩類人都會追求自我保存。前者聚焦於發揮自己（開發土地），後者聚焦於保護自己（保護安居）。在博弈範式和請命範式下，兩者有必然的衝突；也就是開發者與受影響者不能共存（就算有都是作假的、妥協的或權謀的）。但是，在普世價值範式下，自我保存非但不會跟與人共存衝突，與人共存反是自我保存的最佳保證。古哲給了我們啟示。

亞里士多德說人類結社（與人共存）是為了追求更美好的生活。他認為人的最高追求是幸福（happiness）。幸福是生活得美好；生活得美好是充分發揮（flourishing）人的本質，這當然可以包括充分開發自己的土地。亞里士多德的唯一約束是這必須是理性的選擇，因為理性是人的本質（理性就是亞里士多德強調的「中庸」，也就是「適度」，相對於「過度」；亞里士多德的啟示是人類選擇與人共存是因為他相信與人共存保證他可以發揮自己，見

下）。另一方面，霍布斯也談人類組織政府（與人共存）是為了避免在自然狀態下的孤獨、貧窮、惡劣、野蠻和短命。也就是說，為了自我保存，人類選擇與人共存，因為他相信與人共存保證他不被侵犯。看來，把亞里士多德與霍布斯的與人共存理念加在一起就保證了自我保存：從不被侵犯（下限）到發揮自己（上限）。但是，在具體的行為上，如何為開發土地和保護安居定下合適的標準。

與人共存既是自我保存的保證，也就是自我保存的先決條件。為此，自我保存跟與人共存不可能有衝突。但是，在實際上，我們看見在土地開發中開發者和被影響者之間的衝突。有何解釋？以亞里士多德的倫理觀去解釋就是雙方缺乏理性，追求超越自我保存的所需。也就是開發者過度的膨脹，以致過度影響人家安居；被影響者過度的保護，以致過度約束人家開發。解決的辦法是「中庸」，也就是不過度。那麼，不過度有甚麼標準？這要回到亞里士多德的理性。理性是人的本質，以理性去定標準就是用「以人為本」去制定開發自己土地和保護自己安居的標準。

2. 自我保存成為與人共存的標準。

在普世價值範式底下，與人共存本身是人類普世的追求。因此，與人共存除了有利於自我保存（權宜與功利）外，它必有其自身價值。先哲也給了我們啟示。

基督宗教的「愛你的鄰人如同愛你自己。」「待人如同你想人家如何待你。」（馬可福音，這裡「愛人如己」還有一個重要的意義，就是「愛己」，包括「自愛」、「自重」。）猶太教〔特別是 1 世紀初的希勒爾（Rabbi Hillel）的教訓〕和儒家的「己所不欲勿施於人」早就肯定了與人共存的本身價值。非但如此，這些先哲們更把與人共存跟自我保存連上。怎樣「待人」？「如同你想人家如何待你」。甚麼東西「勿施於人」？「己所不欲」的東西。這就是說，待人猶如待己，無論是施於人或勿施於人。「待己」就成了「待人」的標準。當然，待人如待己是實踐於具體的人與己的關係上，如父子、朋友、夫妻、官民。在每種關係中的待人如待己都要對稱、適度、中庸。

康德更把這標準的制定「科學化」。他提出「絕對原則」（categorical imperative）的理論。這些原則有其內在價值和自身價值（也就是不是來自經驗或功利），無分人、事、時、空，必須遵守。道德是種「責任」，與個人喜惡、情緒無關，與任何目的無關。道德與否是決定於行動那一刻的動機，與後果無關。這些絕對原則的基礎是「普世法規」（universal law）：我們要永遠按著一個你能夠自己遵守，也同時希望全人類（普世）都遵守的守則去做事。康德的演繹如下：（1）「守則」（maxim）是行動的理由，包括行動及行動背後的動機。例如，「我要說謊去得利」是個守則。此中，「說謊」是行動，「得利」是動機。（2）假象一個世界。在這世界裡，全人類，包括自己，都按著守則做事。（3）思考在這假象的世界中，這做法有沒有產生矛盾和不理性的事。（4）如果有，這守則就不能用於現實世界。（5）如果沒有，這守則就可以接受，甚至必須接受。

用在土地開發上，對稱的、適度的待人如待己可以是這樣子的。（1）開發者以假想自己安居（自我保存，待己）的起碼要求作為不影響別人安居（與人共存，待人）的標準。開發者可以想像自己是被影響者，處身於被影響者的土地上，然後考慮自己可以承受的最大空氣污染、噪音騷擾、交通堵塞、日照遮擋、購物不便等等。這些開發者假想自己安居的底線也應該是讓別人安居的標準。（2）被影響者以假想自己開發土地（自我保存，待己）的起碼追求作為讓別人開發土地（與人共存，待人）的標準。被影響者可以想像自己是開發者，處身於開發者的土地上，然後考慮自己會發展哪些用途，蓋多大的建築等等（也當然包括總體規劃的指引）。這些被影響者假想自己開發土地的底線也應該是讓別人開發的標準。在實際上，想像開發比想像安居難。這裡，規劃工作者可以用模擬去描繪不同的開發方案去幫助「想像」。

當然，在普世價值原則指引下，不同的人仍可以有不同的「待己」標準。這是由原則過渡到行為必然遇到的現象。普世價值規劃範式聚焦於克服因人、事、時、空之別而產生的心魔、眼障，通過把自己的心當人家的心、把人家的處境當自己的處境，去盡量把規劃行為拉近普世價值原則。當然這也

只可以是「盡量」而已。「起碼要求」、「起碼追求」是「底線」。開發商追求的開發（開發頂線）會高於被影響者想像的起碼開發（開發底線）：被影響者要求的安居（安居頂線）會高於開發者想像的起碼安居（安居底線）。為此，開發者與被影響者之間的博弈仍是不能免的，為民請命之聲仍是不會止的。但是，在普世價值規劃範式之下，博弈與請命會有了合情、合理的底線去約制巧取豪奪的開發追求和開天索價的安居要求。

在普世價值規劃範式下，土地開發的效率（地盡用地）和公平（人人安居）非但不可分割，而且是兼得的，邏輯如下：

1. 普世價值原則是自我保存和與人共存。

2. 普世價值規劃範式的邏輯是「經共存去保證自存，以自存（待己）作共存（待人）標準」。兩者分開來看。

3.a. 經共存保證的自存：其上限是充分發揮自己（亞里士多德），下限是不被侵犯（霍布斯）。

　b. 充分發揮自己就是開發者地盡其用（效率）；不被侵犯就是被影響者人人安居（公平）。

4.a. 以自存（待己）作共存（待人）標準：「愛人如己」（基督精神），與「己所不欲，勿施於人」（猶太教、儒家精神），是待人的底線。

　b.「愛人如己」就是「己之所欲必施於人」，而「己之所欲」就是地盡其用，所以「愛人如己」就是被影響者讓開發者地盡其用（效率）；「己所不欲」就是不想被人侵犯，「勿施於人」就是不侵犯人，所以「己所不欲勿施於人」就是開發者讓被影響者安居（公平）。

因此，從理性與人情來分析，「經共存保證的自存」同時產生效率與公平；「以自存作共存的標準」同時兼顧效率與公平。普世價值規劃範式的挑戰是在制定城市用地方案和審核具體開發項目時鑒認出效率與公平的實質意義。

以自己安居的要求來保證別人安居，以自己對開發的追求去容忍別人追求開發，是可以科學地、系統地、正規地去找出和制定。在實際運作上可以有以下的構想：

1. 開發者要「證明」開發項目不影響別人安居，包括提出論證、先例、以及補救辦法。這是要開發者從以己待人去考慮被影響者，也就是定下安居底線。

2. 反對者要「證明」開發項目是超出了合理的土地使用，包括提出論證、先例，及其他供選方案。這是要反對者從以己待人去考慮開發者，也就是定下開發底線。這跟現今一般的土地開發糾紛處理有基本分別。現今，反對者是反對，甚至不提理由。因此，反對的「成本」很低。這其實是個很不對稱的現象。開發者申報項目的投入很大（從買地到設計，到申報），而反對者基本不需要成本，糾紛越拖長，投入的差距越大。反對者往往利用這個不對稱去「勒索」開發者。還有，很多反對者是代表某種特殊利益，而並不是直接的、切身的被影響。他們反對的真正理由往往跟開發項目的規劃無關。他們可能是反對任何開發（如環保、生態團體，特別是跨國性的團體），或是商業競爭，甚至是私人恩怨。要反對者「證明」反對有理並提出供選方案就是把反對的成本明確化，並澄清反對者的可信度和認真度。

3. 規劃工作者扮演兩個角色：演繹整體利益去維持利益博弈的公允；協助弱小去中和為民請命的偏激。整體是包括所有人（開發者、受影響者）、所有利益（經濟、社會、文化）、所有時刻（現在、未來）。現代人傾向個人利益、經濟利益、眼前利益。他們對別人的開發與安居底線跟他們對自己的開發與安居頂線會有一定的差距，需要用整體利益去協調、裁仲。因此，整體利益的考慮要慎重、不偏。這重任要由規劃工作者承擔。用亞里士多德的說法，這需要規劃工作者有良好習慣（向善心）、理論智慧（明是非）、技能專長（懂規劃）、實踐智慧（知適度）。整體利益的關鍵在適度：適度的分配不同人的利益、不同層面的利益、不同時刻的利益。規劃工作者的良好習慣使他直覺地傾向正確目的（傾向適度），理論智慧助他結合直覺認知和科學認知（認識適度），技能專長助他落實於規劃層面（認識在規劃層面上適度的意義），實踐智慧助他選擇合適的行動（實踐在規劃層面上的適度）。（參考〈亞里士多德的「變」〉一章）

　　規劃工作者還要協助弱勢的受影響者去鑑認和表達他們將受的影響。這不是請命派的「鋤強扶弱」。在普世價值規劃範式下，如果弱勢的受影響者不能有效的參與，土地開發糾紛的處理就不能落實自我保存和與人共存的有機性互補、互惠，將來一定帶來嚴重問題。（例如因為未有慎重考慮開發項目對下游貧困區的排水導致人命和財產損失，並引發社會和政治動盪。）因此，扶弱不是為了鋤強，而是因為自我保存和與人共存同是普世價值，漏了誰都一定會有後遺。普世價值是不能分割的。

　　在普世價值範式下的規劃還負上教育和輔導的責任：演繹自我保存和與人共存在土地開發上的意義；展示這些原則如何體現於開發項目的具體和細節上；幫助行政和立法決定者去體會與人共存和自我保存的有機性互動。規劃的工作是整合各方的意見，提供具體的供選方案，然後協助和引導決定者的想像力去幫助他們作出最合理、合法，也就是最適度的選擇。

　　普世價值既是普世，也就應該容納得博弈和請命，和被它們接納。規劃工作的挑戰是如何把規劃從政治的牛角尖退出來。當然，這不是一朝一夕可達。普世價值範式也不會立刻見功。但我相信，在實際工作中探討與人共存和自我保存之間的互助、互惠是個好的開端。

　　普世價值範式的最基礎假設是，如果我們對自己老實，就自然會對別人寬容，因為老實使我們知道與人共存才是自我保存的可靠保證，我們就自然會以自我保存的需要作為與人共存的標準。其實，對自己老實就是普世價值規劃範式的真正道德意義和理性詮釋。對規劃工作者的挑戰是你敢不敢道德（尊重普世價值），選不選理性（在具體和細節中演繹普世價值）。

結　語

　　與人共存是自我保存的保證，自我保存是與人共存的標準，不能分割，二而一。與人共存怎樣保證自我保存？要與人共存就得顧及別人，不然就不是共存。顧及別人的甚麼？顧及別人的自我保存，因為別人也是為了自我保

存才與你共存，這是別人與你共存的條件。別人的自我保存是怎樣子的？別人才知，但你還是要決定自己怎樣去待人。你唯一可靠的參照是你自己的自我保存標準，也就是如果你處身別人的情境下，你會怎樣去自我保存。這是效率的做法，因為你對自己最認識；這也是公平的做法，因為以己度人是最不偏私的行為，也最容易被別人接受。因此，你必須按自己的自我保存標準去讓別人也得到自我保存。那麼，別人與你就可以共存。只有在這樣的共存底下，你和別人的自我保存才得到，也必得到保證。可以說，必須人人按其自我保存標準去讓別人生存才可以保證每個人的自我保存。

自我保存跟與人共存不是兩極，是一元，是更高、更穩的自存和共存。個人與眾人不對立，兩者統一在每個人和所有人都追求的普世價值之內。公平與效率不矛盾，兩者交差在「適度」。適度的公平才有最高效率；適度的效率才有最大公平。道理很簡單。（1）與人共存才是自我保存的的最佳保證。自我保存是發揮自己的最高效率。因此，「適度公平」就是讓別人也可以發揮他的最高效率。因此，人人以「適度公平」去待人的結果是整體的最高效率。（2）自我保存乃與人共存的最佳標準。追求最高效率包藏很多主觀和客觀因素，因人、事、時、空而異。但在具體情況下人人可以有其自覺的、理性的最高效率，也就是他的「適度效率」。待人如待己就是接受別人的追求不低於自己的「適度效率」，這是對人公平；但又同時要求別人的追求不高於自己的「適度效率」，這是對己公平。因此人人以「適度效率」去待人的結果是整體的最大公平。非但如此，「適度公平「與」適度效率「同時也是人情與理性的交差。

普世價值出自自然之法，是自然不過的事。自然之法就是天道，違背天道必不能長久，規劃也如是。現今的博弈派和請命派視規劃為「相爭」，而不是自我保存和與人共存的「共生」。普世價值原則應該是城市規劃行為的道德基礎。對普世價值原則的認識是城市規劃工作的理性基礎。在這基礎上可以開拓和規範規劃的理論和實踐。有人會說這是太理想。普世價值不是太理想，甚至不是理想，是事實，是經驗與直覺的互相印證。哪個人不追求自

我保存和與人共存？當然，在具體行為上，現實的人、事、時、空是使每個人對自我保存有等次、輕重之分，對與人共存有遠近、親疏之別。但是在每一個社會關係之中，自我保存和與人共存是絕對對稱的。因此，規劃行為的合理性和合法性仍須要，和可以用普世原則去衡量。

普世價值原則肯定有，是自我保存及與人共存。越是忠於這原則的行為越是普世，也就是越能跨越時、空、人、事。普世價值規劃範式的最佳演繹是把與人共存看作自我保存的保證，把自我保存用作為與人共存的標準。越是乎合這範式的規劃行為越能平衡公平與效率，越能帶來在經濟上、社會上、生態上的可持續及和諧發展。

現今的問題是意識形態導致的眼障心魔蒙蔽了我們對這個人性事實的認識。不認識、不尊重事實就會盲目行事，必有後患。現今的主流規劃理論過度強調多元，聚焦於分歧，不知道或不願意接受普世的人性嚮往，把自我保存和與人共存視為獨立和對立的意識。普世價值規劃範式就是把這個人性的事實、自然的法則，展示於我們的眼前。當然，事實只是事實，接受事實和以事實作為行為的指導仍是個理想。但唯有理想才可以給人方向。如果要我選擇規劃的方向，我會把普世價值的追求放在博弈、請命之上。您呢？

第五章：古雅典的「民主」

　　阿拉伯人和他的駱駝走了一天路，累了。天色也晚，就架起小帳篷，睡了。好夢正甜，一個小聲音在耳邊，「老闆，外面很冷，可憐吧，讓我把鼻子放進來暖一暖？」阿拉伯人愛他的牲口，就說，「好吧。」跟著倒頭再睡。過了一陣子，駱駝把頭伸進來，搖醒了他的主人，說，「老闆，我冷的捱不住了，把頭放進來可以不可以？」阿拉伯人說「唉，放吧，不要再吵醒我了。」又過了一刻鐘。駱駝用前腿踢醒阿拉伯人，「你睡得好舒服啊！不知外面多冷。我也要進來睡。」阿拉伯人說，「這個帳篷這麼小，你怎可以進來？」駱駝說，「怎麼不可以，你出來不就成麼！」阿拉伯人火光了，「你這個畜牲，得寸進尺！」駱駝也火光了，「你這個惡霸，我怕你甚麼！」兩個吵起來、打起來，你推我撞，呱喇一聲，帳篷倒了。

　　在某意義上，西方有很多在正規民主制度（以直接或間接普選作為政治合法性的唯一基礎的政治體制）以外產生的「非政府組織」（non-governmental organizations, NGO），就像故事中的駱駝。它們以「公民社會」（civil society）的名義，以為民請命的姿態，去抗拒、干擾，甚至挑戰由正規民主程序產生的合法政權的運作（包括立法、行政、司法）。為甚麼以民主標榜的西方有這些看來是不民主的現象？

公平是人類最基本的訴求，也是民主的基礎（人人公平參與）和目的（人人公平待遇）。不公平的社會必亂、必變。不公平往往意味某些人、某些利益擁有「特權」，並濫用特權。歷史上，這些特權階級是屬於少數分子的君主、貴族、僧侶。對不公平的不滿啟動反不公平的人民力量，推翻特權階級，成立民主政權。為此，民主的特徵是民權大於特權，少數服從多數。但是，很多 NGO 只代表少數的利益、特殊的利益。它們為甚麼能夠成功地在西方民主社會取得它們代表的權利 —— 特權？我相信有兩個背景原因：對民主實踐的因循，對民主敵人的姑息。

現代民主不是直接民主，是代議民主，一般是定期選舉。選舉時，所有人民（選民）都是「主人」。但這個「主人」有兩個特性：（1）他只能選，不能舉（除極少數的例外，「舉」是由政黨壟斷），因此他的選擇是很有限的；（2）他選的不一定是大多數人選上的（這也是民主實踐的具體意義 —— 少數服從多數），因此「代表」他的不一定是他意屬的。選出之後，在政治的運作上，人民的代表才是真正的「主人」（作主的人）。為此，雖然西方人對民主的理念非常信奉和堅持，對民主的實踐則有冷漠和犬儒之感。不少時候，選民對參選者沒有甚麼認識，只是從某處聽過某人的名字，就投他一票。更甚的，參選者的政綱可能是一塌糊塗，只是憑一點知名度就被選上了。西方人的政治文化是選舉期間熱烘烘，選舉之間冷漠漠。人民對選出的代表實在做了甚麼事，不大了解，也不感興趣。被選者為要連任，往往也不想出事。吃政治飯的大多是避

重就輕，不願惹事。加上西方社會富有，而越富的（社會與個人都是一樣）對被騷擾的忍受門檻越低，寧願花點錢去買點安逸。政客們當然明白這點。於是，形式化和買怕式的民主實踐養成一種因循的心態。特殊利益組織就是利用這去發揮它們的「騷擾值」（nuisance value），動不動就是請願、示威、傳媒發表、法院起訴。

理論上，人民代表有最高貴的政治身份。但是，民主的形式化使政客的身份變得曖昧──吃政治飯的。人民交託給政客的權力理應是為人民服務而行使的，但當政客們習慣了擁有這些權力之後，慢慢就視之為他們應有的權力（entitlement），也就是變成特權階級。很快地，他們會濫用特權。人民當然反感，而且這反感馬上就擴散到對整個官僚架構。加上資本社會重競爭，弱肉強食製造很多失敗群體，觸動人類的同情

心。尤於西方人眼中資本經濟是不能捨棄，就只可以依賴民主政治去補救資本經濟的不是。於是特殊利益組織就利用這套忿恨官僚、同情弱小的心態，以弱勢自居去博取同情，趁人民對官僚的不滿向政府施壓。

在這些背景條件下面，NGO 的成功來自雙翼齊飛：一方面博取人類對弱者的同情心，一方面施壓於曖昧、因循的政客與官僚，藉此闖入民主決策的架構，去奪取

它們所代表的特殊利益。這也許就是民主「進步」的必經之路，但社會與經濟「成本」不輕。更關鍵的是，如果民主政權是要受不民主的特殊利益左右，民主還有甚麼意義？誰是民？誰作主？

每個社會和每個時代都有特殊利益分子，都在追求它們自身的利益，但如果它們的組織和運作超過了民主範圍和民主程序，就是顛覆民主。在我們的故事裡，阿拉伯人代表人民和經他們產生的民主政府；駱駝代表有組織的特權利益（包括非政府組織），帳篷就是民主機制。

當然，民主是否一定好、特殊利益是否一定壞，仍需探討。但我們可以肯定，西方民主包容，甚至縱容了不是來自全民授權的特殊利益組織。這是不是真民主？民主又是甚麼？這要從古雅典説起。

雅 典 民 主

西方人談民主一定舉起祖宗雅典。且看雅典民主是怎樣子的。

雅典民主起源可追溯到梭倫（Solon，公元前 638 — 前 558）。在他之前，雅典的政治是由貴族們組成的司法院（Areopagus）每年委任 9 名執政官（Archon）運作。梭倫是詩人政治家，擅於排難解紛。由於他成功、和平與公正的調解了各家族間、各地域間的分歧，各方授予他臨時性的全權統治。他利用這機會定下法則去矯正當時的政治、經濟與道德頹風，主要是擴大人民參政（通過削減參政者的財產資格），特別是在委任官員和審核政績的事情上。但對雅典民主制度成形影響最大的是克萊塞尼斯（Cleisthenes，生於公元前 570 年，公元前 508 年不知所終）。他出身貴族。公元前 508 年，暴君當政，克萊塞尼斯發動群眾推翻暴君，答應功成之日，與民眾共享治權，稱民眾為夥伴（Companion）。他被當權者放逐，但民眾逼宮，驅逐當權者，迎立他為統治者。他重組政制。首先把雅典四大家族解散，以消除暴君寡頭政制重現。然後，按人口分佈，把雅典與鄰近地區分成 10 個族，全民議事，並建立公職抽籤制度。當時沒有民主之名，只稱「政治權利平等」。今人一般稱克萊塞尼斯為「民主之父」。

從公元前 6 世紀到公元前 322 年被馬其頓（Macedonia）征服為止的兩百年期間，雅典的民主制度與帝國功業確是盛極。民主二字來自於希臘文「人民」（people）與統治（rule），也就是人民是政治主人之意。在體制上，雅典

民主設有公民大會（Assembly）、國務院（Council）、法院（Court）。公民大會是全民直接參與（約30000人），負責頒佈法令、制定法律、委任高官、審訊政犯。國務院由全民輪流當值，負責行政，特別是監督和協調各政府部門。法院則處理民事與政事，由德高望重的公民參與。多年演變後，法院權力上升，可以復議和否決公民大會的議決。雅典民主的特色是全民參與、敵對式互辯、民主決定絕對。

希臘民主的動力完全在民：人民是自己的主人。不單是議事、表決，更重要的是動議、提案都是每一個公民的權利和義務。雅典人民參政是積極得很的（「白癡」，idiot，一詞來自於希臘文，指一個對政治不感趣，只關心自己的人）。但正因如此，誰都可以發動，或被涉及政治風波。所以雅典是政治氣息非常濃厚的古文明。無怪亞里士多德說「人是政治的動物」。這既是他的理想，也是當時的事實。

實際的治理和行政官員絕大部分是抽籤出來的，但都是要自願（自己提名）。雅典人認為抽籤最民主，因為競選會有利有錢的、有名的和有口才的。這會污染政治和腐化權力。抽籤最平等，並保證所有公民都可以參與行政工作，給與他們實際的民主經驗（如亞里士多德說的「輪流地治理和被治理」）。當然，這個制度的結果是大部分工作都是由沒有經驗或專才的人去做。但雅典人認為參與政治活動重於行政效率。他們很看不起「專家」，相信參與行政工作會直接提升政治能力。但是，為保證一定效率，每一個行政管理部門都是由一個10個人組成的委員會主理，理由是10人中總會有人有經驗或才幹。委任的職位只佔所有公職的十分之一左右，如特別才能的高級將領。作為人民，每個官員都是公民；作為官員，他們就是公僕。他們是人民的代理，不是代表。雅典民主沒有人民代表的理念。

小結一下。雅典民主是設計來維持社會安定，避免獨裁重現，篡奪政權。它的特色有以下：（1）完全的：所有政治（眾人）的事由眾人決定，沒有例外。（2）絕對的：人民表決是終決，絕不能改。（3）真正的：人民直接、親自參與，不設代表。

且看看這個經典民主樣板當時所處的是個怎樣的世界。雅典帝國起於公元前478年。來自東面的波斯壓力使希臘各城邦組織「提洛同盟」（Delian League，取名自愛琴海的一個島名）對抗，推最強的雅典為首領。雅典集結各邦財力，興建海軍，於公元前468年擊退波斯。但雅典並沒有解散聯盟，並開始建立海上帝國。雅典的民主制度比它的帝國功業早三十年。但無可諱言，雅典的海上帝國使雅典政府財源廣進，使雅典人民通過參加海軍和擔任海外官職而生活無憂。對雅典民主的評價都不能離開這個經濟背景。

公元前431年，以雅典為首的聯盟跟以斯巴達為首的聯盟爆發伯羅奔尼撒戰爭（Peloponnesian War，公元前431—前404）。公元前404年，雅典戰敗投降，被解除武裝，進入無政府狀態。強勢的斯巴達支持雅典的寡頭政府。在雅典的政治混亂、經濟低迷之際，北面新崛起的馬其頓腓力二世乘機南下，於公元前338年擊敗雅典及其盟國。腓力二世之子亞歷山大（公元前356—前323）降服希臘全境諸邦，繼而征討波斯，建成史無前例的大帝國。公元前323年，亞歷山大去世，雅典乘機作反，但被鎮壓。馬其頓直接統治雅典，民主制度被打壓。西方兩個最偉大的哲人柏拉圖和亞里士多德就是生於這個年代。亞里士多德更是亞歷山大的老師。且看這兩位哲人如何評價雅典民主。

柏拉圖生於雅典轉衰至被滅的一段從餘暉以至黑暗時期，對雅典式民主並無好感。他把治國（城邦之國）與修身相比。人有肉慾、榮辱、正誤之念；國有平民、戰士、領導之分；各掌握生產、捍衛、管治之責。正如一個人的靈魂同時擁有慾念、意志、理性，一個理想國（城邦）就是三者之間的道德性的和諧組合。他的理想國是「智慧之治」。「智慧」（wisdom）就是對善的認識，善就是「各適其所、各安本分」，也就是平民、戰士與領導之間，生產、捍衛與管理之間保持適當的關係。對柏拉圖來說，一個明君（philosopher king）會追求智慧，並有勇氣按智慧的指引行事。柏拉圖認為「智慧之治」只可來自「英傑政制」（aristocracy）。按現代一般譯法，aristocracy是「貴族」，但用在柏拉圖與亞里士多德的政治哲學上會引出誤解。希臘原文出自

「aristos」，是「最優秀」的意思。「英傑之治」代表最有智慧和德行的人被人民公選為統治者，也沒有世襲的意思。柏拉圖與亞里士多德的「英傑之治」也不應被視為精英政制（elitist），因為現在一般的用詞上，「精英」的重點放在能力和成就上，而不是智慧和德行上。

「英傑政制」是最理想，因為統治者是智者，會追求智慧。次是「權貴政制」（timocracy），統治者是有地位者，因此會追求榮耀。跟著是「寡頭政制」（oligarchy），統治者是有財富者，因此會追求財富。再跟著是「民主政制」（democracy），統治者要靠群眾擁護，因此會追求愛戴。最後是「暴君政制」（tyranny），統治者是靠暴力，因此會追求權力。這些不僅是政制形式，也是政治階段。人類的愚昧會使政治從理想走上墮落，每況愈下。柏拉圖時代，雅典民主失去活力，在寡頭、民主之間的反覆。柏拉圖對不可知的未來充滿恐懼，對理想化的過去充滿懷念。但是，他不相信混亂無章的雅典民主會帶來和諧。

亞里士多德在世之日也是雅典民主被馬其頓鎮壓之時。他一生所見的是雅典的沒落與馬其頓的興起。身為馬其頓亞歷山大大帝的老師，他對雅典民主的評價跟他自己的老師柏拉圖不一樣。更關鍵的是他對國家（城邦）和政治有一個非常積極的心態。在這點上，亞里士多德跟中國的孟子有點相像。他倆都是生於亂世，理應對世界悲觀，甚至犬儒（他倆的時代，在希臘和中國，都是道德淪亡、邪說充斥）。但孟子卻提性善之說，力挽頹風。亞里士多德則提政善之說，把政制扎根在帶領全體人民向善的基礎之上。這點，他比老師柏拉圖的求真更道德、更人性。

亞里士多德認為人聚居成國（城邦）不是為了避禍，也不是為了致富，而是為了活得更高貴、更像人〔「人天生是政治動物，天生想聚居……城邦把他們集中一起，好使他們每個人都能生活得高貴。對全體和個別來說，這就是（城邦的）最終目的」。（《政治》）〕。他認為一個理想國家是應該以全體人民的美好生活（good life，就是幸福，happiness）為職責。但是，社會不安穩也不利於追求全民幸福，因此，對亞里士多德來說，一個以德行為主，

但兼顧財富與平等的政制是合理的。他提出「執中」（moderation）為原則，也就是無過分，無不足。英傑政制雖是理想，但難達到。混合政制（mixed constitution）是綜合英傑、寡頭與民主。這樣，也許能保證所有人都有機會參政而又設有一個階級會專政。亞里士多德稱之為「輪流地治理和被治理」（ruling and being ruled by turns）。

柏拉圖與亞里士多德對民主的評價都不高。關鍵是他們的政治思考（柏拉圖）和觀察（亞里士多德）的焦點是放在統治者身上，無論統治者是一個人、一小撮人、一大群人。也就是，他倆關注的是，「誰應該當主人？」同時，他們兩人的理想政治是和諧之治：柏拉圖是平民、戰士、領導之間的和諧；亞里士多德是政治制度與運作的執中。他們的結論是只有智者才有這些素質，才可以是一國的好主人。在他們心中，民主不能達此理想，也就是說，如果一個國家的主人的職責是為全體人謀幸福，人民不合適去做主人，因為如果每個人都是主人就難有和諧，所有人都是主人就難能執中。事實上，柏拉圖甚至認為暴君政制比民主還要好，因為暴君只可以是一人做壞事，民主可能是全體人做壞事。

現今，西方的主流思路是民主政權才是唯一的合法政權。何解？西方對民主制度的完美與否一般以民主的範圍大小來衡量 —— 越多人有投票權的民主越好。何解？

自由民主

西方主流的英、美式民主是自由主義的工具。民主本身只有工具價值。自由主義者掣起政權合法性有賴人民同意（民主）去推倒或左右現存政權，籍以擴大個人或某些群體的自由。民主政制的開山祖師爺克萊塞尼斯就是以答應與群眾分享權力去發動群眾奪取政權。這有重大的歷史意義。在他之前，權力之爭是貴族、家族內部的事，是以神或天命之名去奪權。從他開始，群眾變成政治工具。爭權者以民主之名奪權，但同時群眾也從此掌獲廢

立之權。現在西方人談民主，會先講雅典，然後一跳就一千多年，由 1215 年英國大憲章再開始。然後又跳幾百年到 1689 的權利法案。跟著就是洛克、盧梭的理論，繼是 1776 年的美國獨立宣言、1789 年的法國人權與公民權宣言。其實，這些理論和宣言主要的重心仍是自由。民主是陪襯、是工具。且看看大憲章。

《大憲章》（*Magna Carta*）於 1215 年首次頒佈，被譽為「古今最偉大的憲章；個人自由對抗獨裁暴政的基石」。當時是約翰王時代（在位期 1199—1216）。他是明君亨利二世之子，獅心王李察一世之弟。但他也被稱為「失土王」（Lackland）和「軟劍王」（Softsword），是現今公認英國歷史上最差的一個國王。在他之後，再沒有任何一個國王以約翰為號，由此可見。約翰 1199 年登位時，合法性就有疑問，很多人都不滿。約翰為取得法王支持，甘為下屬。但法王卻藉口約翰不聽詔令，沒收英國在法境的屬地，英、法戰事遂啟。打仗是要錢的，要錢就要收稅。再加上約翰生活揮霍，稅就越來越重。還有，在法的屬地既失，稅荷就要靠英國的子民承擔，於是怨聲載道。1214 年，在法戰事慘敗，約翰想再加稅。小貴族們堅決拒絕。1215 年，貴族們集體宣誓向國王效忠，但要求國王重申保證遵行先王頒下的「自由憲章」（Charter of Liberties），主要是約束王權，特別是收稅權。要注意，這是小貴族拒絕交稅的自由。無論怎樣去說，小貴族不能算是「民」。他們是精英。這也是日後西方民主代議的特色。貴族們先後提出多個草案，約翰猶豫不決。6 月 10 日，40 名貴族宣佈終止對國王效忠，領軍進入倫敦。倫敦市民開門迎接。6 月 15 日，在倫敦近郊 Rummymede 草場上，約翰在「小貴族條款」（Article of the Barons）上蓋章，是為《大憲章》。

憲章內容是國王不能亂加稅、不干預教會、不損害人身。但最要命的是貴族們會選出 25 人去監督國王是否按章行事，必要時有權扣押王室財產。小貴族們一離開倫敦，約翰馬上反悔，與小貴族動武，是為「第一次小貴族之戰」（First Barons' War，1215—1217），蘇格蘭和法國相繼參加倒約翰的陣營。小貴族們甚至把王位送給法國。約翰也不甘示弱，北上征討蘇格蘭。

1216 年 5 月，法國大軍壓境，約翰眾叛親離。不到幾個月，法國已佔領英國三分之一的土地，並獲得三分之二的小貴族支持。約翰撤兵，但輜重（包括王室珠寶）卻因誤入沼地，被潮水淹而盡失。他心灰意冷，加染上痢疾，於 10 月去世。他的死解決了貴族換王之願。但《大憲章》則成為既成事實。可是，隨後的 300 多年，大憲章從來沒有佔重要的政治地位，只是權力鬥爭的一個口實。15 世紀的主流社會更對《大憲章》中當年叛變的小貴族作低評價。

16 世紀，伊麗莎白女王時代（在位期 1558—1603），國會制度開始成型，主流人物如培根（Francis Bacon，1561—1626）、塞爾登（John Seldon，1584—1654）等都想從歷史裡找到一些高貴的種子，《大憲章》就開始被演繹為「所有法律的根基」、「自由的呼聲」，而小貴族的自由更被演繹為「個人自由」。到了 17 世紀，英國內戰（1642—1649）的前夕，國會向國王提交的「權利請願書」，開始引用《大憲章》作為限制王權的依據。那時候開始，《大憲章》被披上「古憲法」（ancient constitution）的外衣，好像英國的議會制度是一種從遠古就有的政治理想。據稱英國共和時期（1649—1660）的克倫威爾（Oliver Cromwell，1599—1658）曾叫它為「大屁章」（Magna Farta）。共和時代清教徒的激進派就有「教士和紳士們拿到了自由，老百姓們始終是他們的僕人」之說。

1688 年的光榮革命改變一切。洛克（John Locke，1632—1704）思維成為主流的寶典。英國人開始相信英國的憲制思想與《大憲章》、權利請願書，和 1689 年頒佈的權利法案是一脈相承。隨後，跟著英語文明支配世界，200 年來大憲章更被視為一切自由、法治與人權的起步。

古希臘民主是為了維持社會安定，但現代民主是為了爭取個人自由，而個人自由的定義則由政治精英決定。現代民主的進化過程最突出的地方是精英們以擴大「民」的定義、「主」的範圍，並以民主代言人或代理人的身份去擴充由他們定義的個人自由。明顯的，啟蒙之後，「民」的定義不斷擴大，先是選民不再需要是有產階級，繼是婦女也有選舉權，然後選舉年齡也逐漸下降。「主」的範圍也在擴大，包括了由政府建立但又是獨立於政府的各種

監督、審核、調查機構和代表各種利益的非政府組織，以至民間志願團體。簡而言之就是製造「民」和拓大「主」。政治精英（定義見下）以發動民眾去擴大民主，藉此創造或增加他們的政治本錢。發動民從的慣用手段是「取寵」：或答應其利益，或煽動其情緒。在物質和社會資源豐富的西方，最常用的還是答應個人或個體更大的自由，無論是性自由、種族自由、信仰自由、以至生活方式自由。但是自由主義者也知道民主是兩刃劍——可以擴大自由，也可以約束自由。自由主義者常常批判雅典民主如何容不了蘇格拉底、德國民主如何弄出個希特拉。自由主義者既需要民主，也害怕民主。

當年，洛克沒有用上民主一詞。他其實很不信任民主。他的主張是必須通過自由人同意的政府才是合法政府。更深層次的理解是一個政權要維持它的合法性（也當然是維持它的權利）就要爭取自由人的同意；但要爭取自由人的同意就要保護和擴充自由人的個人自由。這是工具性的民主。另一方面，影響法國大革命的盧梭（Jean Jacques Rousseau，1712—1778）也沒有談民主，他談契約，認為個人是自由、人與人是平等，自由人平等地通過契約去建立政府。這樣的政權會反映人民的整體意志。這是浪漫式的民主。但是，無論是洛克式民主或盧梭式民主都不是雅典民主，因為現代民主理念中的「民」不是「主」，只可以說是「顧客」（他們買的是自由）、是「買方」（或是合同契約的一方）。越能滿足顧客或買方要求的政治，越會有更多的人同意和簽約。但顧客始終是顧客，買方始終是買方，他們都不是主人。

現代西方對民主理念最精彩的演繹是林肯有名的「葛底斯堡演詞」（Gettysburg Speech，1863）。「……這個國家，在神之下，會有一個新生的自由——是人民的、由人民的、為人民的政府不會在世上消滅。」這樣子的民主定義應該是：是人民組成的政府（of the people），由人民支配的政府（by the people），為人民服務的政府（for the people）。其中，只有「由人民支配」這條才真正代表著主人的意味。但是，「由人民支配」的政府並不須「是人民組成」的政府，正如股東們支配公司的行政，但行政人員不必是來自股東。「由人民支配」也不一定代表「為人民服務」，正如公司行政人員往往先為自

身利益著想，特別是當股東們也不清楚他們真正利益是甚麼的時候。因此，關鍵的選擇是，人民想做主人還是想做受益人？

現今的西方，由人民支配的政府是通過代議制度，人民的支配是間接的很、有限的很。至於為人民服務更不是民主政制的專利。理論上，甚麼政制都可以為人民服務。當然，在實際上，經過幾百年個人主義，一切為己的熏陶，西方人對人，甚至對自己，都不大信任，因此對真的為人民服務政府也只會半信半疑。這樣的政治文化自然產生各懷鬼胎的政制。這就是如今所謂的「自由民主」（Liberal Democracy）。

柏拉圖、亞里士多德指出「民主之治」中，統治者追求愛戴，也就是取寵，因為他們只有這樣才可以維持權力。這也是今天西方政治的寫照。這樣的統治者一定會竭力，或答應會竭力滿足顧客和股東的需求。但這些是否就是人民的整體需要、真正需要、長遠需要呢？林肯之言是美國最高貴的政治理想。但他的一句話也包含了西方政治的最基本性矛盾：在一個為自由服務的民主政制中，個人自由與人人平等怎樣共存？

最早期的自由主義者（洛克、休謨時代）根本不信賴民主。到了美國獨立、法國革命時，精英的自由主義者要從傳統的特權階級手裡奪權，認識到發動人數眾多的老百姓就可以建立政治力量和武裝力量去對抗，甚至取代人數少的專制統治。因此，那時的自由主義者同時以兩種口號去發動群眾：自由與平等。（1）在群眾眼中，統治者自由得很，包括言論、宗教、生活方式等等，群眾早就羨慕。但在傳統熏陶下也接受下來，羨慕而不一定妒忌。自由主義者向群眾說，這些自由不應只是統治層或特權階段專有，而是天賦人權。自由意識的普及使群眾對不自由的消極接受轉為對自由的激情飢渴。（2）在群眾心中，人有上下之別，社會階級是自然不過的事。自由主義者向群眾說，人是天生平等的，社會契約是統治者權力的唯一合法基礎，是來自人民的同意。於是，老百姓或子民變成「人民」，變成國家的主人。平等意識的普及使群眾對傳統統治階級的消極接受轉為對廢立特權階級的積極參與。其實，到了今天，這兩個口號仍是奪權的不二法門。

這是幾百年前的局面。那時，雅典民主剛被發掘出來，現代民主制度仍未建成，因此自由主義的精英們就可以按他們奪取權力的用心去塑造民主的意義。但是，當舊制推翻、大權奪得之後，就要建立新制、樹立新權。那時，作為奪權工具（作亂）的民主就得改為維持權力的機制（長治）。於是問題就出來了。以當家作「主」的號召去激勵「民」的支持，奪到了權，「民」就自然想真的當家作「主」了。自由主義的新貴階級怎會把打倒舊制的武器去給人使用來打自己？怎會容許民主約束自由？原本高貴的民主就被打為「大多數人的專制」、自由的敵人。幸好，一般的民都是不大明白民主是怎樣實踐的，於是自由主義精英們就可以按他們維持權力的用心去塑造一套自由民主制度。

自由民主制度最大特色是代議民主取代直接民主（也有極少數的例外，如瑞士）。人民的身份從清楚的、直接的「主人」變成模糊的、間接的「選民」。自 18 世紀末開始，代議民主就成為西方主流政制。從此，人民是名義上的國家主人，代表們才是真正的主人。那就是精英政治。

精英包括所有在朝在野的政客、官員，以至半官方和非官方機構。精英是民主中的「主」，但他們不一定是統治者，也可以是把持者、支配者。可是他們又同時被選民以選舉制度羈住。他們的政治生命很不穩定。辛辛苦苦的當上代表（雅典是沒有代表，而且官員也是抽籤的），無論是真的為民或是為己，總想有一段穩定的時間去做點事。但是，做人民代表是有任期的。自由主義的社會根本不相信民主，所以人民代表的任期不可能長。但是，幾乎所有的人民代表都想連任。維持精英政治的制度遂出現。

首先要認識是，精英本身是一個階級。這個階級的唯一共通點是追求政治權力。他們在自由主義下的民主制度中，無論是被選的、被委的、自委的都以人民代表或代理自居。在代議民主的精英政治中，「民」的理念是既縮小，也擴大。首先，「民」是指正規的選民，而選民只是全體人民的部分（因為有選舉資格、選舉年齡等限制）。被選的精英只需向選民交待。從這個角度去看，「民」的理念是縮小了。但是，在自由民主制度中有很多很多的半官

方、非官方、甚至民間組織都以「公眾參與」的形式參政。這些數不清的利益團體也有它們的「選民」。每個組織的代表、代理、代言精英都是經這些「選民」選舉、推舉、委派、贊助。從這個角度去看,「民」的理念是擴大了。精英們通過把持「民」的定義去製造政治機會和政治本錢。

西方民主可以說是個怪物。它非生於自然,而是人工受孕。原先,自由主義為要生存、延續和擴展,硬與平等交配,生出一個一身二首的民主:一邊推廣個人自由,另一邊約束個人自由。個人自由依靠人人平等之「名」去取得合法地位;但個人自由又顧忌人人平等之「實」會產生出「大多數人的專制」。精英民主為這個怪物帶上一個民主代議的面具,把它的兩個頭遮住了。在實質上,精英們通過代議制度把持了和支配了民主去推行自由主義,特別是他們自己或所屬群體的自由,美其名是自由民主。但在這種政制裡頭,多黨制度、法前平等、官員問責的重重把關、處處制衡都是因為害怕真正民主會損害個人自由。

人民的眼睛是雪亮的。他們看出自由主義和寄生在它身上的資本主義帶來大大的不公平。優勝劣敗的自由競爭確實帶來高度的物質進步,但巧取豪奪的分配卻實令人心寒、氣憤,遂出現為民請命的「公民社會」(civil society)。

公民社會

「公民社會」沒有清楚的、公認的定義。一般是指在家庭、國家和企業範圍之外,具有共同利益的團體。特別是指保障民主社會所需的言論自由、獨立司法的民間組織。主要的成員就是代表各種公民利益和公民意向的「非政府組織」(non-governmental organization,或 NGO)。這個定義裡的基礎假設是民主社會缺乏言論自由、獨立司法(這些都是個人自由的保障),需要有政府和市場以外的民間組織去保障、恢復或推進。這是典型的自由主義論調,也暴露出以自由為本、民主為用的自由民主政制的內在矛盾。也可以說,自

由既要利用民主（自由主義者發動多數去打擊少數，藉此奪取利益），實在也容不下民主（民主下少數要服從多數，自由主義者會因此被剝奪利益）。

公民社會是西方政治文化的產品，有以下的理論依據：通過提升公民的政治意識和政治信息，公民會作出更好的政治選擇，更積極的政治參與，那麼政府行為就會更負責任（accountable）。當然，這也暴露了西方政治的自我批判（由公民社會倡議者提出的批判），如下。首先，政府的行為需要問責（民主政治的價值觀），但經民主代議產生出來的政府不夠負責（觀察出來的事實），原因是公民的政治參與不夠積極、政治選擇不夠妥當（公民社會倡議者的判斷），因此需要提升公民的政治意識和政治信息（公民社會倡議者的使命）。

現今，以提升民主意識為己任的公民社會的政治勢力越來越大，很多已經是全球性。一般公民社會組織，特別是全球性組織的領導層都不是經直接選舉產生的。它們集中在歐、美，因此反映歐、美國家的政治文化和利益取向。當然，歐、美國家，尤其是英語系統的國家，行的不是民主，是自由為本、民主為用的自由民主。每個公民社會組織利用民主參與去提升這個組織所追求的自由，無論是言論、集會、工運、女解、環保、人權的自由。至於這些組織內部有多少民主就不了了之了。

眼睛雪亮的人民看通了自由主義和寄生在它身上的資本主義帶來的社會不公。他們渴望公平。人民的不滿催生了很多為民請命的公民社會組織。可惜，所託非人。這些組織未有帶來公平，因為社會不公的問題不在民主不足，是自由氾濫。為民請命的公民社會組織各有各的「民」，追求各為各的自由。為達到目的，它們不惜扭曲政治信息、破壞政治意識，利用民主參與去顛覆民主——「為部分人」請命的政治精英利用民主參與去顛覆「為所有人」服務的民主政府。

西方城市規劃理論早就站在公民社會運動的前沿。十二年前，我在《城市規劃》寫了3篇文章（分6期），名為「可讀，必不用之書」，都是針對「為民請命」的假民主。現在把這些假民主的公民社會運動再來演述一下。

首先要說明，在真正的、雅典式的民主裡，無須有公民社會。公民社會的假設是民主社會缺乏言論自由、司法獨立。可是這些只會是自由為主、民主為用政制下的怪現象。雅典是真民主，主人當然有發言權。雅典公民有完全的言論自由，但也要完全負責，負重責。雅典公民政治意識濃厚，每個人都可以動議、提案，但是要押上自己的生命。言論不能兒戲，自由不同任性。雅典也沒有獨立司法，因為人民做主人當然包括人民做裁判，怎會需要獨立於人民的司法？獨立司法是對民主不信任，背後的動機是抗拒民主法制約束了個人（小群體）的自由。

　　約翰‧弗里德曼（John Friedmann）的著作很有代表性 —— 以「為民請民」為前提，以「改革社會」為使命。他在 1973 年出版的《再尋美國：交往式規劃理論》（*Retracking America: A Theory of Transactive Planning*）被某些人譽之為「天堂之光」（light from heaven）。且看這光照出些甚麼。他開章明義在第一章就說這書的目是為「創新性規劃」（innovative planning）建立理論基礎，而創新性規劃的使命是「在社會關係上帶來結構性的改變」（structural changes in a system of social relations）。

　　在第三章他批判當時的規劃主流，把它形容得極端化、漫畫化。他叫那時（其實也是現在）的規劃做分配性（allocative）規劃 —— 把有限的資源分配給不同的競爭者。他形容這種規劃有 4 個特色：包羅所有的考慮、全盤性的平衡、數據性的分析、功能性的「維理主義」（functional rationality）。跟著，他把這 4 個特色逐個擊破。他指出要包羅萬象就需要擁有一切知識；要全盤平衡就會過分聚焦於穩，而忽視了變；著重數據就是忽視了實踐和實情；功能性推理主義就是抹殺了對價值觀的敏感性。結論是這樣的規劃是不可能的、不好的。其實，有甚麼規劃不需要考慮各有關方面（誇張了就是包羅所有）、維持相對的平衡（誇張了就是全盤平衡）、利用數據（誇張了就是只考慮數據）、理性行事（誇張了就是只顧功能的工具理性）？英語叫這種把要打倒的對象極端化、醜化做「製造稻草人」（setting up a straw man）。稻草人是你製造出來的，你自然能夠打倒它，但你打倒的只是稻草人，不是真正

的敵人。到今天，規劃主流仍是強調考慮多方面、維持相對平衡、利用數據和理性行事。其實，弗里德曼，以至所有的為民請命派也不是真的要打倒主流。他們批判主流的目的是樹立自身的合法性而已。弗里德曼批判分配性規劃後，提出他的創新性規劃——通過體制開發（institutional development）去改革現有的「社會指導」（societal guidance）系統，在改革過程中要動員資源、採取行動、改變制度。

在第四章，他把創新性規劃形容為一種交往式的規劃風格，也就是強調「人際間的交往」（personal transactions）。到了第七章，他再把交往落實到「對話」（dialogue）和「互相學習」（mutual learning）——規劃工作者與他們服務的對象通過「個人化」（personal）和「言語上」（verbal）的交流去使個人知識與專家知識融合起來（fused），也同時把知識與行動融合起來。通過互相學習和交談會出現共識和共同構想。到此，為民請命的規劃工作者與他的「民」就融合起來了。為民請命者的改革行動也就合法了，因為他成為了民的合法代表和代言。但改革的具體行動是甚麼？這是弗里德曼下一本書的主題。

《公家規劃：從知識到行動》（*Planning in The Public Domain: From Knowledge to Action*）在 1987 年出版。它是規劃理論的「經典」。但我讀了此書的所有書評（英語的），毀多於譽。再沒有人說「天堂之光」；有說它空虛，更有說它失敗。失敗是注定的。在虛民主的體制下怎有真民主的行動？首先要指出，弗里德曼的「公家規劃」範圍大到不得了，可以包括政府部門的規劃，也可以是半官方或非官方組織搞的規劃，甚至是私人和企業搞的規劃。凡是對社會（公家）有影響的都算是「公家規劃」。他這詞遠遠超過城市規劃，包括一切與社會、經濟、文化有關的規劃。細看可見他是聚焦於一切為民請命而作的規劃。

在第一章，他就毫不諱言的強調成功的「公家規劃」往往要依賴大規模的「政治動員」（political mobilization），而規劃的一個基本理論性問題是規劃技術與知識如何才可以有效地「激勵公共行動」（inform public action）。隨著，他列舉兩世紀以來的規劃傳統：社會改良（social reform）、政策

分析（policy analysis）、社會學習（social learning）和社會動員（social mobilization）。當然，他捧的是社會動員。這裡，他的自由主義意識露出來了。他把社會動員的規劃分三派：理想國主義（Utopianism）、無政府主義（Social Anarchism）和歷史唯物主義（Historical Materialism）。他指出它們之間雖然互相對立，但它們都是對權勢挑戰的規劃。要注意，弗里德曼把動員社會的手段和挑戰權勢的目的連在一起。動員社會是民主取向，但挑戰權勢則不一定是有關民主了。事實上，為命請命者挑戰權勢為的是「給我自由」，無論是言論自由、集會自由、宗教自由、生活方式自由、性自由。

接著，他批判主流規劃面臨的危機是知識危機（第七章），因為規劃知識追不上歷史步伐。他指出科技、市場都不是救星，國家與專家都沒有辦法。他認為要建立一套可以拒絕接受資本世界的不平衡發展、失望、剝削和異化的新經濟、新政治、新社會就必須以「民眾社會」（Citizen Communities）為新的權力中心。這就是弗里德曼的公民社會了。他認為「公民」這概念是建立於一個假設之上：在國家之上有一個至高無上、比國家的權威還要大的「政治社會」（political community），它本身是個合成體（resemble），結集很多組成的「政治社會」而成，共享公民地位。弗里德曼把這個合成體形容為「公家」（public domain）—— 一個人與人之間可以共同關心、共同對話，而又有制度和法律約束行為的地方。公家規劃的目的就是重建社會，驅使國家與企業提供人類在每一個層次的「公共生活」（public life）所需的服務。規劃的具體行動就是要佔領政治地盤。

第二本書的最後一章回到第一本書的最頭一章，規劃（在第一本書他稱之為創新性規劃，在第二本書他稱之為改革運動）的使命是在社會關係上作出「結構性的改變」。改革理論要有以下 5 個相關論點：（1）從世界性層面去分析資本主義社會的結構問題；（2）批判「現狀的實質」（existing reality），特別是它如何不斷「再製造」各種不合理的社會關係；（3）描畫出在沒有對抗性和改革性的鬥爭之下，以上的社會問題會怎樣演進；（4）描述一個解放性的社會將會帶來甚麼美滿的果實；（5）為了實現這美好的將來，建議一套

最好的戰略去擊破現有勢力。弗里德曼把規劃的任務形容為在改革理論和改革實踐之間的「斡旋工作」（mediation）。他更把規劃工作者形容為「兩面人」〔Janus-faced，雅勞斯（Janus）是古羅馬神話裡的門神，有兩個面孔，一個在前，一個在後，象徵著結束與開始〕，一方面為改革行動者製造機會去實踐改革，另一方面在當權者面前把改革理論塑成可接受的形象。他毫不諱言這本書提倡徹底改變社會。他要規劃工作者做兩面人：陰一套、陽一套。看來，為了達到為民請命高貴目的，甚麼手段都是道德的。

弗里德曼的徒弟約翰·福里斯特（John Forester）把改革行動更深化、細化。他的《面對權勢的規劃》（*Planning in the Face of Power*）也是在 1987 年出版。第三章，也就是以書名命題的一章，是如此寫的。「姑且勿論權力是否會使人腐敗，沒有權力肯定成不了事。」（第 27 頁）福里斯特說規劃是由權力關係（relations of power）營造出來的。規劃工作者可以營造參與（shape participation）。規劃工作者雖然沒有解決問題的權力，但他可以通過營造或強調某些行動、某些成本、某些效率、某些論調去組織（或者打散）公眾的注意力，規劃工作者的影響力來自「操縱信息」（control of information）。

福里斯特聚焦於「操縱信息」去「營造參與」，提出 5 點：（1）信息是權力泉源；（2）聰明規劃工作者可以預測某些「誤導的信息」，並提出適當對策；（3）規劃工作者要對抗這些影響公民信念、承諾、信任和對事情正確看法的「誤導的信息」；（4）但規劃工作者有時也會製造「誤導的信息」，因為要作出敏感的、道德的判斷時就不能堅持形式上的原則（第 43 頁）；（5）要對抗「誤導的信息」，「進步規劃工作者」（progressive planner）要培養一個消息靈通和民主化的規劃程序。「進步規劃工作者」相信他通過政治分析可以提供正確信息和改正誤導信息，藉此提高公民參與。

弗里德曼和福里斯特可說是規劃理論中代表人物，但他們毫無疑問站在公民社會運動的前沿，但也暴露了公民社會運動的暗面與負面和公民社會運動組織者的意識形態與手法 —— 採取「進步」或「創新」的姿態，以批判現今社會的不公去撩動某些人的不滿，以民主口號去發動這些人參與政治，通

過操縱信息（包括誤導信息）和陽奉陰違去佔領政治地盤，進而改革政治結構去獲取政治權力，最終目的是重建社會。當然，組織者會對他的「民」（政治本錢）應允功成之日就會出現一個如弗里德曼形容的「解放性的社會」和「美滿的果實」。說穿了，就是民主為手段，個人或小群體自由為目的。在這樣的演繹下，公民社會與一般利益團體沒有分別，不同者是它的利益是戴上了道德的高貴光環，它的組織者舉起為民請命的光榮旗幟而已。

英、美式的自由民主是自由為本、民主為用。自由主義者當然鼓吹自由，但為甚麼要利用民主，為甚麼能夠成功地利用民主？現代西方文明所指的自由是很個人的事（出自經驗主義和個人主義，見第二章〈奧古斯丁的「性惡」〉）── 我想要的自由跟你想要的自由會不同。那麼，我怎能發動你去為我爭取我的自由？除非我把自由抽象化、理論化、主義化。我想製作色情電影去賺錢，你想暴露官場醜態去為國，其實是很風馬牛不相及的。但是如果把兩種行為打造成「言論自由」，那麼你我就是唇齒相依了。唇亡齒寒，為國之士聲援色情電影、色情販子資助暴露官場是西方實情（最張揚是《花花公子》）。但這始終是種苟合，很難長久。

相對地，民主的莊嚴和凝聚就強多了。民主扎根於人人平等，成長於抗拒不公。人人平等是普世價值，當然莊嚴高貴；抗拒不公是敵愾同仇，自然凝聚萬千。自由鬥士當然想利用民主了。怎樣去利用？製造「特權」帽子是也。人類最反感的是「不公」。自古以來，凡造反都是反抗特權本身的不公，或反抗擁有特權者行為的不公，如果自由鬥士可以把自由和不公（無論是真的自由或想像的自由，或真的不公或想像的不公）連起來，就事有可為了。他們會說，「開發商有『自由』拿你的地賺大錢，你沒有『自由』抗拒被拿，不公。政府有『自由』決定給你多少補償，你沒有『自由』參與決定補償應多少，不公。開發商的自由、政府的自由是『特權』，開發商不應有特權，政府不應如此使用它的特權。」於是人人覺得很不平等、很不公道。自由鬥士又說，「讓我來提升你們的政治意識和政治信息，讓我們一起來使政府的行為更負責任，讓我們組織起來，討回個公道。」到此刻，人人敵愾同仇，誓

要討回公道。如是，自由鬥士就成功地利用民主，組織起公民社會。

　　當然，自由鬥士的真正動機不是平等，不是民主，他們只不過想利用民主去達到他們的個體利益。特權與不公只是他們發動民眾的槓桿而已。甚至可以說，他們藉口討伐特權與不公去把他們追求的自由提升為比別人自由更值得保護的自由，利用民主參與去把他們追求的利益提升為凌駕他人利益的利益。其實就是製造新特權，產生新不公。

　　公民社會是西方虛民主下的現象，暴露自由民主政制的內存矛盾。由個人主義和自由主義組合的政治文化很難產出真民主，因為它缺乏「大我」意識。如果中國不走這條路，就得自尋生路。今天，西方向全球推銷公民社會，中國人大多一知半解。特權與不公人所共見，公民社會看來是劑解藥。怎知它是生於自由為本、民主為用的虛民主，生出的是層出不窮的新特權，無盡地消耗西方的經濟資源和社會資源，勢難持續。中國有這樣的條件嗎？更關鍵是，中國有這樣的需要嗎？

　　拿城市規劃來說。中國的城市發展，確實是特權多、不公多。人民的怨聲、怒火是完全可以理解的。而且，得出的城市式樣也是不合理性的。但是，公民社會是不是一個可用的解藥？公民社會是典型的「為民請命」。我在第四章〈阿奎那的普世價值〉已談過「為民請命」的規劃範式，指出這規劃範式誤解和扭曲普世價值，不可能帶來持續及和諧的發展。現在看一下城市規劃裡的公民社會現象。弗里德曼和福里斯特談的是理論。現實中，西方的公民社會組織確是多如過江之鯽。西風東漸，很多組織已是跨國性，特別是環境、生態、維古、人權等。它們插手的事情無屆弗遠。

　　城市規劃的焦點是空間，而空間永遠是區位性的。城市規劃中的具體利益衝突往往是落點於具體的開發項目。開發項目更是區位性。而且，在中國城市的未來發展中，相對於過去 30 年，利益的衝突會越來越多發生於已建成區內部的改建、重建。這些紛爭大都是「當地事」。跨國，甚至跨省、跨市的公民社會對解決紛爭的「貢獻」有限，它們的插手其實會大大扭曲利益博弈的均勢。當然，如果我們拜倒於西方的先進，把光環戴在這些組織頭上，

「當地人」也自然會藉助它們的聲勢、利用它們的資源。到時，大局已成，扭轉無望。所以，現在我們就要抗拒這種「入侵」，免得日後煩惱。可是，縱觀過去 30 年，凡中國人說不會在中國發生的事情，差不多都發生了。所以，我是不大樂觀。西方的東西太誘人了，很難抵擋。自強才是上策。

城市規劃糾紛大部分是「當地事」，涉及的利益大部分是「當地人」，是基層的事，最好在基層解決，最好的辦法是基層民主。這裡，基層是區之下，以至街道、小區。首先，如果有近有眼前的基層民主就不需要遠在天邊的非基層公民社會。西方公民社會的理論依據是「通過提升公民的政治意識和政治信息，公民會作更好的政治選擇、更積極的政治參與，那麼政府行為就會更負責任」（見上）。這裡的基礎假設是政府不夠負責，其背後的意識是政府被特權把持，處事不公。特權與不公是民憤的主要因素。放在城市規劃上，這些特權與不公最顯著是在基層。姑勿論這些特權與不公是真實還是想像，它們也只可通過基層民主處理。

公民社會的目的是為民請命，大義凜然，因此它可以不擇手段，弗里德曼與福里斯特之流提出陰一套、陽一套的「兩面人」和「製造誤導的信息」（見上）。當然，這是極端。但也顯露出一個可以幫助我們解決問題的端倪 —— 信息。

為甚麼公民社會最強調「提升公民的政治意識和政治信息」？背後的假設是公民的政治意識不強、政治信息不足，致令特權可以妄為，不公成為氾濫，公民社會現身，拯救眾生。因此，政治意識與政治信息既是公民社會合法性的基礎，也是公民社會運作上的手段。這裡，我們可以看得出公民社會強調的政治意識要強、政治信息要足正是古雅典民主的特色、真正民主的特色。從負面去看，西方公民社會的自由為本、民主為用是顛覆民主；從正面去看，西方公民社會玩弄西方虛民主的弱點也顯露出建設真民主的方向。真民主的基礎是公民參與，但它的條件是公民政治意識要強、政治信息要足。當然，這是個循環：惡性循環是意識不強、信息不足，導致參與不積極，而參與不積極會使意識更低、信息更缺，參與就更不積極；良性循環是意識強、

信息足，導致參與積極，參與積極會使意識更強、信息更足，參與就更積極。有人會說，古雅典人少才可以真民主。對。但中國的街道、區人口與古雅典人口不相上下，為甚麼不可嘗試建設基層真民主？而且，真民主不一定要直接民主，只要是政治意識強、政治信息足的參與民主。

城市規劃是好開頭。空間使用和開發上的利益衝突肯定是「區位性」，利益衝突者大部分是「當地人」，因此，政治意識肯定強。關鍵在政治信息。誰來提供這些信息？西方公民社會批判來自「官方」（特權的所在、不公的禍首）的信息不合用、不充足、不可靠，為民請命者要「操縱信息」去「營造參與」（見上）。那麼，要建設真民主就要釜底抽薪，以透明、公開的態度和體制，通過諮詢與參與，為人民提供合用、充足和可靠的信息。有了這個條件才可以有真民主。真民主之下還需要不需要公民社會？我相信還需要。但不是西方式的，跟不負責任政府攪對抗、追逐個體利益的公民組織，而是提升負責任政府的行政效率，在「大我」意識下協調各方利益的公民組織。我認為絕對可以在基層上建設真民主。生活與生產空間的區位性使城市規劃緊嵌於基層。是民怨與民憤的聚焦點和發泄點。透明和公開的城市規劃可以是開啟公民政治意識和政治信息良性循環的突破點，是締造基層民主的主要砌石。

結 語

西方的資本主義是附生在自由主義身上的（值此取得資本自由）。但資本主義確實高明，成功創立一套自由為本、民主為用的自由民主政制，為它化解一切資本掠奪帶來的問題。這裡，有一個前提，政治精英的定義是追求政治權力的人。政治權力不是一個可以無限製造的東西，總有些想有權的人會拿不到權。他們可以等，但總要有出路，不然就天下大亂。資本主義有妙計。

資本社會的優勝劣敗、弱肉強食激起數不清的為民請命鬥士，高舉人

權、高唱反資本。但資本主義成功之處是以「公民社會」去「分化」這些為民請命的精英，繼而「利用」他們去擴展自由（主要還是資本自由）。資本社會裡競爭的刺激、成功的誘惑牢牢地吸住最聰明、最有鬥志的人的精力，把他們困在名利圈裡。為民請命是高貴，含有富貴不能淫的高貴操守。如今，大部分公民社會的領導層（他們是政治精英）卻把精力與興趣放在追逐經費（而經費卻大部分來自政府或基金）和追求升級（他們也稱 CEO 了）。有些人是自願的，有些人是不自覺的，但都不出來作亂了。這是資本「分化」的成功。更利害的是，資本成功地「利用」政治精英。

　　以美國為例吧。「二戰」後，美國政治精英有左、右派之分，如下。偏左的傾向反現存制度、反傳統價值、不滿資本社會的不公與不均。他們有內疚的心態，認為美國富有是剝削了人家，美國強大是欺負了人家。他們既不能放棄資本社會帶給他們的成就和享受，但又有改革社會、為民請命的衝動。他們熱衷人權、民權、環保、工運和婦解。偏右的可不同。他們對美國的成就非但感到驕傲，更認為是天定命運。心態上有點自傲 —— 我個人的成功是因為我的努力和聰明，美國的成功是因為美國道德高尚和制度完善。他們熱衷於資本制度，崇尚自由競爭。機緣巧合，資本全球化給美國國內的左、右兩派提供了一個互惠的出路。資本（資金）全球化有賴，也有助美國資本機制和文化的對外輸出。於是，右派義不容辭做了資本全球化的劍，毫不諱言要輸出為資本服務的機制，如自由貿易和精英政治。左派卻在對抗資本剝削和為貧請命的虛像下，不自覺地做了資本全球化的盾，輸出為資本做緩衝的美式人權、婦解、環保和工運。在美式自由民主旗幟下，左、右不謀而合，各得其所。內部矛盾通過美式自由民主的外銷獲得疏解。一邊是劍、一邊是盾，但同是資本全球化的尖兵。美式資本主義成功之處是它分化敵人 —— 不搞對抗，但設置安撫的機制和宣泄的渠道。更屬害的是，它把這些機制和渠道納入它的政治體制裡，使敵人在不自覺中成為它向外擴張的助手和屏障。一箭雙雕地宣泄國內的不滿和軟化國外的對抗，確實是「資本無敵」。

　　西方的公民社會運動其實是一種賄賂去消解資本社會不公帶來的不滿。

為民請命者一方面為「民」（爭取個別群體追求的自由）一方面為己（追求政治權力），但這些都是消耗資源的。西方好運（也可以說別人衰運），捷足先登，這幾百年來先搶佔了世界 80% 經濟資源，加上殘留著的傳統宗教仍具相當的社會凝聚力，因此，豐富的經濟與社會資源暫時保住它。但當全世界都跟著它走的時候，就再沒有這麼多的經濟與社會資源維持全球的安穩。西方如何從自由與民主互捆的困境走出來將會決定世界的命運。

西方公民社會是西方自由民主政制內部矛盾生出的怪物，在對抗特權與不公的虛像下不休止的創造新特權、新不公。但是，這悖論也給我們一個啟示。政治意識與政治信息非單是虛民主的致命傷、更是真民主的試金石。有人說，古雅典規模小，所以才可以行真民主，現社會規模大，不能有真民主。前半句也許對，後半句就不對。首先，真民主不一定是直接民主。就算是直接民主，規模也不一定是決定因素。誠然，現社會確是規模大，但大規模是由很多、很多小規模組成的。單看社會的空間結構（相對於其他形形種種的結構模式，如階級、經濟、文化等），大規模的國、省、市是由小規模的區、街道、小區組成的。在這些小規模裡，城市規劃引發的利益衝突相當尖銳，一方面反映人民對特權與不公的敏感性，但另一方面也顯示出建設真民主的可行性。政治意識與政治信息是公民參與的條件，而公民參與是建設真民主的砌石。透明與公開的城市規劃可能是個突破點。

第六章：經院派與「公平價格」

　　兩千多年前的巴勒斯坦是個窮地方，生活艱苦，大多數人家沒有隔宿之糧，那天有工做，那天才有飯吃。葡萄收成的季節到了。大清早，市集上聚了很多人，等工做。一個葡萄園主來到，說要請人，工錢是一塊錢，剛夠一般人家兩頓飯。說好了，就雇走一批人。那年收成特別好，人手不夠用。一個時辰不到，他又回到市集，雇走另一批，也是答應一塊工錢。午時，他又來一趟，又是以一塊工錢請來一批。個把時辰後，再來一趟。日落西斜，他還來，看到仍有幾個閒漢，也就一塊工錢雇傭了他們。傍晚收工，發工錢了。園主使工人排好隊，後來的排頭，早來的跟後。前面的一個一個領一塊工錢。排在後面的、早來的，心裡想，如果遲來的得一塊錢，他們一定會多得。到了他們，領的仍是一塊錢。心裡自然咕嚕。「我辛苦了一天，拿到是一塊，那些懶蟲，做了不夠一個時辰，拿的竟然跟我的一樣，這怎公平？」葡萄園主人，鑒顏辨色，自然知道，就跟他們這樣說，「朋友，你怨甚麼？我跟你們不說好是一塊

工錢的嗎？拿你應得的工錢回家吧。我選擇對後來的慷慨點，用的是我的錢，你們有甚麼道理怪我？」

這個故事有很多爭議，尤其是說園主不公平。我們可以想想，公平的園主應怎麼做？他跟每一個工人的協議都是一塊錢，他只是履行合約。如果他給早來的多點，他也是「不公平」，因為雙方一早同意是一塊錢；多給錢是他慷慨，對早來者的慷慨。為甚麼他不能選擇對後來者慷慨？他並未有對先來者不公平。至多只可以說他對先來者未有慷慨。先來者的不滿反映他們的嫉妒 —— 帶上公平光環的嫉妒。況且，一塊錢是一天的生活所需，園主對後來者的慷慨還兼有一份同情心。

但是，從勞動者的角度去看，難道多勞不應多得麼？多勞多得是對自己的勵志（我多勞就會多得），和對別人的推動（你多勞我就會給你多得）。這是沒有客觀證據的，世上多少事情是徒勞無功，有時是勞者不智，有時候是運氣使然。其實「勞」與「得」的對等公平是種心態、期待。「勞」是你自己投入的，由你控制；「得」是人家給你的，由人家控制。兩者之間是種合約關係。合約的公平以雙方的自願度和同意度衡量，主要是沒有欺詐，沒有強迫。

可是人類關注的不單只是錙銖必較的合約式公平。就算是做買賣，也有合理利潤與暴利之分，尤其是囤積居奇或發國難財式的高利更為人所不恥。就算沒有欺詐或強迫，若乘人之危或趁人不覺，以遠高於真正成本的價賣出或遠低於真正效用的價買入都使人有不公平之感。但在現今的功利社會，這類「合法」的不公平（在資本經濟學上，投機和投資是同等。都是有關風險與利潤的取捨 ——「投機者」冒大風險，自然有理拿高利，甚至「暴利」）對人性有很大的摧殘。我有一個中學同學在香港打政府工，為人忠厚。20 多年前提早退休，拿了一點錢，移民加拿

大，找不到甚麼事情幹，就開了一間小店，代理電腦硬件。一天跟我聊起，感慨地説，「做生意很無奈，想做好人很難，同行如敵國。拿這個硬件吧，賣得很好。我有貨源，但他缺貨想跟我要，我應不應幫他？我如果不趁他缺貨去撈一大筆，將來我有困難，他會幫我嗎？」功利的社會使人性變得冷漠、悲觀。

個人與社會之間也有公平與不公平。城市繁榮，地價高漲。土地增值不是土地擁有者創造的，是社會發展帶來的。增值怎樣分配？這就要關係到個人與群體的對等公平。

甚至人與天之間也有公平不公平。你活得好，除了個人努力外，還要上天給你條件和機會。你不可能回報上天（pay back），你要跟上天拉平只可以靠幫別人，尤其是比你條件差和機會少的人（pay forward）。這是使弱者生存的公平。

自己對自己是沒有公平和不公平的。一般人談公平是指人與己的利益關係，它的底線是，自己不吃虧，人家也不吃虧。這是對等公平。不

吃虧之下是吃虧：自己吃虧，人家也吃虧是雙敗，也算對等公平。不吃虧之上是得利：自己得利，人家也得利是雙勝，也可算是對等公平。不公平有兩種：自己吃虧去讓別人得利叫慷慨，自己得利而要別人吃虧叫自私。

西方中古經院派對強者逐利，群體共存，弱者求存所包含的公平（不公平）意識和定義有很到位的演繹。

西方人談資本主義都是以亞當・斯密（Adam Smith，1723—1790）1776年出版的《國富論》（*An Inquiry into the Nature and Causes of the Wealth of Nations*）為起點。斯密的理論不是來自空白。一般認為他的自由經濟理論來自重農主義（Physiocracy，這主義雖稱重農，但更關鍵是其主張生產與交易自由）對他的啟發，以及他對重商主義（Mercantilism，是種經濟保護主義）的抗拒。斯密在 1763 年左右開始構思《國富論》，也就是 7 年之戰（1756—1763）剛結束。他把英勝法敗解讀為英式經濟優於法式經濟。當時的法式經濟就是重商主義，有兩條支柱：（1）政府鼓勵出口和保護國內市場，（2）以金、銀為國家財富的衡量。書中，斯密認為國家財富不能用金、銀衡量，應用經濟活力（生產力、消費力）去衡量，而經濟活力是生於自由交易。因此，他最反對政府干預，主張自由經濟。

斯密寫《國富論》時英國的工業革命仍未開始，當時的英國也不全是自由經濟，但不到幾年，工業革命揭幕，英國一躍而為工業製成品生產大國。到了 1830 年左右，英國的生產活力肯定超越各國，要考慮的是如何擴大和持續這些活力。那時，它要行真的自由經濟了，尤其是國與國之間的自由貿易，好使出口英國貨，功利務實的英國人就把斯密捧出來。他的自由經濟理論剛好配合上英國工業革命的歷史契機，成為經濟發展理論主流，變成一種「主義」。稍後，隨著大英帝國崛起，自然地成為世界經濟的主流意識形態。

從斯密回到經院派

　　歷史是勝利者寫的。過去 200 年的世界是英語文明，是資本世界，自然奉英國的斯密為祖師。但也有不以為然的，比較有名的是托尼（R. H. Tawney，1880—1962）和熊彼得（Joseph Schumpeter，1883—1950）。前者是大英子民，但他反對資本主義。他是英國工黨建黨期的理論家，英國走上福利國家之路的倡導者，寫有《貪得無厭的社會》（*The Acquisitive Society*，1920）和《宗教與資本主義的興起》（*Religion and the Rise of Capitalism*，1926）。他把資本主義的興起連上宗教的變質。熊彼得是奧地利人，擁護資本主義，特別讚賞「企業家精神」，並提出「創造性破壞」的理念，代表作是《資本主義、社會主義與民主》（*Capitalism, Socialism and Democracy*，1942）和《經濟分析史》（*History of Economic Analysis*，1954，死後出版），他想把資本主義「發明者」的榮譽從斯密轉到更早的宗教思想家。托尼與熊彼得兩人都把資本主義的源頭從斯密推前 500 年，回到宗教改革之前的中古世紀。托尼要尋求資本主義的救贖，熊彼得要摘走大英帝國的光環。

　　先談托尼。他是個虔誠的英國國教徒。他的宗教熱忱與他的福利國家理想是分不開的。他對資本主義在英國大展拳腳的演繹與韋伯（Max Weber，1864—1920）的《基督新教倫理與資本主義精神》（*Protestant Ethics and the Spirit of Capitalism*）略似：新教的倫理觀，特別是教義上比較激進的清教（Puritans），是資本主義成形的催化劑。不同之處是韋伯從社會學的角度去分析，托尼從歷史的角度，尤其是從英國歷史去追蹤，聚焦於 16 到 18 世紀宗教思想與經濟發展之間的關係，他的《宗教與資本主義的興起》分四個主要部分：

　　1. 中古天主教會（12—15 世紀）

　　那時的社會是一個完整的有機體，一切以教會（天主教）的宗旨和原則為依歸，也就是愛神、愛人。商業（賺錢的行業）被視為人類組織中既不可缺但絕不可取的部分。有關經濟的討論聚焦於「公平價格」（just price）和「高

利貸」（usury）。

2. 宗教改革（16 世紀）

那時，經濟活動激增，但早期的宗教改革者（後來變成新教）對經濟的看法跟天主教無異。改革家馬丁‧路德（Martin Luther，1483—1546）的思路反映農村經濟，比天主教更保守。但改革家加爾文（John Calvin，1509—1564，法國人但基地在瑞士）對商業和商人比較接受。他雖然堅持基督精神，但對商業行為有不同演繹：（1）經商賺錢不是罪，但不容揮霍浪費；（2）勤勞、節儉、克制、虔誠是美德；（3）貸款收息是商業活動中很自然和必需的事，但不能收高息。改革雖是宗教的事情，但因為改革者強調宗教上的個人化，和對俗世事物的鄙棄，結果是削弱了教會（無論是天主教或新教）的權威，導致教會日後從經濟領域撤退（或自願、或被迫）。

3. 英國國教（16、17 世紀）

那時的英國經濟在改變，羊毛出口導致大量耕地轉為牧地。封建制度下的土地用途和產權走上商業化 —— 買賣頻繁、地價上漲、地租上升，貧農和失地農民激增。英國國教教會（宗教改革後英國率先脫離羅馬天主教，自建英國國教）的領導層嚴厲批判這些現象，因為他們仍持有直接來自中古天主教會的倫理觀和社會觀。下層社會的悽慘、上層社會的貪財大大的震撼他們。因宗教改革而誕生的英國國教可說是一個政府的部門，高層教士像高級官員。他們運用政府權力，包括立法和司法手段（特別是「教會法庭」）去遏制這些社會現象。但這只是「賊過興兵」，因為世界已徹底改變了，教會只可以強烈批判社會不公，但沒法有效的制止。實踐上的無能導致理論上的滯後，教會停止思想，教會的教訓也從此失效。與此同時，個人主義與俗世哲學（主要是啟蒙運動）崛起，應運而生的新富、新貴對教會干擾政治與經濟（尤其是教會法庭）大大不滿。

4. 清教徒（17、18 世紀）

英國清教徒是加爾文派信徒。他們是新的、自主的和驕傲的中產階級。在 17 世紀，他們的權力激升，支配國會、處決國王、建立共和。早期的清教

徒仍堅持宗教的道德觀應該支配經濟活動。稍後，清教的個人主義傾向及 17 世紀的蓬勃商機淹蓋了這些道德觀，清教開始崇拜「工作」、強調克制、鄙視濟貧。這使他們在經濟領域上取得非凡成就，但同時，個人化的信仰和虔誠抹殺了社會責任感，視「貧窮」為一種「罪有應得」，因為貧者必是懶於工作或自甘墮落，因此濟貧就是鼓勵罪人。從 18 世紀初開始的兩百多年，清教思想支配整個英國的宗教和經濟，英國國教教會完全棄權。

托尼的福利國家思想出於濃厚的中古宗教情懷，堅持公義是經濟理論的基礎。他認為中古天主教會的公義原則在宗教改革初期仍得保存，但加爾文派的經濟思路已開始反映 16 世紀經濟蓬勃、經商賺錢的現實。加爾文教派傳入英國，產出清教。清教有個人主義的潛在傾向，並相信勤儉克己乃得救的「保證」（參考韋伯的《基督新教倫理與資本主義精神》），因此他們可以接受，甚至支持自由競爭去求財。托尼對資本主義的批判不在它熱衷於賺錢，而是它對公義的冷漠。他的福利國家觀念來自宗教，尤其是中古的天主教，聚焦於社會公義（social justice）。

熊彼得生於天主教家庭，在大學念古羅馬與天主教法律，他對資本主義的看法是正面的（雖然他相信資本主義的內部機制和動力會使它慢慢演變為社會主義）。他的《經濟分析史》主要是顯示資本主義理論不是出自英國斯密的創意，而是來自斯密之前，甚至宗教改革之前的天主教會主流經院派（Scholastics，也稱 Schoolmen，流行於 12—17 世紀）。他的觀點是斯密和經院派一脈相承。

經院派之前，西方文明的智庫存於寺院之內，可稱「寺院派」（Monastics）。經院派開啟於 9 世紀，查理曼大帝在歐洲廣設學校（School 一名源此），以柏拉圖（哲學）和奧古斯丁（神學）為主。經院派的特點是通過辯證去把哲學與神學統一，也就是以理性支持信仰。到 12 世紀，很多希臘古籍重現歐洲，尤其是亞里士多德的倫理學。13 世紀時經阿奎那吸納整理，成為西方中古後期的正統倫理觀和社會觀，包括有關經濟行為的規範。熊彼得指出，經濟史學者往往從阿奎那的封建時代經濟理念一跳幾百年

到 16 世紀初以致 18 世紀中歐陸諸國發展龐大海外殖民帝國時期的「重商主義」（Mercantilism），也就是貿易保護主義，然後再捧出英國斯密的自由經濟理論取代之。他認為，從阿奎那到斯密的幾百年裡，經院派的經濟理論其實是不斷隨著經濟實情演變，特別是經院派後期的薩拉曼卡學派（School of Salamanca，是 16 世紀到 17 世紀初，西班牙帝國鼎盛期，設於西班牙和葡萄牙的學府）早就發展出現代資本主義的理論基礎。

熊彼得從人脈去追溯，如下。斯密的經濟學思路來自老師哈奇森（Francis Hutcheson，1694—1746，蘇格蘭啟蒙運動的始創者，深切影響斯密與休謨）。他是格拉斯哥大學（Glasgow University，與阿伯丁大學和愛丁堡大學同是蘇格蘭啟蒙運動的基地，也同時是歐洲的學術重鎮）「道德哲學」（moral philosophy）的首席教授。「道德哲學」的理念來自亞里士多德，主要包括倫理學、經濟學和政治學。在道德哲學裡的「經濟學」（economics）其實是「家政」（household management）。在道德哲學裡的「政治學」卻有一門叫「政治經濟學」（political economy），聚焦於處理民間合約中有關公平和法律上的具體問題。但是，慢慢地，這些聚焦點從民間合約的法律和宗教層面轉移到經濟活動的操作和經濟現象的解釋，也就是從哲學去上科學、從政治經濟學去上經濟學。在這個轉變中斯密的確做了很大貢獻，但哈奇森對斯密的影響是無可置疑的。

哈奇森又受誰影響？他還未算是現代經濟學家，他的身份是道德哲學家，聚焦於倫理，尤其是自然之法（natural law）。當時，自然之法被視為道德哲學的基礎，而道德哲學是「政治經濟學」的基礎。在哈奇森時代，自然之法的理念有兩個宗教源頭：天主教和新教。天主教的自然之法（主要是阿奎那）被視為傳統；新教的被視為現代（也是現今主流）。現代的代表人物是一前一後的荷蘭法學家與詩人格羅秀斯（Hugo Grotius，1584—1645）和德國法學家與經濟學家普芬道夫（Samuel von Pufendorf，1632—1694）。此中，格羅秀斯在討論合約（contracts）和價格（prices）時，特別引用阿奎那和經院派後期的學者。這兩人的理論是蘇格蘭啟蒙時期所有大學的倫理哲學「教

科書」的基本教材，身為首席教授的哈奇森當然用上，斯密在他的《國富論》和《道德情操論》（*The Theory of Moral Sentiments*，斯密對它比《國富論》更重視）中也屢屢提到。熊彼得跟著指出，普芬道夫的政治經濟學來自格羅秀斯，而格羅秀斯的是來自天主教經院派。他在《經濟分析史》（113 頁）上是這樣寫的，「格羅秀斯在他的第二卷中只略談了經濟，如價格、壟斷、利息、高利貸 —— 談得很有理，但並沒有在經院派後期的理論上增添了甚麼有意思的東西。」「普芬道夫在經濟學上比格羅秀斯深入的多，但對我來說他仍是未有在經院派後期的知識和分析工具上增添了甚麼。」熊彼得的結論是重農主義（自由經濟）和重商主義（保護主義）對斯密的影響屬次要，斯密的經濟學可追到老師哈奇森的道德哲學，繼而上溯到普芬道夫和格羅秀斯的自然之法，最終達到經院派的神學。

看來，托尼和熊彼得是殊途同歸，得出同樣的結論：要認識現代資本主義就要追溯到中古天主教經院派。但上面談到的只是歷史沿革，實質的理論內容與其文化背景的演變過程又是怎樣的？托尼的線索是意識形態，聚焦於社會公平，結論是現代資本主義在逐利中忘了公平；熊彼得的線索是分析理論，聚焦於經濟效率，結論是中古經院派早取得資本主義的真髓，即經濟效率就是經濟道德。且看看經院派理論是甚麼回事。

首先要了解，無論是經院派的早期學者或後期的薩拉曼卡學派都不是單純的經濟學者，他們主要是神學和哲學家，考慮範圍遠遠超出現代經濟學者所能望及的思想領域。同時，他們也有實務，是政府政策的設計者、國際關係的斡旋者。經院派後期的耶穌會會士更是銀行家，干預國家和國家之間的財政與債務。因此，經院派的實際經驗非常豐富。

早期經院派有一個像阿奎那的中心人物和一套完整和一統的主導思想，但到了薩拉曼卡學派時代就比較鬆散。那時正處於現代前與現代之間青黃不接時期，議論紛紛也是可以理解的。它的主要經濟思路可歸納為一句：產權可以私有，產權擁有者可以以產謀利，但在非常時期資產要共有、共享。

在中古封建莊園的小規模經濟和市場不成熟，甚至不存在的情況下，經

院派的經濟原則是從消費者（小農戶）角度去反製造業結社壟斷，和反商人對非當地人歧視，也就是從弱者角度出發的反欺詐、反剝削和反操縱。但到了16世紀，經濟急速發展，經院派的薩拉曼卡學派就開始關注壟斷對自由貿易的影響。當時並未有「競爭」（competition）的理念，但有「較量」（rivalry）的理念。在若干程度上這也是斯密所指出「自由經濟」（freedom of trade，他也少用「競爭」）。

作為神學家，經院派要首先處理經濟價值（value）是甚麼。阿奎那認為一件東西的真正經濟價值是人們給予它的評價（esteem），不是它「天然的貴賤」（natural dignity），不然，一隻有生命的老鼠會比一粒沒有生命的珍珠貴。他的結論是在交易中，價格是以需要（wants）來決定，沒有需要就沒有交易，改變了需要也會改變交易，滿足需要的能力（want-satisfying power）就是效用（utility）。到了薩拉曼卡學派的下半段（主要人物是莫林納，Luis de Molina，1535—1600，耶穌會會士）更有了重要的補充：（1）效用價值固然要緊，但更重要是人們評價（esteem）的高低，寶石雖然只可作裝飾，但人們對它的評價高於人人必需的麥子；（2）價值會因時、地而異，玻璃小飾物在歐洲沒有人青睞，在非洲賣高價。因此價值決定於消費者的偏愛取捨（scales of preferences），也就是評價和比較的主觀性。

價值是價格的基礎，但怎樣才算是公平價格？主流是阿奎那：公平價格出於共同的評估（common estimation），也就是市場上公認的價格。他雖然沒有明言，他的假設是買賣雙方都「滿意」（主觀）。他的弟子和其他經院派也作補充：在沒有欺詐的情況下，價格不應受限制（Aegidius Lessinus，生死不詳）；不超過市場一般的賣價就不算是高價（Henry of Ghent，1217?—1293）；公平價格是由市場評估而定的（John Nider，1380—1438）。宗教改革後的新教並沒有改變這些原則。

但經院派的理論是不一致的。就算阿奎那對自己的「經濟價值來自效用」的看法也有保留。他認為公平的交易應該是買賣雙方相等的（equivalent），而相等就必須考慮勞動力和成本，如果不相等，供的一方就會停止生產。經

院派中另一條主要的支流是以蘇格蘭的鄧斯·斯各脫（John Duns Scotus，1265—1308）和英格蘭的奧卡姆（William of Occam，1285?—1349?）為代表。斯各脫認為公平價格應與生產成本相應。奧卡姆的學生（Jean Buridan，1328—1358）則認為價值不應以某個人的需要衡量，應以在交易中所有人的共同需要來衡量。因此，價格，也就是價值的金錢化，應以整個群體的需要或效用來決定。為此，價格是個社會性現象。

人類思想史有時是很奇妙和微妙的。阿奎那和斯各脫及奧卡姆同屬經院派早期，都有扶貧救苦、無貪無欺的悲天憫人精神。阿奎那認為買賣雙方滿意、成本與效用相等是公平價格的基礎。斯各脫與奧卡姆更進一步，強調價格與成本相應、個人與整體利益對等。但是，到了經院派後期，當師承阿奎那的薩拉曼卡學派才剛開始摸索現代商業社會的結構和邏輯之際（特別是從消費偏愛和市場匱乏去解釋市場價格），斯各脫與奧卡姆的後繼者卻變成個人逐利的資本主義理論的尖兵。為何會如此？這要從神學說起。

自 然 之 法

中古西方人認為道德標準來自神，他們對神的認識是神兼有理性（intellect）和意志（will），道德就是追隨神的意志。但是，他們對神的意志的不同理解就生出不同的自然之法。這些自然之法成為道德哲學的基礎，而道德哲學就是經濟道德（真正價格、公平價格）的基礎。

中古神學分兩流派。以阿奎那為首的「理智主義」（Intellectualism）對神的理解是神的意志不是隨意的，它永不會違背神的理性。但神也給人理性，使人可以明白神的意志裡頭的理性。神的旨意就是永恆之法（eternal law）；永恆之法中有關人類的部分，可通過人類理性去發現的就是自然之法。因此，自然之法是人性傾向，理性辨別的神意。阿奎那得出的自然之法有自我保存和與人共存的原則（見第四章〈阿奎那的「普世價值」〉）。

被稱為現代「自然之法之父」的格羅秀斯原本也是走理智主義方向，認

為「自然之法發自正確的理性，它會顯示出一個符合或不符合（人的）理性和社會性的行為是道德正確還是道德卑劣，創造自然之神自會指令或禁止這行為。」他指出自愛（self-love）和自利（self-interest）不單是人的特色，動物和「無生命的東西」（inanimate objects）都是如此。這些很「自然」的事就是自然之法的基礎，得出 4 條：（1）保護自己生命和避開受損；（2）爭取和保存對生命有用的東西；（3）不損害他人；（4）不奪取他人財物。這也是斯密，以至整個現代思維所承的自然之法原則。

格羅秀斯在理性上加上了「社會性」，這是阿奎那傳統的自然之法所沒有的。格羅秀斯突出社會性也是有其歷史背景。他居於亂世（歐洲大亂的 30 年之戰是 1618 年到 1648 年，是場空前慘酷的「世界大戰」），社會秩序蕩然，當然希望有普世性的自然之法為世界帶來法紀。在當時從傳統走上現代的過渡時刻，他兼顧了理性、社會性和政治實情。他雖然仍把神作為自然之法的依歸，但他認為「就算我們作出一個極邪惡的假設 —— 神不存在，或祂會不關心人類 —— 我們所說的（自然之法的原則）仍會有若干程度的正確性（a degree of validity）」。這一點很關鍵，因為意味著自然之法可以從觀察「自然」而得出。這是有名的「不敬假設（the impious hypothesis）」，對現代自然之法的取向有極大影響，見下。

格羅秀斯也兼有意志主義（Voluntarism）色彩。意志主義來自斯各脫和奧卡姆，對神有如此理解：神以祂自己的意志定下道德準則，意志後面的理性人類無從揣測，神通過聖經去顯示祂的意志，叫人服從。格羅秀斯認為惡行之所以是邪惡不是因為它本身有違神的本質（essence，也可以演繹為神的理性），而是因為犯了神的禁令，也就是神的意志。「神為甚麼要禁」不是人的理性可懂，但「神要禁甚麼」卻是可知的。怎知？格羅秀斯用的是經院派薩拉曼卡學派後段宗師 Francisco Suarez（1548—1617，西班牙耶穌會會士）提出的「不協調」（inconsistency，可譯作「矛盾」或「不一致」，但「不協調」更合適）和「迫使」（obligation）的理念：符合良心與否會「迫使」我們做出或避開某些行為，不然我們就有「不協調」的內疚（guilt）感覺。格羅秀斯

的演繹是自然之法「迫使」我們的行為符合我們的理性、社會性和自我保存的需要。

稍後的普芬道夫就完全走上意志主義了。首先，他把神與自然分開：神之法使人來世升天堂，自然之法使現今社會得平安。前者聚焦於個人要得救（人與神的關係）所需的信條和神恩，後者聚焦於人間法律（人與人的關係）應規範的權利與義務。他否定亞里士多德、阿奎那經院派的「有目的的宇宙秩序」，他把自然之法「科學化」，從觀察神創的世界去揣摩神的意志。他的觀察所得是神創的世界裡，人不可離群生存，又不能在群居中不遵守某些法則。假設自然之法是人與社會能夠吻合起來的準則，這些準則的內容就應可從人的本性和人的處境事實推斷出來了。他同意格羅秀斯的自愛是自然之法的基本，但他同時強調人性的墮落（新教思維）和人類的「社會性」（sociality）。他把自然之法的原則分三層：對神、對己、對人。對人的絕對原則是（1）不損人，有損則賠；（2）在平等（基於大家共有的人性）的基礎上互相尊重；（3）讓人生存（通過合約式的權利與義務）。

英語主流的法學史家拿格羅秀斯那條「不敬假設」做了幾百年文章。現今的主流稱他為「自然之法之父」並不是因為他創出自然之法，而是利用他的「不敬假設」去把神從自然之法中摘走，去支撐一套俗世（secular，也可譯為「非神」或「非宗教」）和現代（modern）的自然之法理論。

格羅秀斯的自然之法確是避開了神，因此也就避開了有沒有神和哪個神之類的爭議，但代價是「觀察」所得的自愛和自利只是個人的觀察，沒有客觀的準繩（就算很多人同意也不構成客觀存在），受時代背景、文化差異、科技水平影響，是主觀的（因時、空、人、事而異）。這樣得出來的自然之法其實是種權宜。難怪他自己也說，「權宜或可被稱為正義與公平之母」「Expediency might perhaps be called the mother of justice and equity」。更有人說，在傳統轉上現代過程中，正義從道德觀念轉為法律理念，再轉為權宜之計。

為甚麼俗世和現代這兩個詞這麼關鍵？主要是政治意識形態的原因。格

羅秀斯時代已踏入 17 世紀中期，經院派也隨著以維持封建道統為己任的西班牙帝國衰落而式微，宗教改革也告完功（包括天主教的自身改革）。到了普芬道夫，也就是 17 世紀下半期，歐洲霸主是法國，整個歐洲是「君權神授」（divine right of kings）和由此引申出來的「絕對君權」（absolute rule）的天下（包括英、法、普、奧和蘇格蘭）。俗世或現代兩詞象徵反對君權神授。經濟理論的俗世化和現代化就是把經濟主權從君王手裡轉到資產階級手裡，從政府有形之手轉到市場無形之手。反對君權神授的好辦法是否定神權、否定神與自然之法的關係。因此，經院派以神為基礎的自然之法被遺棄，格羅秀斯避開神的自然之法被利用，普芬道夫全無神的自然之法更吃香。那時，英國揭起「光榮革命」（1688），頒佈「權利法案」（1689），強調自我保存和與人共存並重的經院派自然之法被強調自愛、自利和權宜的現代自然之法顛覆，導致自我保存（自由）被高舉，與人共存（公平）淪為政治工具。

　　傳統自然之法既是以神的永恆之法為基礎，自然是無所不包，既規範個人也規範眾人（社會）。現代自然之法不再以神的永恆之法為基礎，轉以人性為基礎，就很邏輯地把人性中的對己（個人倫理）和對人（社會倫理）明確地分開處理（也就是普芬道夫分開個人信仰和社會規範的理由，見上）。慢慢地，隨著西方經驗主義（Empiricism）興起，唯物宇宙觀抬頭，就以心理學去演繹個人倫理，以政治學去演繹社會倫理，再沒有客觀的、普世的標準，走上個人倫理權宜（個人善、惡是心理決定）、社會倫理權宜（社會善、惡是政治決定）之路。

　　意志主義與理智主義之辯反映新教與天主教之別，但也同時提供了現代資本主義（自由與競爭）崛起的線索。天主教代表傳統，新教代表現代。天主教的傳統教義根植於以亞里士多德哲學為伴的阿奎那神學（13 世紀）：宇宙的存在是出於神的意志，神的意志是理性的、有目的的；神賦人理性，可窺揣祂的意志。新教的教義其實是更古老，出自與柏拉圖哲學為伴的奧古斯丁神學（4 世紀），主題是神恩莫測：神按祂的意志創造和支配世界，又同時給與人意志自由，這個表面矛盾（神的支配和人的自由）的唯一演繹是神的

意志不可以用人的理性揣測，只可以憑信仰，相信聖經的話，因為神通過聖經顯示祂的意志；而人的意志自由是選擇信與不信的自由。宗教改革者走上意志主義其實是帶有濃厚的復古意識：以正本清源，返璞歸真去洗滌腐化的天主教教會和更生僵化的天主教教義。意志主義強調神的意志和神意的莫測有雙重意義：一方面是否定天主教會對辨認神意的壟斷；另一方面是肯定了人與神的直接關係。宗教改革從對教權的失望轉化為對人權的尊重。這是相當吸引的，也是宗教改革的動力。

　　意志主義生於英國（斯各脫與奧卡姆），也成於英國。當歐陸的格羅秀斯和普芬道夫把自然之法的基礎從理智主義（天主教）轉移到意志主義（新教）之際，英國內部也在大變。光榮革命之前的整個 17 世紀，英國國君傾向君權神授和特權世襲及其引申出的絕對君權。國王與國會之爭啟動了殘酷內戰。對反對君權神授的人來說，以意志主義為基礎的自然之法把人、神世界分開是個合用的理念，因為它把君權神授和特權世襲的腿打斷了。更關鍵的是這套強調自愛、自利和權宜的自然之法對經歷多年內戰和動盪的英國人很中聽，因為他們正在走上天賦人權（洛克）之路，以君主立憲（光榮革命和「權利法案」）去保障個人自由與私有產權。隨後，蘇格蘭併入英國版圖（1707 年），蘇格蘭子民比英格蘭子民更熱衷帝國輝煌，蘇格蘭啟蒙運動比英格蘭的啟蒙更熱烈。斯密的老師哈奇森和好友休謨是代表性人物，引進由同文同種祖師（斯各脫和奧卡姆）所創的意志主義。在方法論上，休謨的「人的科學」更可以被演繹為一種非神的意志主義，如下。意志主義的精髓是神按祂的意志創造世界，以祂的意志定下道德準則，人通過觀察神創的世界去揣摩神的意志。「人的科學」的精髓是通過觀察人的行為可以推斷出人的本性是追求享受，人的理智是人的慾望的奴隸，慾望是人改變世界、改造環境的動力。這對斯密的道德觀有莫大的影響，使他認可私利，進而給它戴上「追求私利可達公益」的光環。可以說，資本主義在英國大展身手的條件（自利的人性、神聖的產權、無限的慾望、權宜的政治）都可以追溯到依附於意志主義的現代自然之法（相對於阿奎那的古典自然之法）。

經濟道德之公平價格

　　理智主義與意志主義代表對神的理性和意志的不同演繹，衍生出不同的經濟道德範式。

　　1. 理智主義的自然之法有絕對假設：神的永恆之法是絕對的，通過觀察和理性人可以認識永恆之法的一部分，這就是自然之法，是可以和應該追溯到絕對的永恆之法。因此自然之法的原則是普世的，不受人、事、時、空影響。但阿奎那同時指出，在實踐上，絕對的自然之法原則在具體細節上的運作會遇到瑕疵（defects），正確的實踐會受障礙。因此，在實踐上，人人對自然之法的認識會不一樣。可以說，原則是絕對的，實踐可能相對，因人、事、時、空而異。用在公平價格上就是公平的原則是絕對的，起碼是應可追溯到自然之法的自我保存和與人共存絕對原則；但公平的實踐可以是相對的。這套範式使經院派可以兼容公平價格的兩種不同演繹：源自阿奎那的免於操控、免於剝削的自由交易，是種弱者求存的公平；源自斯各脱和奧卡姆的生產者成本與消費者效用對等、個人需要和整體需要對等的交易，是種群體共存的公平。兩種公平都有其獨特的、具體的人、事、時、空細節，但都應該可以追溯到絕對的自然之法基本原則。這套範式底下，相對的道德行為可以用絕對的道德原則去衡量和評價。於是，個人和社會行為就可以有絕對的評價了。

　　2. 意志主義的自然之法有相對假設：自然之法是從觀察人的本性和人的處境事實歸納出來的，但人的處境事實是相對的，因人、事、時、空而異，由此歸納出的自然之法原則的普世性只可以「意味」（implied），而非必然（necessary）。用在公平價格上就是公平的原則也是從觀察人的處境事實歸納出的，因此是相對的（人的處境相對）、主觀的（歸納者的主觀）。作為個人原則還可以，作為社會標準就有問題了。但是，厲害的資本主義發明一套轉相對為絕對、化主觀為客觀的機制 —— 自由交易。大前提是人人自利，交易

是種博弈。這大前提下有兩種公平。（1）人人逐利，各展所長。自由交易是無約束的博弈，人人憑本領，盡量發揮，產生出來的價格是絕對公平——優勝劣汰的公平。（2）人人逐利，方式不同。自由交易是無偏袒的裁判，一視同仁，供求均勢產生的價格是客觀公平——機會均等的公平。這是種「程序道德」——只要交易越自由，價格就會越公平。

中古的經院派與現代的資本主義對公平價格的演繹反映不同的歷史背景、時代心態和民族性格。經院派時代的歐洲是農業社會，封建制度。那時，手工業開始結社（guilds），當初是為維護合理回報，後漸轉為壟斷操縱。那時，社會封閉，交通不便，對外來人多有歧視，買賣形同欺詐、勒索。經院派的思維來自天主教會的行腳僧，他們認為經濟的目的在滿足生存的基本需要，非在逐利。他們見民間的疾苦，抱憫人的情懷，有從弱者求存的角度、有從群體共存的角度去看公平價格。那時，歐洲人對宗教是虔敬的，道德觀是一致的。雖然教義已經開始僵化、教會已經開始腐化，經院派中人仍持有絕對真理的信念、人性向善的樂觀，希望可以改革頹風。到了後期（16 世紀），也就是薩拉曼卡學派時代，經濟急速發展，尤其是海外貿易，商機千變萬化，經院派中人更參與經濟活動，理論也逐步調整去適應當前需要。但變中求穩，總未離開悲天憫人。

現代資本主義起源於中世紀後期，貿易比較先進的城郊（南面聚於意大利，北面聚於荷蘭）。15 世紀中葉開始，非洲與美洲開發，全球商機大盛，中產階級開始成形。到了 18 世紀後期，英國農業革命完成，工業革命開始，打開一個全新的局面。經濟的目的不僅是滿足生存的需要，是追求生活的享受。更關鍵的是 16 世紀開始的宗教改革強調人性墮落。這個悲觀的人生態度被 16—17 世紀意志主義的自然之法（主要是格羅秀斯和普芬道夫）解讀為基本人性，也就是自愛、自利是自然的、正常的。17—18 世紀的英式經驗主義（尤其是休謨）為它戴上科學光環，也就是自愛、自利是道德的。最後，資本主義（主要是斯密）更提出「追求私利可達公益」。從此，經濟活動凌駕一切活動，物質文明先於一切文明。功利現實的英國人知道他們已先拔頭籌，

但若要大展宏圖仍需打破宗教道德對個人逐利的約束和消除保護主義對強國擴張的限制。

可以說，宗教神學的意志主義提供給資本主義一套「經濟神學」。根據意志主義，神以祂自己的意志定下道德準則，意志後面的理性人類無從知曉；神按其意志選擇的東西就是善。從這可引申出如下的經濟神學：自由交易以市場價格定下經濟道德標準（也就是好與壞的標準），價格後面的理性我們不會知曉（幾個世紀以來逐利者不遺餘力的揣測市場價格，但成功率總是很低，尤其是在關鍵時刻，好像求神問卜一樣），但經自由交易產生的價格和裁定的勝負一定是公平的。斯密把自由交易形容為「無形之手」，也就是等於經濟世界的「神」了。

這個思維出自一個怪異的角度 ——「強者，逆勢」。直到工業革命，西方人都有輕商的意識。經商逐利不是體面的（雖然富有，但不入上流），甚至被視為不道德。資本主義是逐利的主義，因此有逆當時社會的道德主流，特別是有關公平的意識。它要從逐利強者（從個人到國家）的角度去建樹一套理想的經濟體制，也就是一套通用於逐利的經濟體制。這套體制就是自由交易，有兩個任務：為強者逐利提供一個平台，為強弱勝負定下一個標準。它的漂亮口號是人人上得擂台，拿得冠軍；它的殘酷現實是得獎絕少，淘汰極多。這個為強者而設的經濟體制對人性悲觀，認為凡逐利都是爾虞我詐；對人類冷漠，漠視沒有能力逐利的「弱者」。

為使大眾接受這體制，資本主義編造一個神話和提出一個承諾。（1）斯密的神話是自由交易乃「無形之手」，把買賣雙方在博弈中自覺的追逐個人利益變成不自覺的提升整體利益，他的名言是「我們的晚餐不是來自屠夫、酒販或烘麵包師傅的善心，而是來自他們對自利的追求」。（2）雖然不是人人都能享用私利競爭的果實，但資本主義的承諾是經濟豐收會使社會有更多的資源可供重新分配，均衡貧富（帕累托效率，Pareto Efficiency 中的補償原則，Compensation Principles）。這裡，資本主義有點自欺欺人。逐利競爭也許會帶出更大效率（雖然競爭不是唯一的方法），效率也許帶來更多果實（雖

然果實不一定是有益的），但逐利競爭也可以是非常浪費的。自然世界的「弱肉強食」是弱者成為強者的營養料。資本世界的「弱肉強食」是弱者被淘汰，資源就作廢（被淘汰者投入的人力、財力、物力都作廢）。因此，斯密的「追求私利可達公益」是要打大大折扣的。還有，資本主義的承諾也很難兌現。在人性自愛、自利的大前提下，勝者得利哪會自動吐出來？就是真的吐些出來也只會是權宜的做法，就如格羅秀斯所說的「權宜或可被稱為正義與公平之母」。權宜是功利的、機心的，怎是可靠的承諾？

逐利者永遠追求對己最有利的價格（最低買價，最高賣價）。對他來說，公平是以自己的利益做衡量。公平價格是為己的底線，低過了就是自己多付或少收，這是對自己不公平；是對人的頂線，高過了就是人家多收或少付，這也是對自己不公平。人人的底線與頂線都會不同，哪有人人滿意的價格？人人逐利，必有紛爭。資本主義的經濟理論認為「真正」的自由交易可以一矢雙雕的調解逐利的紛爭（因為它沒有偏袒任何一方）和激勵逐利的積極（因此它可以提高整體的經濟效率）。但是，「真正」的自由交易，如放任經濟（laissez-faire），其實是最需要政府干預的經濟。絕對的產權、神聖的合約一定要有強力的政府才能保證，周密的法律才能弄清。政府稍微大意或法律稍有漏洞就馬上出現不公平，不是貧富不均的社會不公平，是逐利之間的博弈不公平。從逐利角度去看，有損自己或有利對手的政府措施和法律就是偏袒，就是不公平。所以，資本主義式的自由交易與強勢政府是分不開的。

自由交易需要 3 個條件：（1）大量買家、賣家，（2）沒有約束的交易，（3）容易進出的市場。西方政府為營造和維持這些條件不知花了多少精力。但無論是歷史悠久的反托拉斯法或金融危機後的投資監管法，都是亡羊補牢的點綴。逐利者誰不想壟斷、操縱，怎甘心被綁？道高一尺，魔高一丈。當然，逐利也得識時務，在社會聲討、政治壓力面前，也要講講公平價格，但只是種權宜之計。

自由交易的 3 個條件是相依的，若要大量買家賣家就得解除約束，放寬進出。可是，為了公眾利益和經濟效率，某些約束（例如質量管理、環保措

施、安全設施等）和限制（例如資格審核、規模效應、門檻限制等）是無可避免的。任何約束和限制都會提高成本，必須是有一定財力的買家和賣家才可參與交易，間接造成強者越強的變相壟斷。

西 方 房 地 產 的 公 平 價 格

房地產開發有明顯的壟斷。在現實裡，房與地是分不開的，一般的房地產開發是開發商買地建房，然後賣房取利。這裡有兩個價，先是地價，後是房價。房價的成本包括買地的成本和造房的成本。造房的成本主要是建築，容易算出，買地就完全不同了。土地的供給有天然性的壟斷（土地是不能生產出來的，所以供給總量不能增加；嚴格來說，每一幅土地的點、質、量都是獨一無二的），因此土地價格的主動權在供給者手裡。需求越大，供給者的主動權越高。就算需求下降，供給者可以等（土地需求是隨著人口和經濟增長無休止地增加的，分別是快或慢而已）。無怪土地開發商（中、外如是）都以囤積土地（長、短時間不一）發財的。

西方城市土地大部分私有（起碼在北美），但都是千千萬萬的零碎產權。雖然土地供給者有天然壟斷，但都是小戶（偶有大戶，如農莊，但如要開發也需很大投資）。土地開發商看得通透，把火力集中於結集土地，整體開發，分散出售。也就是先把待開發土地（城鄉接壤區有開發潛力的農地、市區內有重建或改建潛力的已建成地）的零碎產權收購，結集為一個大產權，然後申請修改土地用途和重新規劃，最後把土地（或蓋好的房）整盤出售或分散出售。

開發的實質意義是產權重組，賺錢的竅門是把小壟斷（零碎的待開發土地）結集為大壟斷。結集土地需要雄厚資本之外還要有政治本錢（修改用途和重新規劃），因此土地開發只可以少數人參與，是種人為性的半壟斷行業。可以說，土地開發有兩個壟斷：土地的天然性全壟斷，開發行業的人為性半壟斷。

假如我們叫待開發的土地做「地」，已開發的土地做「房」，開發商先從「小地主」收購「地」，成為「大地主」，然後通過法定程序去修改用途、制定規劃，把「地」提升為「房」，變成「大房主」，然後分散出售給消費者，「小房主」。在「小地主」被收購去營造「大地主」的環節中，開發商是「買家」；在「大房主」分散出售給消費者的環節中，開發商是「賣家」。

在資本理論中，買家的公平價格是不用多付，由自由交易保證。但房地產開發的實情是小地主（賣家）完全壟斷土地，在逐利博弈中佔主動。但財雄勢大的開發商（買家）也不多，而且他們各有各的運營方式和風格（有集中於某些地點、有集中於某類開發，形形種種）。雖說同行如敵國，開發商之間河水不犯井水居多，更甚至會串通壓價。可以說，在開發商買地的環節，也就是有地的「小地主」跟想買地去做「大地主」的開發商之間的博弈，雙方是場旗鼓相當的。甚麼才是公平地價？這要看售房的環節，因為地價是由房價支配的。這環節是開發商「大房主」跟想買房去做「小房主」的消費者之間的博弈。大房主（賣家）是半壟斷，想做「小房主」的（買家）全無壟斷力。消費者想在某地點買某式樣的房子通常只可以跟為數甚少的大房主買，有時甚至只有一個大房主供給。大房主壟斷一定產生消費者多付，大房主多收。開發商，作為大房主，收的高房價會反映在它跟小地主買地的地價上。「水漲船高」會使開發商能夠多付給小地主；開發商求地心切也會使小地主索高價。這些都要看房價的市道。

有沒有公平的房價？公平的房價會不會帶來公平的地價？資本主義沒有實質的公平價格。公平是個「程序」——經自由交易產生的價格就是公平。土地有天然性壟斷，開發行業有人為性壟斷，因此地價和房價都不可能公平，但分兩個環節。（1）房價一定偏高，因為開發商有人為性壟斷（起碼是半壟斷）。按供求原則，住房需求越大房價越高，但開發商壟斷供給會把房價提得更高。就算供求平衡，開發商仍會多得，消費者仍要多付。理論性的解決辦法是增加開發商的數量，但實際上，由於規模效應、運作效率等因素，和公共安全、環境保護等要求，開發行業的入行門檻很高，開發商數量

實難增加，起碼在西方如是。（2）地價會被房價抬高，但會是個動態現象。這裡，小地主有絕對（天然性）壟斷，開發商有相對（人為性）壟斷，是旗鼓相當的博弈。但是，如果房價上升，開發商就有能力多付，小地主就會乘機索價。加上房價上升會驅使開發商積極找地，造成開發商競爭買地，提高地價。地價的升幅就會比房價的升幅更大，因為地的供給比房的供給更有壟斷性。如果房價上升持續，土地供給就更顯緊張，地價就會綁架房價，推動房價更高、更急的上升。但一般來說，地價挾持房價只會是短期現象，因為房的需求終會平穩或回落（房的需求是經濟與人口增長造成的，是漸進和週期性的，大起大落都不會持久），房價也會平穩和回落。

開發商能半支配房價，但完全不能支配地價，但沒有地就不能造房，所以開發最後仍受土地支配。總的來說，資本理論下，房價與地價都不能說是自由交易得出來的。在地價的博弈中，全壟斷的土地擁有者永遠佔上風，因此，相對於房價，地價永遠偏高。在房價博弈中，半壟斷的開發商大部分時間佔上風（除了經濟大衰退），因此，相對於買房者的消費能力，房價多數時候偏高。可以說，在資本主義社會裡，資本主義式的公平地價、公平房價是不可能的。

明顯的，住房是人人所需，但房價不是人人可付。這是生存需要（need）和市場需求（demand）的分別。西方資本社會也會權宜的提供窮人住房福利。一般來說，住房補貼（是租房，不是買房）是以住房支出（租金加上水、電、雜費）不超過家庭收入的 20%—30% 來算。這也可以看出一點經院派思維的公平價格 —— 弱者求存的住房價格不應該超過家庭收入的 20%—30%，不然，這家庭就沒有足夠能力去應付其他的生存基本所需，如衣、食、教育等。資本主義的經濟道德既是來自自由交易也就永不能產出不超於窮人收入 20%—30% 的房價。就算真有這樣的房（如香港的「劏房」），也不是人住的。為此，資本社會的不公平就要政府扶貧來買單。

中國房地產的公平價格

中國的房地產開發基本邏輯與西方相似：小壟斷結集為大壟斷，重新規劃，分散（或整個）出售。但是，中國土地產權分為集體所有和國有。集體所有土地是農耕用途，必須轉為國有土地才可作建設用途。我們可以把上面用來形容西方房地產開發的「地」與「房」的詞彙和邏輯去演繹中國的房地產開發。（1）集體所有土地是「小地主」。地權可以在集體手裡，可以在個別農民手裡。集體或個別農民的壟斷力（賣不賣、甚麼價格才賣）是種政治權宜，可強可弱。（2）政府收購集體所有土地，改成國有土地，在開發的意義上就是「大地主」。政府收購的壟斷力有憲法基礎，是絕對的。（3）政府通過法定程序去修改用途，制定規劃，把「農地」提升為「房地」。這裡，政府的壟斷力也是絕對的。（4）政府可以把修改好、規劃好的「房地」整體或分散出售給開發商人，在政府出售給開發商的環節上，政府的壟斷力仍是絕對的。（5）最後，在「房地」上蓋的住房，「大房主」（可以是政府，也可以是開發商）出售給「小房主」。這裡，「大房主」是半壟斷，壟斷力要看供求情況。在需求有增無減、賣家有限的情況下，短期房價差不多全由「大房主」壟斷。

這裡還有一個中國特色的關鍵因素：用地指標。保護耕地是國策，因為耕地是糧食安全所依，農民生存所賴。中央政府每年下達耕地轉建設用地的控制總量，分配各省，至各市。當然，在一定程度下，指標反映房地的需求，也反映地方發展的訴願，地方政府的任務是如何用好這些指標，也就是如何分配定量的土地供給以達最高的經濟和社會效益。

在討論公平價格之前要訂立一個大前提。中國的土地開發邏輯雖然跟西方一樣，但壟斷的意義就完全不同。土地同時是資產與資源。資產是擁有；資源是使用。在經濟道德上，西方偏重個人資產，中國偏重全民資源。「全民」強調土地的社會性，「資源」強調土地的生產性，也就是全民所有的土地用來滿足全民的生產與生活所需。土地開發是土地用途的改變，主要是農地

變成房地。從土地資源的角度去看，農地與房地是不同資源。農地是用來生產農產，滿足農民所需；房地是用來生產住房，滿足城市居民所需。這個認識很關鍵，因為中國今天引入了資本主義的個人逐利。逐利激勵了土地（作為資源）的使用效率，但也衍生了土地（作為資產）的個人壟斷。理論上，中國土地沒有私有產權，但為要激勵土地使用效率，土地的使用權在實質上變成私有和壟斷。當我們討論房地產的公平價格時應記著中國特色：（1）全民所有的土地用來滿足全民生產與生活的所需是社會主義原則；（2）個人逐利使土地使用權走向個人壟斷是社會現實。終極的選擇是堅持原則，兼顧現實還是遷就現實，放棄原則。

　　土地開發包括收購農地、出售房地兩個環節。先看收購農地的公平價格。原則上，農地是用來生產農產去滿足農民所需，收購農地應按農產補償；現實裡，逐利心態普遍，農民抱怨補償太低。中國的土地開發正處於既非完全資本主義（逐利）又非完全社會主義（公平）的夾縫中。農民追逐土地開發的利益，但也擔心失去土地，將來錢花光了怎辦。這種畸形心態是農民開天索價的因素之一。另外因素是高房價壯大了農民索價的胃口；上一代農民被壓價成為這一代農民索高價的膽子。

　　收購農地的價格是有法定標準，主要是按農耕用途和農民安置來定。過去 30 年來，中國經濟突飛猛進，但經濟成果的分配集中在城市，農民、農村實在吃了虧，所以農民不滿是合情的。但是，處理情緒不能違背理性。過去剝削農民是真的（如安置費用偏低、補償未有落實等），現在農民勒索也是有的（如天價索償、無理拒遷）。收購價必須堅持原則，兼顧現實。

　　有人會說，如果土地開發是作為公益用途，收購價可以按農耕用途，但如果土地開發是作為非公益用途，那麼收購價就應該經開發利益（可以由政府代表這利益，或開發商直接參與）和農民利益相互博弈而產生。這很有問題，因為這說法錯誤的假設公益用途帶有道德光環，而且是不賺錢的，所以可以通融。這樣的通融是「慷他人之慨」，犧牲農民應得的補償。公益或非公益用途跟農民應得的補償是不應該連起來的。而且，公益用途也可以很賺

錢，例如收費公路。還有，今天的公益用途可以明天變為非公益用途，哪麼被收購的農民可不可以追索補償？

由開發利益與農民直接博弈去決定農地收購價會產生另一類不公。土地開發帶來土地增值，增值的實現是通過修改土地用途，但修改用途是由政府壟斷的，也就是說，只有政府才能啟動開發潛力，實現增值。那麼，自以為有開發潛力但得不到政府啟動的農民會認為政府厚此薄彼。再者，土地開發潛力的分佈是不平均的，農民與開發利益博弈必然產生某些農地被開發商青睞，某些不被青睞。被青睞的會不勞而獲，造成農民之間的矛盾。

更有人建議土地產權私有化，這會帶出更大的問題。西方歷史悠久的土地私有制度下開發商尤想盡辦法去收購囤積以圖高利，中國在沒有土地私有的情況下一旦轉為可以私有一定引發空前的收購囤積。在私人的壟斷下，房價一定有升無降，土地利益終會綁架政治。結果是千萬人被迫住在幾個房地產大老闆的高價房（不一定是高檔房），人民辛苦賺來的錢都被高價房吸納了，都是為大老闆「打工」。

因此，以農耕用途和農民安置為基礎的收購價才是對全民和農民真正的公平。通過修改用途去開發土地帶來的土地增值不是農民創造的，是整個社會、經濟發展的成果，回歸社會是公平的。以農耕用途和農民安置去核算補償就是保障農民的合理生活水平，對失地農民是公平的。但是，原則以外還需要兼顧逐利心態的普遍，和農民抱怨補償過低的現實。這要分開兩類：從前對農民的不公要彌補，包括扶持失地農民；當今農民的索價要抗拒。有原則的收購價格才能取信於民。過度遷就部分農民會造成農民之間的新不公，更違背全民的利益。但是，在農耕用途的估價和農民安置的費用上，也應考慮失地農民未來生活的保障。這不單是錢的考慮，也包括生活模式的輔導，生產技能的提升等方面的考慮。

當然，在實踐上，政府壟斷收購可以產生很多流弊，需要整頓，特別是當政府同時是農地收購者和房地開發者。作為收購者，土地的成本是農地；作為開發者，土地的利潤來自房地。這些收與支應該放在同一個口袋，但應

該分開兩條賬目。口袋要透明，賬目要公開，不然，民怨會不息，貪污會不絕。賬目透明與公開會提升政府在調控市場房價時的公信，提供政府在調節住房供給上的槓桿（見下）。

小結一下。以農耕用途和農民安置去核算收購農地的補償是公平價格的道德基礎；由政府壟斷收購是這個公平價格的有效保證。在這套機制和價格中，滿足農民的生存需要（農民的自存）和滿足社會的發展需要（全民的共存）是對等的，是典型經院派的群體共存公平。

現看看售房地的公平價格。按「全民所有的土地用來滿足全民的生產與生活所需」的原則來生產住房的房地應以房價作為基礎，並需兼顧開發商逐利的現實。中國的房地供給是由政府壟斷，但價格是通過招標、拍賣定的。可以說，房地市場的特色是在一定的供給量下價高者得。房地供給量既是固定（起碼短期內如此），房地的價格就會按開發商的需求而升降。在資本主義的逐利意識底下，公平價格應決定於自由交易，自由交易的條件是大量開發商加入投標出價。在西方，開發行業是財力十足才可參與，因此有人為性的半壟斷，扭曲市場供求。中國政府壟斷房地供給反可以巧妙的創造出資本主義所嚮往的自由交易條件，如下。政府可以把出售的宗地面積盡量縮細（當然也要考慮土地用途）去降低開發商進入市場的門檻。宗地細就會售價低，就會有更多的開發商可以加入競投、競買。這就是資本主義式的逐利公平。而且，雖然每幅宗地的售價因面積縮細而下降，但宗地面積的單價卻會因有較多的開發商競爭而被拉高，使政府（代表全民）能取回更大的土地增值。還有，開發商多了就會減輕開發行業裡頭的串通、作弊，也同時約束政府官員的貪污、腐敗，房地的價格就會比較正確的反映住房的供求狀況。

但公平房價才是公平房地價的真正依據。甚麼才算公平房價？它與房地價有甚麼關聯？城市居民的住房收入很不平均，而且大部分追不上房價的升幅。我們可以按住房消費的類別去探討公平房價。

1. 有意圖和有能力買住高（100 平米以上）、中（50—100 平米）檔商品房者。

他們之中，想買房的或會抱怨房價高，但買了的則希望房價繼續高。買（消費者）賣（開發商）雙方都在逐利，公平價格應出於無約束的自由交易。商品房市場有開發行業的人為性壟斷，也就是開發商（賣家）太少，而且他們互相串通、操縱和瓜分市場。打破壟斷的唯一辦法是增加開發商數量。上面談到的縮細開發宗地面積是有效方法。宗地細就是價錢低，放寬了開發商進入市場的門檻，使更多的開發商可以加入。而且，在規劃設計和基礎設施上，細宗地可以集結為大宗地，大宗地很難分割為小宗地。因此，縮細宗地面積既可增加開發商的參與也可增加開發的彈性。這樣子，買房的就可以有更多賣家供選擇，買賣的博弈就會更自由，更活潑，產出的房價也會更公平。在某種程度上，這是社會主義（政府壟斷）創造條件去促成資本主義的逐利公平。

2. 有願望但能力不足買中檔商品房的。

這裡人數最多，怨聲最大。這個經濟能力不高不低的夾心層受到前所未有的買房風氣（無房不能成家）帶來的心理壓力。壓抑變成不滿，尤其是對政府大大不滿。奇怪的是他們對開發商的不滿反而不高，因為他們認為房價高是由於地價高，而地價高是由於政府壟斷供給。他們希望中檔房價下降。

政府壟斷房地供給可以用作平抑房價的政策槓桿。現今，開發商利用房地供給狀況不明朗去誇大缺地的景象，藉此提高房價。假如政府（特別是地方政府）可以每年公佈翻滾式的 5 年房地供給計劃，開發商就少一點投機性的囤積，消費者對未來就多一份信心，住房的供給也就更能配合消費者（買房者）的收入。當然，這會關係到中國特色的用地指標機制。由於政府壟斷土地供給，它絕對有條件把供給明朗化和可預期。這不會影響保護耕地的基本國策，甚至不影響指標機制的運作，唯一的改變是要增強指標規劃的科學性和前瞻性。

由於房地供給可預期，開發商不能再以房地供給不明為契機去抬高房價，消費者也不會再因房地供給不明而恐慌去買高價房。因此，房價就真正反映機會均等、優勝劣敗的博弈，是典型資本主義的逐利公平。巧妙的是，

買賣雙方可以公平地逐利博弈是基於農地收購和房地出售都是由政府壟斷，所以開發商才不能操縱農地的收購，也不能蒙蔽消費者有關房地的真正成本。在房價博弈中，開發成本越是明朗成交的房價就越能反映開發商的生產成本與買房者的消費效用（utility）。這是典型經院派的對等交易，是種群體共存的公平。可以說，政府壟斷農地收購和房地出售可以創造出條件使中檔商品房的買賣可以同時兼顧了個人逐利公平和群體共存公平。

這裡要說說租住房。現代中國一個奇怪現象是人人想買房，買不起就抱怨。過去的中國，包括解放前，絕大部分人家都是租房的。現代西方，超過半數的城市居民也是租房的。買房是改革開放後部分暴發之人帶頭，開發商大力催谷的怪現象。自住房供不應求（起碼虛像如此）哪還有開發商積極建租住房。還有，目下租住房的居住環境差（因為租金不足維持素質，遑論提升）、租約沒保障（先是加租，繼是斷約，更有乾脆迫遷改建）。供少求少造成惡性循環，每況愈下。

買自住房風氣是推高房價的重要因素。發展中檔租住房是當前急務，去為那些有未來經濟潛力但暫時又未有足夠能力買自住房的人提供棲身之所，不然就是怨氣沖天，社會不和。一個有效的政策槓桿是提高中檔租住房的土地供給。在目前房地緊張的情況下，這會誘使開發商考慮開發租住房。租住房多了，租金會下降，相對於買房的首付和月付，租房會比較划算，會吸引更多消費者。當然，單憑房地供應不夠，仍要配合租約保障、住房質量保障。若是辦得好，租住房會恢復成為城市住房的主流選擇之一，大大減輕買房的壓力。

把部分自住房的土地供給轉移到租住房的開發是成全個人需要（滿足自住房的需求）和整體需要（為保障社會和諧開發租住房）的對等，是典型經院派的群體共存公平。同時，租金是經由開發商和租客的博弈而產生。如果有充分的租住房供給，這博弈會是機會均等，優勝劣敗，是典型資本主義的逐利公平。可以說，政府壟斷農地收購和房地出售創造出條件去擴大中檔租住房市場，同時兼顧了群體共存公平和個人逐利公平。

3. 沒意圖也沒能力買住任何檔級商品房的。

他們抱怨沒有住得起的合適房子（當然他們絕大部分都有所居，但不是租金過高就是面積過小或環境過差）。他們希望住在合適的廉租房。市場解決不了他們的問題，需要政府直接幫助。

廉租房是當年殖民地時代香港社會能夠安定、經濟能夠起飛的主要因素。有一段時期超過一半香港居民住廉租房。中國宜以最大力度建廉租房，以穩定社會。低收入的知道買房是不可能的，他們會滿足於一個租金低廉、租約穩定的居所。一家三口，兩臥一廳，加上廚房浴室，將就一點，25 平方米是完全可以應付過來的。房子小就可以多建，使更多要求不高的低收入市民可以安身。小房子有勵志作用 —— 將來收入高了就可以搬出。再者，房子小就可以租金低，而租金低就提升其他方面的消費力，包括教育。若干年後，收入多了或家庭人口多了（孩子結婚、老人退休），居住面積的需要會增加。香港的經驗啟示，如果房子設計得前後或左右兩戶可以打通，新單元的面積就雙倍了。

政府可以直接建造廉租房，也可以委託開發商，以低價或無償土地去吸引他們。由於每戶的面積小，每平米的房價（以租金加息去算）往往不低於商品房，因此對開發商來說是有利可圖。但廉租房的真正意義是保障弱者生存的所需。政府壟斷農地收購和房地出售就是壟斷土地增值。這些增值可以是官商勾結、貪污腐敗之所在，也可以是平息民怨、建立公信的槓桿。以高、中檔住房開發的土地收益用諸於興建廉租房是典型經院派扶持弱者求存的社會性公平。

小結一下。中國房地產開發的邏輯與西方相似，但公平價格的意識就不應一樣。西方資本經濟的公平價格來自無約束、無偏袒的自由交易，是個程序性的公平。但是，土地的天然壟斷和開發行業的人為壟斷令致交易不可能自由。在收購土地時，開發商要多付，因為土地擁有者（賣家）的天然壟斷比開發行業（買家）的人為性半壟斷強；在出售房地時，開發商會多得，因為開發行業（賣家）有人為性半壟斷而消費者（買家）則全無壟斷能力。理

論上，房價支配地價，但土地供給支配住房供給。由於錯綜的壟斷，開發商只能半支配房價，但全不能控制地價。所以，相對於房價，地價永遠偏高；相對於買房者的消費能力，房價多數時間偏高。也就是，在資本經濟理論下，不會有公平房價，更沒有公平地價。土地擁有者最強，消費者最弱，開發商居中。無怪開發商致力囤積土地。

在中國，房地產開發機制不同，最重要的環節是政府完全壟斷收購農地和出售房地。這帶來新契機去創造公平價格。基本原則是土地乃全民所有的資源應用來滿足全民的生產與生活所需，但又要同時兼顧日重的個人逐利意識。一般的情況下，1/4 的城市居民是高收入，可以隨時買住高、中檔房；1/2 是中收入，有些勉強可以買自住房，有些適宜暫住租房；餘下的 1/4 需要廉租房。要滿足不同收入階層的需要，政府和市場的分工要清楚。商品房市場是逐利的機制，主要是開發商和高收入消費者的博弈。政府的責任是打造公平逐利的條件 —— 放寬開發商進入市場的門檻，提升土地供給的明朗化和可預期性。但仍會有很多市民買不起房，他們只希望有租金合理、租約穩定的適用房子。政府保證土地供給會吸引開發商進入租住房市場，擴大租住房供給，滿足這一類市民的需求。最後，有一部分低收入市民無法進入市場，必需政府直接提供廉租房。社會主義市場經濟的意義是，商品房市場乃消費者與開發商博弈之所，政府的職能是保證個人可以自由逐利；租住房市場乃消費者與開發商對等交易之所，政府的職能是保證生產成本與消費效用對等、個別需要（生產或消費）與整體需要對等；廉租房是窮人必需的藏身之所，政府的職能是保證弱者可以生存。為此，不同住房類別有不同的公平房價，不同的公平地價。中國政府既壟斷土地供給並截獲土地增值，其實就是擁有最有效的政策槓桿去穩定市場、贏取公信，要好自為之。

結 語

宗教改革（1517）之後的 500 年，西方的道德觀從客觀、絕對、以理智

主義為基礎的自然之法走上主觀、相對、以意志主義為基礎的自然之法。也就從自我保存和與人共存相應、對等走上自愛、自利為本，與人共存為用。在經濟道德上，個人逐利成為主流思想，資本主義附生於此。但資本社會的不公有目共睹。資本主義就捧出斯密的「追求私利可達公益」為個人逐利戴上公益的光環；又拿出「帕累托效應」的補償原則向逐利中的弱者答應公平的分配。前者是缺乏邏輯的神話，後者是不能兌現的承諾。

托尼與熊彼得從不同角度追溯現代資本主義的源頭，殊途同歸，到達中古天主教經院派的自由交易與公平價格。宗教道德家托尼有失落之感，認為宗教改革之後的新教在經濟發達但社會動盪的背景下宗教道德變質，接受甚至支持個人逐利，對社會公義日趨冷漠。他希望通過建立福利國家去找回一點經院派時代的公平理想。經濟理論家熊彼得有得意之感，認為自由經濟的原則和設計不是英國人的發明，中古已有自由交易的理念，媲美現代資本主義的效率原則，並兼有程序性的公平。

其實，經院派與資本主義的自由交易和公平價格都有不同的意義，追求不同的理想，不可混淆。經院派的公平價格是對人公平，彼此公平。它從弱者求存的角度去構思自由交易 —— 沒有壟斷、沒有歧視的交易 —— 得出一個沒有操縱、沒有剝削的公平價格，是種憫人的公平；它也從群體共存的角度去構思對等交易 —— 生產者成本與消費者效用對等，個人需要與整體需要對等 —— 得出一個人人為我、我為人人的公平價格，是種社會公平。資本主義的公平是對己的公平，對人的公平只是權宜。它從強者逐利的角度去構思自由交易 —— 沒有約束、沒有偏袒的交易 —— 得出一個機會均等、優勝劣敗的公平價格，是種程序性的公平。對資本主義來說，自由就是公平。無論經院派還是資本主義都需要政府積極和強力的參與，分別是參與的目的不一。經院派需要政府主持公道、平衡利益；資本主義需要政府保護私產、保證自由。

房地產開發尖銳突出資本主義的問題。資本主義以不受約束的個人逐利來定義自由交易和公平價格。土地擁有者有天然的壟斷、開發商有人為的半

壟斷，因此資本主義的自由交易是不可能實現的。個人逐利的邏輯結果是開發商囤積土地，造成必然的地價綁架房價，嚴重影響民生。資本社會的高房價反映資本壟斷和土地資源使用的不效率。它們的福利房是種政治權宜。

資本主義對政府參與經濟態度曖昧，既要政府保護私產、保證自由，也怕政府干涉人人逐利。社會主義下的政府參與是合法和道德的。全民所有的土地用來滿足全民生產與生活所需是應有的原則。這既有經濟效率的意義 —— 土地資源的分配必須有效的滿足全民所需；也有社會公平的意義 —— 土地資源的分享必須公平的滿足全民所需。當然，中國的現實是個人（農民、開發商、消費者）逐利已成風氣，這也是政府政策需要兼顧的。

政府壟斷收購農地和出售房地是關鍵的政策槓桿。政府壟斷農地收購是效率的，因為可以保證房地供給；政府以農耕用途和農民安置作為收購補償的基礎是公平的，因為失地農民的損失和補償會對等（當然還要兼顧失地農民的合理安置）。政府壟斷房地出售是效率的，因為可以保證地盡其用；政府以房價為房地售價的基礎是公平的，因為農地轉房地的增值可以藉此歸公。更重要的是，政府壟斷更能有效保證不同收入階層的公平房價：高收入消費者與開發商之間是強者逐利的公平價格；中收入消費者與開發商之間是對等博弈的公平價格；低收入消費者是弱者求存的公平價格。

土地壟斷是必然的，分別是政府在全民所有、全民所用的指引下壟斷，還是開發商以囤積土地、操縱供給的動機來壟斷。政府壟斷會有很多問題和流弊，但會有公平的希望，因為一切的政權都知道它的生存最終繫於民心。開發商壟斷只有絕對的逐利、權宜的公平，怎會國泰民安？

托尼與熊彼得都把資本主義追溯到經院派。其實資本主義只是藏身在經院派的自由交易理念底下，並把經院派的免於操縱、免於剝削的弱者求存自由扭曲為無約束、無限制的強者逐利自由。經院派的經濟道德觀出於自我保存和與人共存相應、對等的自然之法，有悲天憫人的善意與關懷。以自愛、自利為取向的資本主義豈能可及。無怪托尼會說一句被資本主義理論家狠批的話：「經院派最後一人是馬克思」。

註 1：新教在國內譯為「基督教」，新教徒譯為「基督徒」，這帶來混淆。其實，新教的英文是 Protestants，詞義是「反對者」，即 16 世紀宗教改革時期「反對天主教者」。英文沒有新、舊教的名詞。所謂舊教即是天主教，已有 2000 年歷史，一直未有中斷。本文把宗教改革之後才出現的所有教派，如英國國教、清教、浸信會、循道會等等通稱新教，把有 2000 年歷史的天主教仍稱為天主教。

註 2：當年我在香港做建築時，政府賣地招標，開發商會串通作偽（違法的）。例如某開發商急需土地開發，願出 100 萬元。他會串通其他沒有急需的同業，答應如果他們讓他以 80 萬元投得土地，他就會拿 10 萬元出來讓他們平分，這叫「分餅仔」。結果是這開發商花 90 萬元（80 萬買地，10 萬分餅）拿得土地，其他開發商不勞而獲，坐分 10 萬元，吃虧了的是政府（社會），少得 10 萬元。

第七章：笛卡兒的「天賦理念」

禪宗五祖弘忍（601—675）命諸弟子作偈，助他決定衣缽授誰。大弟子神秀學富五車，寫出，「身是菩提樹，心是明鏡台，時時勤拂拭，勿使惹塵埃」。眾人讚歎，獨五祖認為未得他的真傳。廚下僧惠能，連字都不識，但獨具慧心，相得別人為他在粉牆上寫上，「⋯⋯菩提本無樹，明鏡亦非台。本來無一物，何處惹塵埃⋯⋯」。就此得傳衣缽，成為禪宗六祖，佛教在他領導下，大放光芒。

其實，神秀與惠能，各有精彩，而且殊途同歸。佛教在盛唐一代，有「南頓北漸」之說。北宗禪由神秀（606—706）開發，主

張「拂塵看淨」，走「漸悟」之路；南宗禪由惠能（638—713）開發，主張「見性成佛」，走「頓悟」之路。但是漸悟和頓悟都是「悟」——一種來自內心的直覺洞悉。惠能的偈最後還有兩句，「菩提只向心覓，何勞向外求玄？聽說依此修行，西方只在目前。」他的「見性成佛」就是「自有佛性，頓悟成佛」。神秀也有，「一切佛法，自心本有。將心外求，捨父逃走。」兩人都是從內心求悟，只是方法上的分別而已。

西方基督宗教對神的認識，也有類同之處。這要先說新、舊教之別。舊教是指天主教和正教（希臘正教、俄羅斯正教等等）；新教是指宗教改革之後的千百個派別（浸信、循道、路德，形形種種）。大致上，新教屬「意志主義」（Voluntarism）〔見第六章有關「經院派」，認為神的意志（will）可知，神的理性（intellect）難明〕舊教屬「理智主義」（intellectualism），認為神的意志當然可知，神的理性（也就是神的意志後面的原則和用意）也可以通過人的理性去明白，因為神是按自己的肖像去創造人，人的理性既然是來自神的理性，就有能力明白神（雖然未必完全明白）。

西方哲學思想上，柏拉圖認為人的靈魂原本是明白真理的，因為它是大智所造的（這點跟基督宗教的「神按其自身的肖像做人」很吻合）。但是出生的一刻，也就是靈魂與肉身結合的一刻，靈魂被肉身的束縛（因為肉身有物慾的傾向）忘卻了真理，必需通過教育，才可以再找回來。因此，求真是要從靈魂（內心）發掘已存在的真理，是一種「回憶」。怎知找到了真理？柏拉圖的徒弟亞里士多德補充說，當你找到真理的一刻，你有似曾相識之感，也就是「悟」。

自從奧古斯丁（354—430）把基督信仰的真神和柏拉圖的終極真理連起來之後，西方人就是從內心尋真（尋神）。現象世界（外界）的作用

是刺激和引導內心去尋找真理（真神）。但 16 世紀的宗教改革之後，以至今天的英語文明，西方人慢慢地放棄了內心世界（或者把內心世界簡化為心理現象）。宗教上是走上新教的意志主義（神的理性是無從知曉的），科學上是走上經驗主義（現象世界是唯一的真，現象世界之外甚麼都不存在）。但是，大多數的人卻總覺得現象世界（也就是佛教的大千世界）有點虛，甚至有點無聊，無奈。他們很想知道人生的真諦和宇宙的終向，很自然的就回到內心找。

神秀是「一切佛法，自心本有」，惠能是「只向心覓」。祖師爺達摩面壁九年，是「外止諸緣，內心無喘」。重點都是放在「心」。但怎樣去「悟」？西方理性主義開山的笛卡兒給了我們一套系統的、邏輯的「悟的心法」。

笛卡兒是現代哲學的第一人。「我思，故我在」是現代哲學的第一炮；「笛卡兒方法」是現代科學分析的藍本；解析幾何是現代數學擺脫古典數學的開始。

笛卡兒從小就滿腦子理想。少年上學時早就不滿當時喋喋不休的學術論證和爭辯，決定「讀社會的書」。他最大的苦惱就是認識到自己知識不統一、不穩定。他最推崇數學知識的純（necessary，必然）、確（precise，精準）、穩（certain，肯定），特別是幾何。他想有一天會找到一個跟數學一樣純、確、穩，並可以統一所有學問的、放之四海皆准的「知識」。他最大的困擾是官能感覺的不可靠。他認為我們對外在世界的認識不是直接的，而是通過這外在世界在我們的思想中產生的「形象」。官能不能保證我思想中的形象與外在的世界是完全吻合的。他以蠟為例，把蠟靠近火，它的形狀、大小、顏色、氣味都完全改變，但仍是蠟。所以他認為官能（senses）不能掌握蠟的本體（nature 或 essence，也可譯為本質），要靠思想（mind）。

1619 年，30 年戰爭（1618—1648）剛開始不久，全歐洲進入大混亂。23歲的笛卡兒入伍，當個小軍官。他的部隊駐在烏爾姆（Ulm）過冬。11 月 11日是聖馬丁節。在天主教傳統裡，聖馬丁被崇為護佑法國（笛卡兒的祖國），也同時是護佑軍人的主保聖人。因此，聖馬丁節是宗教大節，前夕要齋戒。笛卡兒空著肚子，在爐火烘烘的房間裡，獨自一個人睡著了，做起夢來。夢中的所見所思，影響他一生，也影響了整個西方文明。

夢中，他冒著風，走路上上教堂。正要轉身與一個人打招呼，一陣狂

風把他扔到教堂的牆邊。有人喊叫他的名字，他害怕極了。跟著是閃電和打雷，黑暗房間裡火花噼啪。他看見兩本書。一本是字典。他打開一看，覺得平平無奇，也好像沒有大用。一本是詩篇。這裡，他看到了哲學與智慧的結合！他是這樣解夢的：字典是枯燥的、沒有活力的知識的雜燴；詩人比哲學家更有份量、更有意義、更能表達；詩人的智慧來自靈感與想像，比起哲學家的說理，這些靈感與想像就像燧石中的火種，更能輕易地直接擊出智慧的火花。他認為這是神給他的使命，也使他對他的推理充滿信心。極端嚴謹的笛卡兒理性，卻是來自一個夢境的追求。這也是人類思想史的異數！

在 30 年戰爭，世界大亂的環境中，笛卡兒目睹戰場上的殺戮、政壇上的反覆，他怎能不嚮往安寧和穩定，怎能不嚮往超越官能的真知。他追求一套包羅和統一所有知識的「科學」（在當時，「科學」就是知識的代名詞）。他為自己「發明」一套求知（求真）的方法。就是有名的「笛卡兒方法」。

這方法有兩個思考的準則。（1）「直覺」（intuition）是純理性之光，透過一個清晰而留心（uncluttered and attentive）的思維而產生的一種清楚而分明（clear and distinct）、無可置疑的「理念」（ideas，有人譯作觀念）。（2）「演繹」（deduction）是把已確定的真作為基礎去往前推理（inference）。

笛卡兒追求的「理念」並不是隨便想想而得出來的東西，而是經過他要求極高的「直覺」鑑辨出來的東西。這些也是笛卡兒有名的「天賦理念」（innate ideas）──不是外來的、是內在的、是與生俱來的。這些可以說是我們認識世界的天賦範式：對真，或存在，的一種直覺的認識。再推理下去就是這些天賦理念應該是人人都有，人人都同。

（本文所用的笛卡兒著作肯定有中文譯本，但我仍從英語版本翻譯過來，以突出我個人的解讀。）

理性主義

笛卡兒被稱為理性主義（Rationalism）的開山祖師。理性是甚麼？

理性有兩個字義。一是 reason，來自拉丁文 ratio 或比例、比率，有解釋（explain）、計算（calculate）之意，求用的意識較重；二是 intellect，來自拉丁文 intellectus，有理解（understand）、洞察（apperceive）之意，求知的意識較重。可以說，理性就是找「理」的工具。為甚麼要找理？因為人想知道他的思、言、行為是否合理。「合」就是「符合」（correspond）；「理」就是「道理」。道理有兩種：一是有關事實（facts），二是有關真相（reality）。有關事實的是偶然之理（contingent truths），來自現象世界（phenomenal world），會因人、事、時、空的偶然性而改變，是經官能去觀察，然後歸納而得出的。有關真相的是必然之理（necessary truths），來自本體世界（noumenal world），是絕對和永恆的，是經思想去發掘或演繹而發現的，是有關事實的本質和事實之內與事實之間的關係，特別是因果關係。

笛卡兒追求的不是偶然之理，但他沒有否定現象世界。正如他的以蠟為例。他求知的對象不是蠟的現象，因為這些都是不穩和無常的，是蠟的本質／本體，因為只有這些才是純、確和穩。他相信永恆和絕對的真相要從現象世界以外去尋找，但現象世界仍可以給我們端倪，並刺激我們去思考。他認為只有在思想裡頭，絕對和永恆的理念才能現身。這是亞里士多德的思路：他的「物理學」（Physics）求的是現象世界裡的「物之理」（事實），而他的「形而上學」（Metaphysics，實應譯作「物理學之後」）是求「物之理之理」（真相）。

形而上學是研究那些超越和獨立於自然事物，比自然事物有更高的實在性和價值的存在體。它研究的內容包括事物的存在、變化、因果、時空，外部世界的實在性、人類知識的可能性等。它的特徵是利用邏輯演繹和概念分析去「理解」（understand）不可知覺的本體世界，有別於以觀察、實驗和歸納去「解釋」（explain）官能所能接觸的現象世界。笛卡兒認為形而上學的首要工作是尋找「第一原則」，或「第一原理」、「第一原因」。這些必須是無可置疑的真理，而且有關萬物的所有知識必是完全建立在這些原理上的。他求的是古哲們一直在探索的第一原則，並以此去演繹出人類能知的一切事物的道理。因此，這些第一原則必須是清楚分明，不能懷疑，並且有充分的實

在性去讓人從它們去演繹出對一切其他事物的知識。

笛卡兒堅持真正的科學必須是一種普遍和必然的知識，因此它不可能來自按人、事、時、空而異的感覺經驗。他特別指出通過感覺而得的認識經常有錯，起碼 4 個方面：（1）兒童往往以為外部事物與自己的知覺是完全吻合的：看見天上的星光像燭光就以為星球就是燭光這麼大；感覺不到地球的運動就以為地球是不動。（2）長大後仍保持兒時的偏見。（3）養成了藉助形象和可感之事去思考的習慣，以致對不可感的事物有抗拒或先入為主的判斷。（4）一方面我們依靠言語去思考，特別是通過言語把思考出來的東西儲存於記憶之中，另一方面言語往往不能精確地表達思考，特別是當我們從記憶中拿出某詞句時往往忘掉這詞句表達的實際事物。因此，詞句與其表達的事物脫節，致使我們在使用詞句時往往超過它們實際所指的範圍，並致推理出錯。

笛卡兒指出，從感覺經驗得出的只可能是一種意見（opinion）而不是科學的真知。科學真知只能經理性取得。於是，他從「懷疑一切」開始。《第一哲學的沉思》（*Meditations on First Philosophy*，1641）是他最成熟的作品，其中可以看見他的思路。下面節錄一下他的「第一沉思：何事可疑？」（「On what can be called into doubt」）。

「我發覺我若要在科學上建立任何鞏固和恆久的東西，我要 —— 在我的生命中只需一趟 —— 完全拆除所有的東西，並重新由基礎開始。」

「直到現今，所有我接受為最真實的東西都是通過我的官能而來的。但有時我發覺它們蒙騙了我。對蒙騙你，就算只是一趟，的東西完全信賴是不智的。」「我發覺沒有任何可靠的方法去分辨是醒還是睡。」「如果我想發現任何確定的東西，我必須謹慎地拒絕我從前的信念，如同我拒絕明顯虛假的信念。」

於此，笛卡兒把懷疑推到極限。「我會假設有個惡意的、強大的、狡獪的邪魔盡其所能去欺騙我……我會想像天空、空氣、地球、顏色、形象、聲音和所有外在的東西都只是邪魔設計來欺騙我的判斷的陷阱。我會認為我本

身是沒有手或眼睛、或肉軀、或血液、或官能，但又錯誤地相信我擁有這些東西……」

雖然無事不可置疑。但「就算我懷疑所有的東西，我不是懷疑我在懷疑」，因此，「我不能懷疑我存在」。看來，人類存在的本質是「我是個思想的東西」（「I am a thinking thing」）：去思想就是存在 ──「我意識到（conscious of）我自己的思想就是我意識到我自己的存在」（「第二沉思」）

這關係到人類如何通過他的思想來認識到他的存在，以至認識到其他所有東西的存在。笛卡兒認為我們認識的東西，也就是「理念」（ideas），可以來自三處：

1. 由感官而取得的有關外部事物的感覺理念。如看見太陽，感覺到熱，因而判斷這些感覺都是從存在於我之外的某東西發出的。這些感覺理念往往不可靠。

2. 用主觀的想像把已有的感覺理念組合，虛構出某些從未有過或從未見過的事物的理念，如美人魚、人頭馬這類的怪物，這些都是虛構出來的。

3. 直覺到的理念，如幾何學的公理、傳統邏輯的定律、無限完美的神、事物的本質等都不是靠官能從外面感知，是發自自己內心的直覺。看來，人有一種能夠直覺領會「一個真理」、「一個東西」、「一個思想」等理念的能力。這些理念不可能來自空白，因此只可以是與生俱來、天賦、靠直覺發現的。這類知識最可靠。

直覺求真

直覺是甚麼？笛卡兒如是說：我理解的直覺不是來自感官的、不穩定的證據，也不是來自想像的、虛假的判斷，而是來自一個清晰和留心的思想給予我的迅雷般的清楚理念，使我們對這理念絕不用懷疑。為此，直覺是一個人純淨的、留心的思想所察覺的、無可置疑的理念，來自理性之光。

直覺的可靠性（必然性）靠甚麼來保證？早於笛卡兒的培根（Francis

Bacon，1561—1626，英國經驗主義的先驅）認為歸納經驗可取得有關所有事物的本質和規律的普遍必然知識。笛卡兒則不以為然，因為從例證歸納出的知識永遠不能窮盡事物，所以不可能得出普遍必然的知識。普遍必然的知識只可來自理性的直覺和邏輯的演繹。他認為「天賦理念」，也就是存於理智中的普遍必然知識，是神（這裡有「天道」的意味）賦給我們的。神以規律和法則創造萬物，又同時把這些規律和法則的知識印入我們的思想（靈魂）。因此，如果我們作充分的自省就會發現一切事物的存在與變化都是按此。也就是說，天賦理念的普遍性與必然性是因為它們與萬物的規律和法則是相符合的，而兩者之間的相符合是因為神把兩者創造得相符合。這是普遍必然的知識的最後保障。

笛卡兒要憑直覺去找到最簡單、無可置疑、無須辯護的人類知識元素（這是直接的認識），然後從這些最簡單和可靠的理念或原理，以邏輯推理去找出全部確定可靠的人類知識（這是間接的認識）。笛卡兒在「第五沉思」討論物質東西的本質（the essence of material things）時，是這樣說的：「當我留心的時候我察覺有數不清的特殊事物都是牽涉它們的（那些由直覺發現的第一原則、第一原理、第一原因）。這些事物的真相是如此坦然，與我的本性是如此和諧，使我在首次發現它們任何一個的時候我都好像不是拿到甚麼新的知識，而好像是記憶起某些我從前已經認識的東西，或好像是頭一趟察覺到早存於我思想中而我從來未注意的東西。」

直覺是怎樣去尋真的？笛卡兒的形容是，在一個清晰而留心的思想中呈現出的清楚和分明的理念。這裡有 4 個元素：清晰的思想、留心的思想、清楚的理念、分明的理念。先看看甚麼是清晰和留心的思想。

《指導思想的守則》（*Rules for the Direction of the Mind*，國內譯為《規則心靈的方向》其實不大合適）是笛卡兒最早的著作，約在 1628 年甚至較早就開始構思（那時他是 30 歲左右），但要在死後多年才經人出版（1684）。在治學方法上，這比他更有名的作品如《談方法》（*Discourse on the Method of Rightly Conducting One's Reason and of Seeking Truth in the Sciences*，1637）和

《第一哲學沉思》更純樸。當初笛卡兒計劃寫 36 條守則，但只寫了 21 條，前面的 12 條是最基礎的，在下文做最簡單的介紹。其中第三條（以及部分的第四條與第八條）與本文關係較密切，所以作較詳細的闡述。

第一守則：

我們的思想應用來作「正確的和合理的判斷」（true and sound judgment），各種各樣的科學（知識）不是獨立的，是人類智慧（human wisdom）的分支。

第二守則：

我們只應研究可以取得「確定和顯明認識」（certain and evident cognition）的事物。如果我們的研究不能分辨對錯、真偽，就不如不去研究。可以經理性去證明無可置疑的東西才可稱知識（knowledge，可稱真知）。

第三守則：

我們只應研究我們由直覺發現或可以清楚演繹出來的東西。要避開假想或依賴別人。

第四守則：

這方法有一套簡單和可靠的守則。經此方法可獲得所有事物的真知。人的思想當初是清純的（pure），但一開始求知，思想就變得渾濁。這方法把思想回復清純，好使我們可以確定我們所得的知識。

第五守則：

把複雜的問題簡化到最簡單的細部，然後憑直覺從最簡單的細部回返到原初的問題。

第六守則：

「最簡單」（The simplist）的或「絕對」（absolute）的東西是普世的（universal），而且是不能再分化成更簡單的細部。任何問題的「晦澀」（obscure）或「相對」（relative）之處都會包含著這些「絕對」細

部的某些成份，並且可以經從這些「絕對」細部演繹出來。

第七守則：

當研究簡單到複雜的關係鏈帶時，不容漏失一步。走遍多次這條關係鏈帶後，我們會無需通過演繹就可以看遍每一步是如何的連接起來的。

第八守則：

盡量避開複雜，以免混亂。方法只是工具，不是戲法。任何人可以掌握方法就可以達到真知或證實他想得的知識不是人類理解力能達的。

第九守則：

應聚焦於問題的最簡單元素，只有如此才可終能得到直覺的真知。

第十守則：

以自己的方法去找到的知識比接受別人的論點更好，但不是人人都能做到。因此，這方法應先應用於簡單的、有條理的問題上，如刺繡、紡織、數字、算數，以此去訓練思想把秩序加於事物。人類對真的辨認差不多全繫於觀察事物的秩序。

第十一守則：

我們應仔細思量各細部的關係，反覆思量直覺鏈帶使我們終會對整個問題有直覺的了解。這會提升我們的思考能力。

第十二守則：

我們應發揮所有的智力、想像力、官能感知和記憶力。這才可以把我們想知的東西和我們已知的東西結合起來。

第三守則提出直覺，尤應細談。下面是其主要論點。

「有關研究的對象，我們應該探索我們能夠通過『直覺』（intuit）

或『演繹』（deduce）去肯定的東西，而不是別人思想出來或者我們假想出來的東西。求知（attain knowledge）並無他途。」

「我們必須讀古人，因為前人的努力給我們很大的好處……，但太留心去讀會有危險，……會感染他們的錯誤。」

「就算所有的作者都是老實和坦白，就算他們從不把有疑問的東西說成真理，只是直話直說，但好像無論某方說甚麼總有另外一方說相反的話，我們總不能肯定相信哪一方。靠數人頭去決定跟哪一方也不對，因為如果是真正的難題，掌握真相的人會屬少數。就算所有人都同意，也不能斷定是真。」

「除非我們有心去處理所有問題，我們永不會成為哲學家；如果我讀遍柏拉圖和亞里士多德但對眼前之事不能作出實質的判斷，這只會是歷史知識而不是科學知識。」

「有關事物的真相，這條規則忠告我們不要混淆我們的判斷和任何的假想。」

「為甚麼在一般的哲學中未能找到一些確定性是如此明朗以致是無可爭議的東西，其原因是哲學家們不以清楚和肯定的認識為起點，而好高騖遠地在似是而非的假設上作出模糊和不明的武斷（assertion）。隨後，他們慢慢地對這些斷言完全相信，並毫不經意地把它們與其他經過證實的真理混在一起，結果是他們的所有結論都離不開這些武斷。」

「這條規則列出不會受騙的求真思想活動，直覺（intuition）和演繹（deduction）。講直覺，我指的不是官能給我們的、沒有穩定性的保證，或無稽想像力的不可靠判斷，而是經過一個清晰而留心的思想（uncluttered and attentive mind）產生的易明和清楚的概念（conception），使我們對當前之事有無可置疑的理解（understanding）。也可以說，這是個由清晰的思想產出的不容置疑的理念，一個完全源於『理性之光』（light of reason）的理念，比演繹

出來的理念更確定，因為它是更簡單（雖然演繹出來的理念也不會有錯）。為此，任何人可經思想的直覺看出他自身存在、他思想、三角形只有三條邊、球形只有一個面等等。這些真理遠超過大多數人能觀察到的，因為大多數人不屑去思考這些容易和簡單的東西。」

「直覺的明顯性（evidence）和肯定性（certainty）非但是命題（propositions）之所需，也是推論（inferences）所需。例如，2+2 等於 3+1 的推論。直覺非但告訴我們 2+2 等於 4，3+1 也等於 4，更告訴我們從它們推論出的 2+2 等於 3+1 也是必然的結論。」

「講演繹，我是指從確定的東西而得出的必然結論。我們要用演繹去求真，因為很多可知的東西不是自明的（self-evident），而是用已知的原理（principle，也可譯作『因』），通過一套在每個環節上都有其清楚的直覺延續和不斷的思想運作（continuous and uninterrupted movement of thought）去推論出來的。正如我們雖然不能一眼可以看出，但我們知道在一條長的鏈帶中最後一個環節與頭一個環節是相連的。這也是直覺與演繹之別。後者與前者不同，因為它包含運作（movement）和連續（succession），而且不需要每一刻都是自明的，只需『存於記憶中的確定性』（certainty from memory）。……第一原理只可以由直覺而知曉；遠離『第一原理』的結論只可以由演繹而知曉。」

第四守則是日後笛卡兒的《談方法》的基礎。笛卡兒受過很好的正規教育，但他發現專家常常互不同意。那麼如何去分辨對錯。笛卡兒認為起碼一方是錯，更多是雙方都錯，因為如果一方是對的，這一方應該可以有無懈可擊的邏輯去證明他是對。在第五、六守則笛卡兒認定每一個問題都可以細分，直到「不能再分的簡單細部」（simplist parts）。他的方法是先把任何事物（問題）簡化，直到細分為完全可以了解的「簡單細部」，然後思考這些簡單細部之間是如何連上的，最後是去理解問題的複雜（晦澀）部分是如何與這

些簡單細部連上。他認為不斷的重複思考這些關係鏈帶會使我們能夠對任何細部與其他部分的關係一目瞭然。

從第八守則可見笛卡兒堅信任何人都可以用他的方法求得真知。這就是「真理面前人人平等」，也就是知識的民主化。他與當時的學者有別，很多時以法文而非拉丁文寫作。「任何人，包括庸才，只要學曉了整套這方法，就會發覺所有其他人能懂的真理，他也必會能懂，並且會知道他不懂的東西並不是由於他的才能有限或方法不足。當他每一次去理解某些事物時，他必會完全成功或會發覺他未能成功是因為他沒有條件去進行某些實驗，只好暫停，而無須歸咎自己的思考能力。又或者，他最終發現他想獲得的知識是超過人類智力的極限，為此他並不是無知。這個發現不遜於發現真知。」

在第十二守則他更強調求真無分學者、鄉愚。「有學問的人往往有套花招去使自己看不見那些連最單純的鄉愚都懂的、本性明顯的事物。這是由於他們意圖以更明的方式去解釋自明之理，結果是他們或是無的放矢（explaining something else）或是言中無物（explaining nothing at all）。」笛卡兒常說，只有不受學術上的偏見影響的人才可以真正理解他的觀點。他堅信人人有天賦的理性，因為他認為理性是人的定義。因此上至學者，下至鄉愚都有天賦理性。他甚至認為鄉愚比學者能更理性，因為他沒有學術包袱。

在守則裡頭笛卡兒談的「直覺」有兩個方面，一方面它產生於一個清晰和留心的思想中；另一方面是它產生出無可置疑的理念。清晰就是沒有雜念，主要是沒有被別人的思想或自己的假象感染，也就是回復清純；留心就是叫我們特別留意那些大多數人不屑去思考的、最容易和簡單的東西。清晰和留心的思想會察覺「理性之光」。這個「理性之光」照耀出清楚和分明的真理。

清楚和分明是真理的特徵。笛卡兒在《談方法》是這樣寫的。「首先，在我對任何事物的真偽在未有證據確鑿的了解（evident knowledge）之前，不會接受它為真；也就是，小心避免魯莽下結論和保存舊意見；在我的判斷中只容納那些如此清楚（clear，法文 claire）和分明（distinct，法文 distinct）地顯示在我思想中，使我無從懷疑的東西。」笛卡兒的「清楚」二字有其法

文 claire 的字義 ──「明亮」（bright）或「生動」（vivid）。他在《哲學原則》（*Principles of Philosophy*，1644 拉丁文版，1647 法文版，是他的《談方法》和《第一哲學沉思》的綜合）是如此解釋的：「當我形容一個在留心的思想中呈現和被這個思想辨認出來『有領悟的意思』的知覺（perception，『而知覺的對象當然就是理念』）是清楚時，我是指好像當我凝視著的某個東西，它有很高的可辨性，並以很大的力度去刺激我的視覺而產生的那種『明亮和生動』。」清楚是指我們不能不注意（notice）到，如強烈的物理感覺 ── 痛楚（pain）、強烈的思想 ── 慾望（desire）。分明是指不容與其他東西混淆。笛卡兒說：「我以『分明』二字去形容一個知覺是指這個知覺非但是『清楚』，而且它與所有其他的知覺是如此利落的分開以至使它每一細部都是『清楚』。」

有人會問「清楚」和「分明」是一種主觀標準，你我不同，如何傳達、如何衡量？還有，「清楚」和「分明」跟真和偽有何關連？笛卡兒求助於神。因為神是全能、全善，祂不會欺騙我；祂創造宇宙，賦予其存在的規律，又創造我，賦予我能夠認識這些宇宙規律的理性。因此，凡我的理性能夠清楚和分明地領會的東西，肯定是存在，是真。真其實也就是指「與存在相符合」，而我們能夠認識存在（真）是因為神使存在和我的認識相一致。這就是天賦理念的意義。

天賦理念

天賦理念有好幾類：（1）關於事物的簡單性質的理念，可分為屬理智的理念，如認識、我思、懷疑、無知、意識等；屬物質的理念，如形狀、延伸、運動等；和同屬理智和物質的理念，如存在、統一、延續等。（2）關於事物的本質的理念，例如實體、無限等。（3）公理、普遍原則、第一原則、道德原則等。

「天賦」的意義也分三種：（1）「直接呈現說」認為我的思想裡頭早就有了天賦理念。（2）「潛在發現說」認為天賦理念潛存在我們思想內，但可能被

其他理念遮蓋了和混淆了（嬰兒和小孩的精神淹沒在身體之中；病人、半睡狀態、年輕人的精神缺乏自由去思考；人類的偏見左右我們去發現），必須以方法和努力把感性的東西和理智的東西分開，才能辨認出來。（3）「能力潛存說」認為我們思想中存有著天賦理念的傾向和習性，在一定的條件下（清晰和留心的思想，清楚和分明的理念）這些潛力就會顯露出確實的知識。

笛卡兒的「天賦理念」可上溯到柏拉圖。

1. 柏拉圖舉出「山洞隱喻」（Parable of the Cave，出於他的《理想國》）：官能顯示出陰暗山洞牆壁上的人影，理性（intellect）顯示出陽光照耀的真世界。笛卡兒創出求知心法去幫助我們把焦點從官能所辨的亂影（confused imagery）轉到理性光照的、清楚的和分明的理念上。

2. 笛卡兒跟柏拉圖一樣，鍾愛幾何學式的推論。幾何學的推論是清楚、明白、無可懷疑的 —— 從第一原則出發，去推論出一系列的其他原理 —— 因而成為尋真的導航（以簡單、清楚、無可置疑的東西作為立足點和出發點）。柏拉圖的「學院」（Academy）門上就標著「不懂幾何學者莫進」。笛卡兒在闡述和解釋他的「方法」和「守則」時都是用上幾何學的例子。

3. 柏拉圖有「回憶」之論（doctrine of recollection）。笛卡兒在「第五沉思」如是說：「當我首先發現它們（天賦理念）任何一個的時候，我好像不是拿到甚麼新的知識，而好像是記憶起某些我從前已經認識的東西。」他在「第二沉思」用「蠟」的實驗作為例子的用意之一在說明天賦理念是怎樣被「發掘」出來的：沉思者以純粹的思想檢驗（purely mental scrutiny）去掌握有關「體」（body）的天賦理念。可以說，我們官能所感覺到的東西，最終還是要憑理性才可做出判斷。外部世界的本質也要靠理性去理解、領會、去做出判斷。他說：「真正來說，我們只是通過在我們心裡的理智功能、而不是通過想像、也不是通過官感來領會物體，而且我們不是由於看見了它，或者我們摸到了它才認識它，而只是由於我們用思維領會了它。」

這些思路其實反映了笛卡兒與柏拉圖的宇宙觀。柏拉圖分開現象世界與理念世界。國內研究笛卡兒的著名學者馮俊先生是這樣闡述的（《開啟理性

之門》，人民大學出版社，2005）：「理念世界是原型，現象世界是理念世界的摹本，理念世界是一個永恆的、普遍的、不變不動的絕對世界，現象世界是變化的、表面的、具有時空特徵的世界。現象世界的個別事物時是對『理念』的分有；人的認識不是對現實世界的反映，而是對理念世界的回憶。靈魂在投生以前是生活在理念世界之中的，它對理念世界有著直接的認識，但當它降生到人身後，由於肉體的阻礙使它將原來對真理的認識遺忘了，只是在感官經驗刺激下，人們才能將這些遺忘了的真理重新回憶起來。因此，真正的認識，對於事物本質的認識，無非是對理念的回憶，這些都是生前已經認識到了的。學習就是把這沉睡在肉體中的靈魂重新喚醒。笛卡兒把『回憶說』改成『天賦理念說』，認為人具有與生俱來的天賦理念，它們是神賦予的永恆真理。他把幾何學的『公理』和邏輯上的基本規律『同一律』、『矛盾律』、『排中律』和『神』等理念都看成是天賦的，人心中固有的，只是要經過一番學習，將心身區分開來之後，才能將它們發現出來。」

天賦理念被經驗主義者批判得厲害，主要在理念的普遍性（general maxims）和普世認同性（universal agreement）。這場論戰的敵我兩方以經驗主義的洛克〔《人類理解論》（*An Essay Concerning Human Understanding*），1690〕和理性主義的萊布尼茲〔《新人類理解論》（*New Essay on Human Understanding*），1704 寫成，1765 出版〕為代表人物。

洛克等指出，小孩、白癡、野蠻人都不像有笛卡兒的天賦普遍性理念，包括最基礎的理念如「矛盾不共存原則」（principle of non-contradiction）。萊布尼茲的反駁是，必須要把注意力集中（attentive，留心）於它，天賦理念才會顯現。小孩、白癡、野蠻人沒有能力或沒有意願去把注意力聚焦於那些可以幫助他們開啟天賦理念之庫的官能－經驗。他把天賦理念的顯現演繹為大理石的紋理、大理石和雕塑家之間的關係。天賦理念、我們、我們的官能－經驗的關係就如雕塑家琢磨大理石去暴露大理石內在的紋理 ── 我們的官能－經驗刺激我們去發掘到那刻仍是隱藏（dormant）在我們理解（understanding）中的天賦理念。如果沒有雕塑家的琢磨，大理石的紋理會永

遠隱藏；如果沒有官能－經驗的刺激，天賦理念會永遠隱藏。

天賦理念藏有普世認同的意義。但洛克指出，好像沒有普世認同的理念，有些人甚至不知道笛卡兒的兩個必然真理：「是，就是」（whatever is, is），「事物不可能存在和不存在」（impossible for something to both be and not be at the same time）。他更指出，就算是普世認同的理念也不代表是天賦。萊布尼茲的回應避重就輕。他指出絕大多數（不是全體）人接受某原則只是一種端倪，顯示這原則可能是天賦。當這原則的確定性（certainty）是完全出自我們之內的時候才是證明了它是天賦。他又指出天賦理念不一定為人所知，但如果是天賦，它被知的一刻應該是被「立即接受」（immediate acceptance）。

洛克是以他的經驗主義去「證明」天賦理念不能以經驗去證明。他的三段式論證會是如此：「如果理念是天賦，它應存在於所有人之內（大前提）；但經驗證明沒有人所共有的理念（小前提）；因此天賦理念不存在（結論）」。這「證明」中最關鍵的是小前提。萊布尼茲集中火力在此，以理性主義「辨認」真理的思路去回應經驗主義「證明」真理的思路。萊布尼茲強調天賦理念存於所有人之內的證明不在證明某些理念是人人都有，而在指出理念的絕對真確性只可以經內在的理解（understanding）去辨認，相對於經外在的歸納去證明。因此，天賦理念（更應說是對天賦理念的確定性）存於理解（in the understanding），而理解是人人擁有，因此，人人擁有天賦理念。

「存於理解」是關鍵。萊布尼茲的演繹是一個天賦的理念並不指我們對這個理念有著不斷的意識（constant awareness）；「存於理解」不是指「實在的知識」（actual knowledge），而是指「潛在的知識」（potential knowledge）。「潛在的知識」不是指我們的理解有能力去「知道」某些真理，而是指我們的思想有傾向（inclination）去接受那些經由我們的官能－經驗刺激，然後從我們的理解中揭發出來的真理（關鍵是，只有理解才能驅使我們完全、絕對接受某個理；而能使人完全、絕對接受的理才算是真理）。萊布尼茲說，洛克只有一種真理，或知識 —— 經官能－經驗獲取的「事實真理」（truth of fact）是唯一的「知識」（knowledge）。萊布尼茲則按真理的來源分開「事實真理」與

「必然真理」（necessary truth），我們有能力去兼得二者。事實真理的來源是我們的官能 - 經驗；必然真理的來源只能是理解本身（understanding itself）。因為無論多少官能–經驗都不能歸納出必然真理，因此，必然真理只可能來自理解本身 —— 來自理解對某一個理念的完全接受。只有通過理性（reason）人才可以知道和判斷某個理念是必然的。萊布尼茲叫這些必然真理為天賦理念，而這些天賦理念只是潛在的知識，直到我們的官能–經驗把它帶出來。

萊布尼茲指出經驗只可顯示一個理念在某一個時、空之內屬真，正如當我們看見一根木，然後又看見另外一根木，那麼在這剎那，也只可以在這剎那，我們看見兩根木，也就是顯示 1 加 1 是 2。但如果我們要說 1 加 1 永遠是 2，我們就需要有一個「1 加 1 等於 2」的天賦理念，因為我們說的是未曾發生的事。這類的自明之理（truism）就是必然真理。這些必然真理不一定普世認同，因為這些真理雖然凡人都有，但不一定人人都意識到。官能–經驗會把這些嵌在（embedded）思想裡的理念引發出來。

在笛卡兒時代，天賦是來自神。但洛克卻認為「所謂」天賦理念仍是來自官能–經驗，只不過有些人不明其源頭所在，或忘記源頭而已。現代的解釋是天賦也許來自人類進化過程，特別是喬姆斯基（Noam Chomsky，美國當代語言學家）言語學中的普世天賦文法（universal innate grammar）和威爾遜（Edward Osborne Wilson，當代社會生物學家）、平克（Steven Pinker，當代心理學和言語學家）的泛文化道德價值觀。他們的解釋是人類的某些認知包含著先天的認知傾向（cognitive predisposition），這些傾向是由人類的生存環境觸發和塑造，但不是由環境支配。

天 賦 理 念 與 城 市 規 劃

笛卡兒的天賦理念給予規劃一個樂觀的方向和一套創意的方法：真理人人可辨；可辨的真理人人相通。

我們常說的「真理越辯越明」。這需要兩個條件：（1）至少兩個人才能

「辯」（自己和自己辯不能算真辯），因此，辯是社會性的行為。「對辨」是求真之途；「說服對方」是真的驗證。因此，由辯而生的真理定然由能言善辯者支配（決定）。（2）「辯」必須通過言語。經言語而取得的「明」只會是局部、暫時；因為言語是由「字」組成，「字」來自抽象（無論是象形、指事、形聲、會意、轉注、假借），永不能傳達真像的完整；字義來自約定俗成，會因「約」與「俗」的變更而變，永不會穩定。因此，言語之「辯」總會發生口服心不服的所謂「明」。這兩個條件之下還有兩個更基礎的假設：（1）人人對真理的認識不同，因此才需辯。（2）認同（包括「被說服」）是真理的標準，因此沒有絕對的真理。就算人人認同的「真理」也不是絕對的真理，因為認同是可以改變的。因此辯出來的「真理」是相對的（因時、空、人或事而易）。

笛卡兒肯定不認同「辯」是求真之途。他指出三段式的辯證完全無助於發現真理。在《哲學原則》中他如是說，「它（辯）唯一可能的作用就是用來偶爾向他人更容易地解釋我已經發現了的真理，所以它應該從哲學改為修辭學。」「用（辯）來向其他人解釋某人已經知道的東西比用來知道新的東西更合適。」

假如你不滿足於辯出來的相對真理，你也許就能有絕對真理的傾向。絕對真理不可能是由眾人辯論、經政治認同而產生出來的。它必然是人人可懂，雖然可以有懂多懂少的分別；它必然是無須爭辯，雖然會因為懂多懂少而產生分歧。這樣的真理不應是「越辯越明」，只可以是「越辨越明」。笛卡兒提供的就是「辨真」的心法。

城市規劃的「辨真」

有人說規劃行業越來越是個多說話、少做事的行業。隨著規劃行業的增長和規劃工作的「民主化」，說話（包括講和寫）已成為規劃的主要工作。其實，這是一般「為人民服務」行業的普遍現象，反映「真理越辯越明」的政治文化 —— 非但人人可以說話，而且不能不說話。（1）當權者要說話，

因為說話是權力的象徵與證明。（2）無權者也要說話（包括被當權者請來說話）。說贊成的就是對當權者的認同，是當權者的權力基礎；說反對的就是為當權者增添權力的光環，不然當權者怎能說他是為人民服務。當然最後仍是當權者來拍板。（3）無權而想有權者更要說話，不然怎會拿得權。以為民請命來說話很能做勢，更要多說。

規劃是左右逢源。因為它既可以是當權者的為人民服務，也可以是奪權者的為民請命，多說話是理所當然。為人民服務的規劃要多說話，好使人民認同它「言之成理」；為民請命的規劃要多說話，好使人民認同它「敢對權力說真理」（dare to speak truth to power）。

但是，假若真理不是辯來的，說話就沒有意思了。用在規劃上可作以下演繹。（1）假若規劃是聚焦於土地（空間）的合理使用，「合理」就是規劃的最終裁判。（2）假若「合理」是指「符合事實和真相」，規劃的最終裁判就是「符合事實和真相的土地（空間）使用」。（3）假若「符合事實和真相的土地（空間）使用」就是規劃的最終裁判，規劃的基礎工作就應是找尋「符合事實和真相的土地（空間）使用」，也就是找尋規劃的真理。（4）規劃是種社會行動（有別於個人行動），政治化勢難避免，但不必犧牲真理，只須我們老實的分開口實和事實，也就是把「真理越辯越明」從政治字典中摘走。權力可以爭，真理不能抹。

這裡要有一個重要的補充。真理的原則人人可辦，真理的體現會因人、事、時、空而異。因此，對真理原則的具體演繹也會因人、事、時、空而有所分歧。這些分歧必須經政治處理。關鍵是，尊重真理的政治文化會尊重老實的分歧（有別於口實）、真實的分歧（有別於誤解），這會有助分歧的調解。但其先決的條件是「肯定真理的存在」，其先要的行動是「辨認真理的所在」。藐視真理的政治文化會是真假不辨，甚至背向真理、否定真理。這只會帶來赤裸的權力鬥爭或作假的虛與委蛇。在各懷鬼胎的政治裡頭分歧哪能真正調解，社會哪有安寧之日？

規劃的政治化會隨著規劃的民主化的擴大而加深，這是必然的趨勢。但規

劃的政治文化是有選擇的：尊重真理的政治文化或是藐視真理的政治文化。這需要規劃工作者和參與者重新考慮甚麼是「民主」，甚麼是「參與」。如果人民要做真真正正的主人就得明白自己（主人）需要甚麼，明白規劃工作者（僕人）可以幹甚麼？也才是個明理的主人。不明此理的主人會有非分之想，對僕人要求過高，使僕人無法交差；或會胡思亂想，對僕人號令不明，使僕人無所適從。好僕人（為人民服務）的責任是幫助主人去想得合理、合度，好使做主人的能夠心想事成，做僕人的能夠發揮效率。

無論甚麼樣的規劃制度，當權的還是想保有權力，爭權的還是想取得權力，而一般老百姓還是想有方便、舒適、安全的環境。尊重真理的規劃制度會滋養一種追求真理的規劃文化去使所有參與者會多想想甚麼是「合理」的規劃，包括甚麼是個人的合理追求、別人的合理追求、對大家都有利的追求。這樣的制度需要兩個條件：少講、多想。此中，重點要放在多想。多想自然會少講，原因有兩：（1）用腦子就不能同時用嘴巴。多用腦子就是少用嘴巴，想得多自然講得少。（2）多想自然會想得更周詳，就會知道言多必失；更通透，就會傾向廢話少說。

首先，規劃工作者自身應該多想少講。可以向宗教學習。中外宗教都有「避靜」、「退省」（retreat）的靈修活動，以靜默、退隱去創造空間、摒除雜念、收斂心神，把人的思想帶進一個「清晰和留心」的境界去聆聽神的說話或自己的心聲。用笛卡兒的說法就是讓理性之光進來，讓天賦理念呈現。

規劃工作者應該怎樣去想？城市是個現象，城市規劃是對城市現象的評價和處理，可分四階段：（1）描述某個城市現象；（2）解釋這個城市現象的成因；（3）評價這現象的好壞；（4）設計有效手段去處理。每個階段有其獨特的要求：（1）城市現象是種「果」，是事實（fact），因此描述要符合事實；（2）解釋城市現象是尋「因」，是真相（reality），因此解釋要符合真相；（3）評價城市現象是對果的取捨，屬道德性的選擇；（4）處理城市現象是因果鏈帶的牽動，屬技術性的選擇。這些都關係到事物的本質、因果的鏈帶、

道德的原則，都屬天賦理念的範圍，都可以利用笛卡兒的心法去思考、發掘。

「想」是可以制度化的

　　規劃工作者可以作定期的和按需要（例如在項目開展前或在工作遭遇大困難時）的退省。退省的時間太短會心神收斂不足，太長也會不合實際，一、兩天最合適。但關鍵要少講多想。西方政府、企業現在也流行退省，但都是名不符實。「退」（找個幽靜場所一聚）或有之，「省」（各人閉關自省一遍）則絕少。一般所謂退省只不過是換個場所，開個半晝一天的討論會而已。會上非但不會少講，而且要人人發言，往往辯的臉紅耳赤，哪有自省、沉思的機會。真真正正的退省應該是避世式的個人自省，無言式的靜默沉思，為的是找表面現象底下的真相。

　　想像一個為期一天的規劃工作者退省。可以是環繞某些主題（例如功能分區、城市規模、公眾參與、交通系統，等等）的定期退省，也可以是為解決某個具體問題（例如某功能分區的正誤、某城市應有的規模、某公眾參與的利弊、某交通系統的成敗，等等）的臨時退省。

　　退省的目的在好好想這些主題或問題的真相。舉例來說，我在〈柏拉圖的「恆」〉談到柯比意悟出直角是大自然的規律，成於垂直線與地平線的交叉，是建築與城市規劃空間秩序的基本原則。當然，他為此被英、美式經驗主義和後現代主義的城市與規劃學者們批判得體無完膚。這批人都推崇有機性（organic）的城市——城市的外觀是不規則的多姿多彩，城市的內涵是多元化的複雜互動。他們會指出大自然裡沒有一個有機性的東西是直角的？一棵樹的根、幹、枝、葉沒有一處有任何直角的跡象，柯布西耶簡直是胡鬧。但是，為甚麼不規則的大自然看起來是這麼多姿多彩，而不是雜亂無章？因為我們總覺得在不規則底下好像是有章法的，大自然的多姿多彩反映這套章法。順理成章——大自然的內涵就是這套章法中的理。多元互動是否就是大

自然之理？這要有待思考，並值得思考。

我家附近有個大草坪，此中有一排大樹，每一棵都是往東傾斜。你問一個大學生為甚麼樹是這樣子，他會說因素很多、很複雜。你隨便問一位當地的婆婆或過路的老鄉，他會不用思考的告訴你，「因為地方空曠，西風強。」因為，對婆婆、老鄉來說，「樹幹與地平應是直角」是個「清楚、分明」的不變恆律。知道這個「真相」之後，樹往東斜的「事實」就好解釋了。但假若沒有「必然的直角」作為基礎，甚麼解釋都有可能，但又都不可靠。在現象世界裡沒有一棵樹的外觀是直角的（事實），但每一棵樹的生長都是服從直角的（真相）。認識直角生長原則的必然性就可以追查任何一棵樹態現象的偶然成因，如水流、風向、人工、坡度等。查得成因就可以解釋樹態，改變樹態。

在另一篇文章〈奧古斯丁的「性惡」〉我談到西方法律化的功能分區是西方「性惡」文化的具體表現。這裡，功能分區法律化是「事實」，而性惡文化可暫當作「真相」。我的演繹是這樣子的。功能分區法律化的假設是每個土地使用者都是自私的（性惡），不會自覺的考慮別人和自動的容忍別人。因此，真正的混合用途是不可能的。在崇尚個人與自由的社會裡，公說公有理，婆說婆有理，既沒有公認的準繩，更沒有自發的忍讓，所以最後還是把功能分區法律化，楚河漢界，以免麻煩（當然也有經濟效率的論點，但重點仍在劃清界限）。明白了西方功能分區法律化的「抑惡」真相，就可以更理性去探討這套制度有沒有「揚善」（例如發揮鄰里守望相助）的空間了。當然功能分區的「真相」未必如我所說所以我上面用「暫當作真相」，但這個例子可以當作一個退省思考的示範，去思考真相是否真的如此。其實，城市的千萬現象都可以啟動我們去思考它們的本質以及它們之內和之間的關係，特別是因果關係。

再回到退省那天。大清早，有關人等（人數可以是幾個人到幾十人）齊集在一個與外界隔絕的幽靜之所。誰也不准遲到、早退，誰也不帶手機、電腦（除了極少的工作組人員）。退省的主持人乃機構的最高負責人，由他以身

作則，先宣佈退省的首要規條：整天不准說話，沒有討論，更沒有辯論，就算寒暄客套也只容微笑點頭，吃飯時也不能交流。繼是請「退省主持人」（retreat master）以不超過一個小時去介紹他會如何探索這主題／問題的真相，聚焦於思路而非結論，旨在於啟發而非批判。接著就是在「真理人人可辨、人人相通」的共識下各自「入靜」，各自找合適自己的環境和姿態去啟動「清晰和留心的思想」。除了不說話之外，還不准寫、不准讀，好使腦袋更能察覺「清晰和分明的理念」。兩小時過後，也就是中飯前的半小時左右，各人分配紙筆，把對思考主題／問題真相的所得，以最簡練的言詞，用最少的字數（不超過一兩百個字）寫下來，交給退省工作組。午飯後，所有小結都已經打印出來，貼在公示板上，供眾人觀看，但在午後不久就收下來，以免影響眾人下午的靜思。四時左右，各人按同樣主題／問題再寫小結，可以是上午所思的精煉，也可以是新的發現。小結之後，應是四點半左右。眾人再齊集在一起，那時，想發言的有機會發言，但每人不超過5—10分鐘，發言者太多（超過5—6個人）就抽籤決定誰。內容必須是有關主題／問題真相的辨認。在真理面前人人平等的意識下，發言者只能講自己的觀感，不能發問、不用自辯，更不准互辯（發言不做記錄）。發言的目的不在判決勝負、正誤，在提升眾人對主題／問題真相的各側面、各層面的認識。六點前應「出靜」。但工作組把兩趟小結整理，以最少篇幅做出總結，列舉和闡述眾人對主題／問題真相的辨認，不作註解、不加粉飾，並把所有小結不記名的列為附件，作為未來思考的素材。這是智慧的匯集，不是辯證的判決，在退省結束的兩三天內發給所有參與者。將來所有有關這主題／問題的辯論，都以此為權威參考。

這種退省對規劃工作者的貢獻會遠超其成本。首先，這些對規劃原則最深層次探索的所得是分辨好規劃與壞規劃的試金石。規劃事業和工作者最大的困苦是規劃的好壞好像沒有客觀的、理性的準則，規劃的決定好像只能是當權者或當事者的主觀武斷。規劃工作者的士氣差極了。

其實，主觀武斷是人性，與當權者或非當權者無關，分別是自己的主觀武斷難自覺，別人的主觀武斷難忍受。解藥不在權力的分配（因為權力永遠

是種相對的關係，有人有權就一定有人沒有同樣的權），而在真理的發揚（因為真理面前人人同等）。笛卡兒天賦理念的最大啟發不在對真理的追求，而在真理「人人可辨，人人相通」的樂觀心態和民主意識。

其實，現今對主觀武斷的強烈反感是來自一種怪異和扭曲的現代人心態。現代英語文明的經驗主義強調人人有不同的官能經驗，因此人人會有不同的道德價值；英語文明的個人主義強調人人有同樣的政治地位，因此人人應有同樣的道德自由（下回會寫洛克的經驗主義和個人主義）。結合起來就是人人主觀、人人自由。稍有常識的都會看出兩者之間的矛盾；稍有經驗的都會感受過兩者之間的張力。這產生一種怪異的情況，如下。我和別人都有絕對的道德自由；別人要尊重我的自由，我要尊重別人的自由。「尊重」指甚麼？是指如果我和別人有不同的道德價值（這是在經驗主義下的必然之事），又如果不同的道德價值發生衝突（這是在個人主義下極可能之事），我的自由不能損害別人的自由，別人的自由不能損害我的自由。「損害」由誰判決？如果由我判決，別人一定不同意（不然早就沒有衝突了）；如果由別人判決，我也一定不同意；如果由「某種社會權威」判決，我或別人都不會同意。這是經驗主義（道德完全主觀）和個人主義（個人絕對自由）的邏輯死結，因為它們過分強調人類自我保存的本性。

其實，人類還有與人共存的本性（見第四章〈阿奎那的「普世價值」〉）。在社會的現實裡，與人共存的本性仍未泯沒，大家仍會「覺得」道德不可能是完全主觀的，個人自由不應該是絕對的，人與人之間的互相尊重不可能只是種政治權宜。但是，這兩百年來，英語文明的經驗主義、個人主義和建築在這些意識形態之上的社會文化和政治制度確實正慢慢地完全支配了所有的社會與政治行為，一方面提供了空前的個人自由空間，另一方面破壞了人與人的共存空間。也就是小我膨脹，大我萎縮。

笛卡兒的天賦理念被經驗主義與個人主義開山的洛克力斥是完全可以理解的，因為如果真理是人人相通，道德價值也應會人人如是。那麼，道德就有了普世性的原則了；任何離棄普世原則的個人自由就沒有道德基礎了。

假如您認為道德不可能是完全主觀，個人自由不應該是絕對，又假如您認為起碼有些道德原則（道德原則是真相；道德行為是現象）應該是普世的，您就有責任去發掘這些原則了。那麼也就不妨試用笛卡兒的天賦理念心法。退省是天賦理念心法的實踐：點燃理性的光芒去照亮人人的「主觀」，啟動民主的權威去壓倒某些人的「武斷」。規劃事業就變得樂觀，因為真理是人人可辨、人人相通，因此規劃的好壞是有蹤可尋、有理可說。

我從前說過，幹規劃必須相信會有未來，會比今天更好的未來。這個脫胎換骨的信念使規劃有了使命感。但是，追求「更好的未來」需要我們定義甚麼是「好」。天賦理念提供一套求真的方法（也就是尋好的方法，因為真與好是永遠一致的），幫助規劃定立正確的方向，也就是以理性之光去引導規劃的使命感。就單從功利的層面上看，退省除了動員集體智慧去處理具體問題之外，還可以發揚規劃工作的民主決策精神和鼓舞規劃工作者上下一心的士氣，是花費少收穫大的生意。

規劃參與者應該多想少講。現今的規劃，特別是來自英語體系洛克式的經驗主義的樣板，都力主公眾參與（public participation）。公眾參與下面有兩個基本假設：（1）「公眾」是指受規劃工作（一般指專業的規劃分析者、設計者）和決策（一般指官員和開發商）影響，特別是負面影響的人群。（2）「參與」是指被規劃影響的公眾自覺或被提醒他們是被欺騙、壓迫的一群，因此他們主動或被邀去參與規劃工作的決策。應運而生的就是專業的為民請命者（自薦或被邀的，去代表被欺騙、壓迫的公眾或部分公眾去爭取權利、討回公道）。

理論上，公眾參與有其樂觀的一面，也就是動員集體的智慧去處理具體的問題，但實際上它早已變成赤裸裸的眾人爭利的擂台了。它的形式與內涵最終總落在辯論和談判。辯論是爭理，談判是爭利。此中，利是主，理是輔；有理就會得利。「真理越辨越明」變成爭利的掩護和工具。其實，爭與利都不是問題，如果它可以產生出「符合事實和真相的土地（空間）使用」，也就是「合理」的規劃。關鍵是爭利有沒有扭曲「合理」的規劃（規劃的真

理）。若是「真理越辨越明」成為爭利的掩護和工具，那就有問題了。（1）這種辯聚焦在求利而不在求理，不是以理去判決利的分配，而是以利去支配理的曲直，得出的往往是歪理。（2）這種求理是委託於能言善辯之輩。他們不可能是真理的唯一擁有者，得出來的往往是強詞。

如果我們相信「合理」的規劃應該建立在所有參與者的「合理」追求，那麼我們需要的不是多辯，是多想。我在〈阿奎那的「普世價值」〉中提出了在土地開發紛爭中開發商和受影響居民可以互相從易地而處的角度去考慮對方的「合理」追求，作為談判的起點。也就是在談判之前書面交代出己對人、人對己的「合理」訴求。辯是難免的，但先辨後辯比不辨之辯較符合理性。

作為「公僕」，規劃工作者和決策者的服務對象是人民。現今，人民已經分化為兩類：開發受益者（包括開發商和消費者）、開發受損者（主要是原居民但也可以包括環保利益、文化遺產利益等等）。規劃工作者和決策者在夾縫中，社會輿論和開發受損者把他們看成開發受益者之一，或起碼是站在開發利益一邊，甚至為開發利益服務。在若干程度上確是如此。規劃決策已是欲迎又拒的捲進了爭利的漩渦，再沒法理直氣壯的說理了。在「規劃就是政治」的大氣候裡，規劃工作者與決策者對自己角色是忠是奸開始

迷惘了，對自己的立場是黑是白也開始模糊了。這是規劃缺少了理性帶來的權力魔障。要脫身於這個魔障，規劃工作和決策要認識真正的公僕是為所有的人民服務，不分是受益者或受損者服務。人民授予規劃工作者與決策者職責與權力：職責是為全民塑造「合理」的土地（空間）使用（包括公平與效率並重，受益與受損平衡），權力是履行職責的工具。把權力下放有點不負責任，尤其是把權力下放給某一個利益群體（無論是受益者或受損者），更有「取寵」之嫌。理性地行使全體人民賦予的權力去為全體人民服務才是真正的公僕。當然這會堵了那些專業為民請命的財路或仕途，但這也許不是壞事。

加拿大安大略省有「安大略省城鄉事務委員會」（Ontario Municipal

Board）之設，可供借鏡。它的職責是審理城鄉事務，特別是有關土地利用（規劃），帶有「法庭」（tribunal）的功能。它的前身是「鐵路與城鄉委員會」（Ontario Railway and Municipal Board），成立於 1897 年，職責是監管城鄉政府的財政和當時各城鄉之間急速發展的運輸系統。1932 年才改現今名稱。它是獨立於政府，直接向省議會（省的最高立法機構）負責。委員由省政府（省的最高行政機構）委任，任期 3 年，可無限連任。現今委員會名額約 30 人。委員資格主要是對城鄉事務有充分的認識和經驗（可以說是城鄉事務的「智者」）。委員會的工作主要是處理規劃的糾紛，如下：規劃糾紛若是無法在地方解決時，糾紛的一方（可以是地方政府、開發者或反對者，有時甚至是省政府的某一有關部門）可向委員會「上訴」（appeal）。委員會派員（按案情嚴重，由 1—3 人）到當地聽供。各方出席作供，也可以聘請專家，包括規劃師和律師。但一切證供要以規劃原則（包括總體規劃和其他規劃法定文件）為依據。政治考慮，商業利益考慮等都不會被聽供委員接納。委員會的決定是終決，並具法律效力。不服的只能向省政府求復核，但省政府極少應允。

多年來，這委員會處理的規劃糾紛算是成功，與訟各方都願意接受它的判決。部分原因是大家都知道糾紛訴於民事法庭會費時花錢，而且法官們大多數缺乏規劃知識，判決很難捉摸。但最重要的因素還是委員會的政治與專業權威。（1）政治獨立。委員任期獨立於政府任期（當初還是終身制，現在也一般是連任），不受政府換屆的影響。（2）財政獨立。經費納入省人大預算，不受政府財政干預。（3）法律權威。委員裁判是終決，具有法律效力。（4）知識權威。委員都是有專業知識和實際經驗，得人信任。近年來有人批評它偏袒開發利益（有趣的是這些批評部分來自意圖約束開發的地方政府）。批評是無法避免的，因為如何裁決都會影響某些利益，只有程序公正才可能消怨。一個辦法是聽供委員以抽籤選出，那就誰也無話可說了。

中國可以考慮類似的規劃糾紛審決委員會，以省為本位。關鍵在政治獨立（任期可定 7 年，不能連任）、財政獨立（建立基金會）、法律權威（判決是終決）、知識權威（省外「智者」由省政府提名，省人大委任），再加上公

平（抽籤決定誰聽供，每趟聽供委員不少於 3 人）。「智者」定要多想，因此委員們應定期「退省」，思考規劃原則的真理；聽供的委員在判決前退省，尋找嵌在具體糾紛中的普世真理。

當然，規劃工作者的自省、規劃參與者的自省，甚至智者的引導都不能保證不爭，更不能保證理性的城市、理性的城市規劃。但是，如果我們多想一點，也許我們會少爭一點，就算爭也會對自己的所求多點理性，對別人的所求多點了解。多想一點不會差，追求共識一定好。天賦理念給我們希望，也給我們方法 —— 真理可知，共識可達。

結 語

笛卡兒不是空想者，他明白在實際生活中我們不可能把所有的事物都徹底思考，但他鼓勵我們絕不能放棄思考，他的「理性人」是個「現實的理想者」。笛卡兒《第一哲學沉思》的「第一沉思」如是說：「在日常生活中，我絕不認為應該只有按照我們認識得非常清楚、分明的事物才去做，相反，我主張甚至用不著總是等待很有可能的事物，而是有時必須在許多完全不認識和不可靠的事物中選擇一個，並且決定下來，在以後，就如同是由於一些可靠的和非常明顯的理由選擇出來的那樣堅持下去。因為這是日常生活行動中辦事的需要，只能如此。但是我們在進行真理的思考時，則不應該這樣。」這把我們中國的「擇善固執」倒過來，不是「先擇善，後堅持」，而是「先堅持，但不忘反思」。這需要剛毅和謙虛，是個挑戰性的組合。但笛卡兒給我們很好的榜樣。

他修身原則如下，「快樂」就是靈魂（思想）的安寧和滿足，這安寧和滿足牽涉到理性和意志之間的關係。理性的作用是理解，也就是真與偽的判斷，意志的作用是對理解的東西表示同意和不同意、肯定和否定。理性的範圍是有限的，因為我們的認知能力有限。而意志的功能範圍是廣闊的，甚至是無限的，因為我們選擇的自由是無限。但意志往往被濫用超出理性的

範圍，所以往往就會出錯。笛卡兒要求我們盡力去求知來肯定正確的行動方針，如有需要，就應參考既定的法律和風俗。在方法上他有以下建議：（1）在分辨真、偽的時候一定要完全依靠理性。在清楚和分明的鑒別下，意志一定要同意理性。但有限的理性不足辨明一切，在未辨明之前，意志無需下判斷。我們可以無限期的不作出決定，直到有充分和肯定的真知。（2）在分辨善、惡的時候，理性一定不夠用，但行動仍要進行。在此情況下，應有的立場就是在實際生活中要不斷思考真理，但不堅持要有清楚的真理才做出行動。從此引申出的最高德行就是，「我們的理性無需完全無誤，只需我們的良心知道在最佳判斷之下，果斷地做出行動」。果斷和堅定才是關鍵。

　　笛卡兒認為最高道德是「慷慨」（generosity），一個慷慨的人知道甚麼原因（因為他有智慧）和甚麼行為（因為他有德行）使他應該覺得自豪和自慚。最高的智慧會使他知道沒有甚麼東西是真正屬於他的，他真正擁有的只是自由去使用他所擁有的東西；最高的德行會使他感覺到自己內在的堅強和一貫的決心去慷慨地運用他擁有的東西。笛卡兒的最高政治理想也是來自他倫理觀中最主要的一條：慷慨。慷慨非單是個人道德的理想，也是社會道德的理想。在笛卡兒的定義之下，一個慷慨的人會相信其他人都可以有跟他一樣的智慧與德行，也就是都可以跟他一樣的慷慨。這點，笛卡兒在早於康德的兩百多年已找到了最高政治道德的端倪——理性的意志、自由的意志是泛人類的。真理不是越辯越明。笛卡兒擯除文人的「辯」癖，他在《談方法》開章明義的說他談的是他個人的經驗。「我的目的不是去教授一套每一個想正確引導自己理性的人都應當跟從的方法，而只是去說明我曾經如何去引導我自己的理性。為別人定下法則的人必比別人高明，就算犯極小的錯誤也應受責。但我不是這類人，不會像他們的招責。我發表這著作只是作為一個歷史——可以說是一個寓言——你在此中或可發現一些值得模仿的東西；若是你同時發現一些你不應該跟從的東西，也不應怪責我。我希望我的奉獻對某些人會有用，對任何人無損，而所有人亦會同意我是坦誠的。」

　　他的坦白和謙虛，更使我想去試試他的心法。

第八章：洛克的「自由」

「那個人率先以籬笆把地圈起來，說『這是我的』，而其他人也天真地相信了，這個第一人就是文明社會的創始人。你可以把人類從不知多少的罪行、戰爭、謀殺中、不知多少慘事、不幸中解救出來 —— 如果你把圈地的地標拔起，把圈地的壟溝填滿，並大聲地跟你的同胞說：『提防啊！不要輕信這些騙子啊！如果你們一旦忘記了地球上的所有萬物是屬於所有人的，而地球本身是不屬於任何人的，你們就完蛋了。』」（盧梭《論人類不平等的起源和基礎》）

盧梭認為人類有自然和珍貴的情操（sentiments），但外在的「文化」（科學和藝術）扭曲了人類原本的天性。人類要回復自然，回到一個未有墮落的、純淨的、天真的「自由」人本性。這個「自由人」有幾個特徵：有選擇能力（可以選擇發展的途徑）、有同情心（可以與人共存）、有上進心（可以改良生存的環境）。雖然世人誤指「高貴野蠻人」（noble savage）之說出自盧梭，但相信盧梭也不會否認他的「自由人」也實是

「高貴」的。可是，文明與進步慢慢地扭曲了「自由人」的理性和他天然和天真的「自愛」（love of self），逐漸依賴別人的觀感和恩惠，並開始墮落；競爭、比較、憎恨、權慾產生驕傲和嫉妒。自給自足的「自由人」有了私產的理念時，即是萬惡之始。私產製造了主人與奴隸之別。

「產權神聖」是個現代理念。「私產」主要是「排除」（exclude）他人享受產業（主要是土地）產出的利益。古羅馬就有私產的法律，但同時也有「公權」（common rights）的法律 —— 一個團體（如一條鄉村，一個會社）的成員有「被包括」的權利（「right to be included」），也就是可以共同享受土地帶來的利益。可是，在現實裡，家庭式小莊園慢慢結集到權貴手裡，變成大莊園。作為帝國經濟力量基礎的小莊園消失；作為帝國軍事力量骨幹的小莊園主也跟著消失。失地（無產）的成為變相農奴或無業流民，再沒有帝國子民的驕傲感和責任感。有人形容這是帝國衰亡的原因之一。

羅馬過後，產權的理念有所改變。比羅馬更原始的「農耕者的共有權益」（common right of cultivators）與基督宗教的「神把萬物賜給世人使用和管治」結合，產出封建土地制度，特徵是「託管」（stewardship）。

封建臣屬的領地（fief）是件受託物、代管物，有其一定的權與責，而君主則代表全體人民的集體權益和責任。君主以神的名義賜予臣屬土地的「屬權」，而臣屬則把與「共有權益」等量的土地收益回饋給集體。是這樣子的：君主的土地收益用於公共事務，教會土地的收益用於宗教活動和救濟貧疾，臣屬則負責提供保護集體土地所需的軍隊與裝備。此外，還有「公田」（common fields），人人可用。

「公田」制度很古老，有考證追溯到新石器時代。在英國，比較系統化的公田制度源自威廉大帝征服和統一不列顛的 11 世紀。到 14 世紀中葉（黑死病蹂躪歐洲之前）規模最大，佔全國面積超過四分之一。分三類：（1）耕地在收成之後，供大眾放牧，但限制牛只數量；（2）草地在乾草與飼料收成之後，供大眾放牧；（3）荒地永久開放。但是，到了 16 世紀，開始有大改變。黑死病瘟疫過後，歐洲元氣逐漸恢復，人口增加，糧食、肉食需求與價格遞升，農田、牧地的需求也跟上去，「圈地」（enclosure）遂啟。當初的「圈地」是個改良土地的投資手段。英國東南沿海有很多沼澤地，要改為耕地需要大型排水工程，成本很高。「圈地」就是把做出來的部分耕地的產權授予投資者。當地的老百姓只見眼前利益（排水工程帶來的就業，澤地提供的漁、禽作業等），欣然接收被圈。稍後，排水工程結束，澤地變了耕地，但「公田」沒有了，都變成投資者的私產了。稍後，圈地有用於提高農業效率，有用於擴大牧地去生產羊毛衣料，但失地農民和小地主也越來越多。

英國私產理念的帶頭。這跟 17 世紀的內戰很有關係。16 到 17 世紀的宗教改革在英國特別反覆。天主教、新教溫和派、新教激進派交替的掌握政權。每趟改變都帶來天翻地覆的利益再分配，特別是土地。17 世紀中，出現「平等派」（Levelers），是新教激進派之一，人數不多，但

乃國會和軍隊的中堅分子，並很得小地主和工匠行業的支持。他們以聖經中十誡之一的「無偷盜」為依據，堅持他們以血汗換來的財產是神聖的，視「擁有私產」和「政府不能剝奪私產」為基本公民權。雖然他們的政治活動只有幾年光景（1645─1650），但他們對產權和民權的理念直接影響英國的「光榮革命」和英語文明的政治寶典，《權利法案》。

　　盧梭所指的「以籬笆把地圈起來」的騙子在英國被捧為成為自由先鋒鬥士。這就是經驗主義開山祖師，光榮革命的策動首腦，《權利法案》的精神教父，洛克對世界的貢獻。

宗教改革（1517）是西方「現代」的序幕。跟著的兩個世紀，宗教與政治之爭不絕，其實也是反映西方人的宇宙觀、倫理觀和政治觀從統一到分裂。整個 16 世紀是個迷惘的時代。歐洲霸主西班牙以保衛道統為己任，對抗湧現的民族自主、宗教自主思潮，終被諸國在 30 年戰爭（1618—1648）打敗。法國路易王朝登場，成為新霸。以笛卡兒為首的理性主義（Rationalism）思維成為主流，提出理性是求真之道，強調人人擁有內在的「天賦理念」，具有真理面前人人平等的樂觀。在這百多年的歐洲大亂，英國雖然未有處身事外，但國際環境和國內情況使它去向另一個方向。這些，我在《西方文明的文化基因》（中和出版，2017）一書都作了交代。

洛克式自由

英王亨利八世（在位期 1509—1547）於 1534 年脫離（羅馬）天主教，國內宗教分裂。到伊麗莎白一世（在位期 1558—1603）於 1559 年正式成英國國教，局勢稍為安定。但她死後，都鐸（Tudor）王朝後繼無人，從蘇格蘭迎入詹姆士一世，開啟斯圖亞特（Stuart）王朝。天主教仍想復辟，英國人對蘇格蘭入主也不放心，於是亂事再起。一是王朝之內和世族之間分為天主教和國教兩派；二是子民之間又分裂為天主教、國教（溫和改革派）和清教（激進改革派）；三是國王與國會之間產生分歧，再加上日後國會又分為國會派和國會軍。權利與意識形態糾纏在一起，遂引發英國殘酷的內戰（1642—

1651）。在各持己見、互不相容的亂世中產生一種悲觀的思維，強調原則相對，主張妥協權宜。經驗主義（Empiricism）出台，開山祖師是洛克（John Locke，1632—1704）。

洛克經歷內戰後期的餘波、共和時代（1649—1660）的苛政、恢復期（restoration，1660—1685）的安定、詹姆士二世（在位期 1685—1688）的天主教復辟，以致他積極參與的光榮革命（Glorious Revolution，1688），這個英國政治史最動亂的時代肯定影響他的治學與思想。

在他出生和成長期間，泛歐洲（在當時就是泛世界）的 30 年戰爭和英國內戰一個緊接一個。成年後，英國的國內、外形勢導他走向以功利為導向、以官能為基礎的求知方向。他在哲學上的定位之作《人類理解論》（*Essay Concerning Human Understanding*，1690，以下簡稱《理解論》）出版時他已經是 58 歲了。因此，積累了多年的經驗、不少的變遷然後寫出的。

洛克登場之時，笛卡兒的理想主義已是歐洲主流（見第七章〈笛卡兒的「天賦理念」〉）。洛克還是先要打倒笛卡兒的天賦理念，也即否定內在真理的存在。洛克認為唯有通過官能才可以接觸現實、認識世界。他把人的腦袋形容為「一張白紙」（tabula rasa，也有譯作一張「白的書寫板」），經驗把它塑造。不同經驗塑造出不同思想。經驗就是「官感」（sensation，也就是官能的感知）加上「反思」（reflection），如下：外界事物刺激官能，帶來「感知」（perception），繼而經反思產生理念（ideas）；反思是腦袋對它內部運作的感知，例如做出組合、比較和抽象（也稱「內在官感」，internal sense）。但是，洛克為「真知」（true knowledge）下了一個非常嚴謹的定義：知識是對兩個或多個理念之間的異或同、相連或相拒的理性察覺，例如黑異於白，黃與金相連等等；因此，知識是關乎理念之間的關係；理念既然只存在腦袋，它們之間的關係就很難單靠官能經驗去證實了；因此，他的結論是官能經驗的科學不可能帶來無可置疑的真知。

洛克雖然認為萬物的本質難明，但萬物的存在可證。有關存在（being），他與笛卡兒的想法差不多完全一樣。洛克提出三種存在：個人的存

在是最高的自明之理（self-evident）；神的存在（一個永恆、全能和全知的存在）是可證之理（demonstrable）；物質世界的存在要靠官能去感知。最後的一點是他的創新，也是經驗主義的基礎。洛克沒有證明物質世界的存在，他是以經驗（官感與反思）去推理外在世界存在的「可能性」（probability），這就是經官感而來的知識（sensitive knowledge）。洛克把差不多所有的科學和一般日常經驗放在這一欄要靠「意見或判斷」（opinion or judgment）來獲取的「知識」，而不當它們是真的知識。真知識的基礎是自明或可證；經意見或判斷而得的知識的基礎是它的「可能性」的高低而已。他的結論是，通過官能、經驗而達到的知識（包括自然科學），只是「近真」，是一種「仿知識」或「仿真」（pseudo-knowledge）。但他認為這仍是有意義、有價值的追求，因為這種追求會使我們越走越接近真的真。

洛克的倫理觀是建立在他的經驗求真的理論之上。他指出，經驗告訴我們，人是趨吉（享樂）避凶（痛楚）的。享樂是道德的基礎。人實在沒有自由意志，當他考慮兩件事的利、弊後，人實在沒有真的自由，他一定會選擇對自己較有利的事。洛克把人的道德觀也是看成「一張白紙」，經驗把它塑造（洛克相信倫理觀必須來自經驗，但不能完全能來自經驗。但他未有解釋清楚道德觀的形成，這要等到休謨和穆勒）。

問題來了。既然人人經驗不同，怎會有政治共識？我們不知這個悲觀的政治觀是來自他的個人經歷，還是來自他的知識論。他的《理解論》是寫於1683年之後，於1690年出版。他的政治理論經典《論政府》（*Two Treatises of Government*）則早在1678—1681年就開始寫，也是在1690年出版，而且是匿名的。我們不能確知他是否先有政治觀，然後用知識論去支撐，還是先有了知識論，然後在這基礎上創出他的政治理論。但歷史端倪好像是他的政治意見是先於他的知識理論。

第二個問題是，追求個人享樂既天生人性，怎會有自動為公？因此，人類和平共處只有依賴制度。在政治思想史上，洛克的名字代表自由和改革。但他關注的自由主要是表現在人身和財產的安全；他提出的改革是君主立憲；

他的理想政制是王權與民權相互約束，不能有高壓政府，也不能沒有政府。他建議改革去求國家政權穩定，但最終還是個人安全和自由。

　　洛克的《論政府下卷》（*Sencond Treatise of Government: An Essay Concerning the True Origin, Extent, and End of Civil Government*）是西方政治哲學的經典，代表現今西方世界政治思維的主流。洛克把政治權力定義為：立法、處罰、保護財產、以武力去執行法律和對抗外侮，最基本是保護個人私產。他提出兩個論點：（1）勞動力是私人擁有財產的源頭和理據（justification）；（2）約法或同意（consent）是政府權力的基礎和界限。

　　他的解釋是這樣的。在人類的「自然狀態」（state of nature）中是沒有政府的。人是受道德法規約束。這些道德法規是神的法規，包括人是天生自由，享有平等權利。當人以他的勞動力注入任何東西上，這件東西是歸他所有。起碼，在人類原始生活中有足夠的東西去供人類使用時的情況是如此。當人口增加，土地開始短缺時，原始的天然道德法規不足用，就需要有更多的法規。

　　在自然狀態下，所有人都有同等的權去處分犯規的人。人類結社的動機和目的是為了「更好」的執行這些處分。結社是人類把他們天賦的處分犯規者的權力委給（delegate）某些官員去執行。國家政權是通過「社會契約」（social contract）而成立，為此，政府的權力是有限的，而這些權力也有相應的義務。還有，這些權力可以被修改或回收的。下文節錄有關洛克對「自由」的討論。（我的翻譯）

　　「要正確明白政治權力，從本源去演繹政治權力，我們必須考慮人類的自然狀態，也就是，在『自然之法』的規範下，無需經任何人批准，或依賴任何其他人的意志去安排他們的行動和處理他們的財產和人身。

　　又是一種平等的狀態，在此中所有權力和管治都是對等的（reciprocal）。沒有一個人比他人多有……

但自由狀態不是指放縱胡為（licence）。人雖然對自己的身體和自己的所有有不受限制的自由，但除非有高貴的理由，他沒有自由去摧殘（destroy）自己，或摧殘他擁有的受造物。自然狀態是由一套人人要遵守的自然之法去規範的，這自然之法就是理性（reason）。人類只要諮詢它，它就會教導我們知道人人是平等和獨立，因此沒有人應該損害任何人的生命、健康、自由和財產。因為人是由一個無限智慧、無限能力的造物主所造，所以所有人都是這個無上之主的僕人，由他安放在這世上。是他的所有、他的所造、存亡由他決定，不是任何人的意志而決定……每個人有責任去保存自己，不能任性的放棄。同樣道理，在不影響自我保存之下，每個人都應盡量保存別人。除了按公義（justice）而施罰之外，不應殺傷別人，或損毀別人生存所賴的自由、健康、肢體、財產。

自然狀態之下人是自由、平等和獨立的。未經他的應允（consent）他的自然狀態不會消失，他也不會受任何政治權力的統治。任何人要脫離自然狀態，要結成公民社會（civil society，與亞里士多德的『結社』同義），唯一的辦法是同意（agree）跟他人去聯合（join）和結合（unite）成立一個使眾人都可以活得舒適、安全與和平的團體（community），去安穩地享受財產，並擁有比團體以外的人更大的安全……」

有關政治社會（political society）和政府的目的，《論政府下卷》是這樣寫的：

如果人在自然狀態之下有上述的自由，如果他是他的身體和財物的絕對主人，如果他與最強大的人是平等，而且不臣服於任何人，他為何要放棄他的自由？他為甚麼放棄他的帝國，臣服於任何其他權力的領治和控制之下？明顯的答案就是，雖然他在自然狀態之下是擁

有這些自由，但對這些自由的享受很不穩定，並經常暴露於別人的侵犯；因為所有人都像他，是皇帝。每個人與他都是平等，而大部分人卻又是不遵循公平與正義。在自然狀態下他對他的財物的享用是非常不安全（unsafe），非常不安穩（insecure）。

這使他願意放棄這個確是自由但又是充滿恐懼和持續危險的狀態；他要找尋和願意加入其他人已經聯合起來結成的社會，或與其他也想結社的人去聯合起來去互相保存生命、自由和產業，我統稱之謂財產。（lives, liberties and estates, which I call by the general name-property.）

人類結社和接受政府統治的重要和主要目的是保護私產，這也是自然狀態下最欠缺的。

第一，雖然對所有有理性的人來說，自然之法是清楚和能懂的，但人性自私，而且也會因為沒有費心研究它而不知道，因此在對他們有切身利益的事情上，會傾向於不願意接受這些法則的束縛。因此，需要一套確立的、穩定的、公佈的、大家同意和接受的對與錯準則和解決人與人紛爭的通用標準。

第二，在自然狀態下每個人同時是自然之法的裁判官和行刑官。但人是偏袒自己的，往往會感情用事或有報復心態，對自己的事太看重，對別人的事太疏忽和冷漠。因此，自然之法需要一個有名聲、不偏倚的裁判官，權威地以確立的法規去判決人與人的分歧。

第三，不義之人往往以武力去支撐他們所幹的不義之事，要懲罰他們往往是危險的，甚至會招禍。因此，自然之法需要有權力去支撐和執行它的判決。

為此，人類雖然在自然狀態下有很多特權，但很難享用，很快就走向結社（into society）。我們很難找到生活在自然狀態中的人。在自然狀態中，每個人雖然都有懲罰侵犯者的權，但在實際行使上很不規範、很不確定，為人帶來諸多「不便」（inconveniences），驅使他們託

庇於確立的政府法律之下，並藉此去保存他們的財物。這使他們自願地放棄所有的懲罰權力，全部交給從他們中委任出來的人，按整個團體，或由團體授權的人所同意的規則來執行這些權力。這就是立法和行政權力，以至政府和社會的源頭和理據所在。

在自然狀態中，除了天真的、快樂的自由外，每個人有兩個權。

第一是在自然之法之內絕對自由地去幹他認為合適他保存自己和別人（preservation of himself and others）的事情。普世的自然之法使他知道他和所有人類，有別於所有其他受造物，同屬一個團體（community）、一個社會（society）。若是沒有墮落分子的腐敗和邪惡，人類無需與這個偉大和自然的團體分開、無需組織較低層次的團體。

另一個權力是在自然狀態內人有權懲罰侵犯自然之法的罪行。當他加入一個我稱之為私人（private）或特殊（particular）的政治團體（political society）時，他放棄這兩個權，並把自己並合於一個與其他人類分割的政治團體（commonwealth）。

他放棄第一個權力，也就是幹任何他認為是合乎保存自己和其他人類的事，並接受社會法律的約束，而這些法律往往規範了自然之法給他的自由。

他完全放棄第二個權力，也就是懲罰的權力，並以他天賦的力量（也就是他原本可以用來為自己執行自然之法的力量）來協助他的政治團體去執行法律。他現在屬於一個新的社會，享受很多經由這個團體的努力、協助和人際關係而取得的「方便」，和因群體力量而取得的保護。他就要按這個團體的幸福、富裕和安全的所需，相應地放棄他自給自足的天然自由。這非但是需要，而且是公義，因為團體裡的其他成員也是同樣的做。

雖然當人們進入社會時，他們放棄了在自然狀態下的平等、自由和執行（懲罰）的權力，交由立法機制按社會幸福的所需去使

用，但對每個人來說，他加入社會的唯一動機仍是藉此去更好地保存
（preserve）他的自身、他的自由和財產（因為沒有任何有理性的動物
會刻意地破壞他的處境），因此，一個社會的權力或它的立法權力永
不應該逾越公共利益（common good），而只應處理上述三種使自然狀
態不安全（unsafe）和不安適（uneasy）的弊病，從而保障每一個人的
財產……

但是，洛克認為立法權是應該有規範的。

　　第一，它不是，也不可能是對人的生命與財富（fortunes）的絕
對任意權（absolutely arbitrary power）。沒有人可以轉移給另外一個
人多於他自身擁有的權力，也沒有人擁有對自己身體的絕對任意權去
毀滅自己的生命，或對別人的絕對任意權去拿走別人的生命或財產
……自然之法是客觀的標準，規範所有人，立法者與其他人。他們
在定立對人和對己的法律時一定要遵照自然之法──也就是神的意
志。自然之法乃神的意志的表白，最基本是人類的保存（preservation
of mankind）。違反這基本自然之法的人類法律不會是好的或健全的
（valid）。

　　第二，立法權威（legislative authority）不能採用即興的
（extemporary）、任意的（arbitrary）的法令，必須按公佈的、常規的
法律（promulgated standing law），並通過正式授權的裁判官去行使
司法權和判決子民的權利。因自然之法乃不成文之法，存於人的思想
裡，而人有情慾與利益，會誤引（miscite）和誤用（misapply）它，如
果沒有經過正式授權的裁判官，人是不會容易承認犯錯。為避免這些
會壞了人類財產在自然狀態下的秩序的不便（inconveniences），人類
結社，整合群體力量去鞏固和保護他們的財產，並通過建立成文的規
則去規範各人，使每個人知道甚麼是屬於他的……因此，無論甚麼政

制，統治者應按公佈的和眾知的法律去統治，而不應是即興式的命令和不明確的決議……

　　第三，最高權力不能在未經（受影響的）人的親自同意而拿走他的任何財物。因為保護財產就是政府的目的，為此人類結社……如果另外一個人可以不經我同意就隨意拿走我的東西，則我就是沒有真正的財產……

　　第四，立法權威不能把它的立法權轉手，因為它的權力是人民委給的（delegated）……只有人民才可以制定政制……

　　繼洛克之後的另一位經驗主義大師休謨則完全走上「自然哲學」（naturalistic philosophy）的路線。對他來說，「人」只不過是一堆由相應關係和因果關係相互聯繫起來的感知體，也可稱是一堆「有內容的感知」（sense-contents）。因此，休謨對人的推動力和道德觀有這樣的形容：「理知（reason）是，也應該是慾望（passion）的奴隸，除了服從慾望和替慾望服務之外，並無別的任務」。相應地，慾望是人改變世界、改造環境的推動力。「道德情緒刺激慾念去產生行動，與理知無關。因此，道德的準則不是從理知得來的結論。」這就是休謨的倫理論的基礎。

　　休謨的政治理論完全來自他的倫理觀，也就是人性基本是自私的。政權的合法性是要建立在它能否維持社會的和平與秩序。跟洛克一樣，休謨經歷多年的動亂，力主「法治」。他認為一套概括的、不偏不倚的、像合約式的法律系統是維持社會與政治穩定的不二法門。

　　我們可以做一小結。洛克帶頭、休謨為繼的古典經驗主義倫理觀認為自私、自利是人性的必然。理知是慾望的奴隸；約法是為了保護個人。古典經驗主義政治觀的特色是它有一種基於對人性悲觀而產生的現實、功利。人是自由的，也是自私的，組織政府是為了保護自己的人身和財產安全。但執政者也是人，會被私利腐化，因此，政權是生於被統治者的願意，成於他們與統治者的約法。這種洛克式的自由有兩個特徵：自由是個人的事，有異於民

族自由、宗教團體自由；自由的具體表現是私產保護。兩者合在一起就產生個人產權的神聖化。

跟著是休謨的好友斯密登場，以「無形之手」為自私帶上道德光環。首先，他在自己視為是最主要的著作《道德情操論》（*Theory of Moral Sentiments*，1759）為自私辯護。「這個高傲而冷漠的地主看見他大幅的田地，一點也沒有想到他的弟兄們的需要。腦海中只幻想著供他享用的大豐收……（然而）他的胃納跟他無邊的慾念是很不對稱的。餘下來的，他不得不分配給別人 —— 那些極周到地為他準備這一小點他真正享用的佳餚；那些為他裝置這一小片他真正住上的宮廷；那些供給和安排他高貴地位所必須的各種小玩意、小擺設。這些人從他的奢華和揮霍（caprice）中獲得了他們的生命之所需。指望他的關懷和公義是枉然。富人……把他們的經濟果實分給其他人，無形之手引導他們去把生活之所需分配給所有人，就好像地球上的土地本來就是平均地分配給所有人一樣」。

到《國富論》，斯密更給自私帶上公益光環。「每一個人都實在為增加社會的收入而努力。真的，他通常不是有心提升公共利益，也不知道他的貢獻是多大。他選擇支持國內工業（很有趣，自由貿易的祖師爺斯密是為當時英國的變相保護主義辯護）只是因為它考慮個人的安危，他採取方法去把產值提到最高只是因為他考慮個人的利益，就好像有一隻無形之手引導著他在這些，或其他事情上，去達成一些他並沒有意圖去追求的東西。從社會的高度去看，社會的得益並沒有因為他不是刻意去追求社會利益而受影響；在追求他個人利益之際，他往往比刻意追求社會利益的人更能有效地提升社會利益。我從未發覺那些刻意以貿易去提升社會利益的人達成了甚麼好事」。

對自由的定義和演繹是大英帝國對人類文明的「貢獻」。從 17 世紀的洛克開始，到 19 世紀的穆勒（J.S. Mill，1806—1873）達高峰。那時，帝國威望如日中空。對人的本性悲觀，對人的能力樂觀的穆勒，在 1859 年出版《論自由》（*On Liberty*），這本經典是英國自由黨的鎮山之寶，每趟選出新黨魁就由上任把這書的第一版以鄭重的儀式交到接班人手上。以下是簡單的介紹。

第一章（「介紹」）開章明義說明穆勒談的不是意志的自由，而是社會行為的自由，聚焦於社會權威與個人自由的鬥爭。〔這是個關鍵的理念。從古以來，西方人談自由是指意志自由（free will）。人類有沒有意志自由是神學和哲學的探索。但洛克、休謨與穆勒等經驗主義者所關注的是「行為自由」（free action），尤其是這些自由行為的「社會政治合法性」（sociopolitical legitimacy）。首先，他們硬闖意志自由這一關，認定人是沒有意志自由的，因為自私是天生人性，不能改變，為此，在社會與政治的層面上我們必須接受這個不能改變的客觀事實（從經驗主義的角度去看），只要這些出自自私的個人行為不損害別人（別人也是自私的）。這就是洛克式個人主義和自由主義的理想社會和政治。〕政府的獨裁傾向必須控制，有兩條途徑：公民權利和憲法約束。

穆勒指出，社會當初是人口稀少和戰亂不絕，為此，人接受由「主人」統治。稍後，人類進步，發覺可以自治，而自治就可保證不會有獨裁。但這理想不易達到，因為（1）就算是民主體制，統治者與被統治者不一定是同一類人；（2）大多數會迫害少數（也稱大多數的獨裁，tyranny of the majority）。大多數的獨裁不單是政治迫害，更嚴重的是社會迫害。大多數人的意見不一定是對的。每個人的道德選擇（包括生活方式、品味等）純是他個人的選擇。大多數人作出同樣的選擇並不代表選擇是對的。穆勒的名句是，「如果除了一個人，全人類意見一致，全人類也沒有道理去制止這個人的聲音，正如即使這個人有足夠的權力也沒有道理去制止全人類的聲音。」

穆勒又說，「在一個文明社會裡，合理使用（政治和社會）權力去約束社會任何一員的唯一目的是防止他損害別人。為他的好處，無論是物質或道德的好處，都不成足夠理由（去約束他）。對他自己，身體和思想，他是絕對的主人。」但這個標準是完全基於「功用」〔utility，也就是邊沁（Jeremy Bentham）的「最大多數人的最大好處」；邊沁是穆勒的好友，對穆勒影響極大〕。對穆勒來說，沒有功用的事可以不理，例如對孩童和野蠻人就要少給自由為佳，因為他們不宜自治。穆勒提出三種基本自由，先

後如下：（1）思想和感情的自由，包括由此引發的行動，例如言論自由；（2）追求品味（taste）的自由，就算是「不道德」的也應容許，只要不傷害別人；（3）結社的自由，只要社員是足夠的年齡，不是被迫加入，又沒有損害他人。穆勒認為在現代的文明的社會裡這些自由是沒有理由被拒絕的。

第二章（「有關思想自由」）談得是言論自由絕不應被壓制。穆勒說，「偏見，無知的言論是完全邪惡的，但是無可避免的，應視之為「至善」（inestimable good，也就是自由）的代價。」他又說，「被壓制的意見可能就是對的意見；被壓制的意見可能是錯的，但往往可能有些道理；不同意見的碰撞也會有助找出真理。就算主流的意見非但是對，而且包含全部真理，但如果它不是被不斷的挑戰與驗證，久之就會成為一知半解的成見。它的意義會漸超淡薄，消失，失去它的生命力，變成形式化的教條，對人類求福祉再沒有真的貢獻，因此，壓迫任何的意見都是有害的。」

第三章（「有關個性、一個幸福的元素」）談的是個性（individuality）乃個人情操的發揮，因此，鼓勵個性是創意和多元社會的先決條件。「從眾」（conformity）是危險的。人的本性不是一個按藍圖建造的機器，完全按指定的方式來運作，而是一棵樹，按賦予它生命的內在動力往多方面生長和發展。他認為西方文明有傾向走上危險之路，應以中國為鑒。

這裡，穆勒跟他差不多早一個世紀的斯密有同一的大英主義觀點——中國是個不自由的國家，要速改才有救。在中國乾隆（在位期 1735—1796）盛世，斯密的《國富論》（1776，也就是英法 7 年戰爭中英國戰勝後意氣風發的時期）就是這樣說的，「中國一直是世界上最富有，也就是土地最肥沃、農耕最發達、人口最多和最勤奮的國家之一。但它也好像長久不動（stationary）。五百多年前馬可波羅遊歷所記載的農耕、勤奮、人口與近日往訪者所見的差不多一模一樣。它可能遠在馬可波羅之前已達到它的法律與制度容許下可達到的全部財富了。」稍後，斯密好像意猶未盡的重複說，「中國好像長久不動，已經在遠久之前達到了跟它的法律與制度本質一致的全部財富了。但這全部的財富是遠低於它的土地、氣候、條件放在別的法律與制度之下而可得

到的。一個忽略和鄙視對外貿易，只容許外國船隻在一兩個口岸運作的國家不可能取得在不同法律與制度下可達成的貿易量。」

到了穆勒《談自由》出版之日，正是鴉片戰爭打開中國大門之時。書中說，「中國是一個警告 —— 一個充滿才華，甚至可以說是充滿智慧的國家。在淵遠的時代，罕有的運氣使它有一套由一些連文明的歐洲人也不得不承認是智者和哲人創造出來的優良體制。更突出的是他們通過絕佳的制度去把他們的智慧灌輸進社會每一員的腦袋裡，並授給最能吸取這些智慧的人權力與榮耀。真的，這個民族已經掌握人類進步的奧秘，並可以保持他們領導世界的地位。但事實相反，他們已經幾千年沒有走前；要他們向前走，還得靠外國人。他們已經達到了英國慈善家們積極追求的理想 —— 建成一個每個人都是一模一樣的民族，所有人以同一的守則和規矩去約束他們的思想和行為。我們現代的主流思路，雖然沒有甚麼組織，其實就是中國有組織的教育和政治系統所產出的思路。除非個性能夠成功地擺脫這個束綁、有高貴傳統和基督信仰的歐洲會變成另一個中國。」（經濟學的《國富論》和政治學的《論自由》都是西方人力薦給中國往西方取經者的寶典。）

第四章（「有關社會權威對個人約束的極限」）劃分哪些是政府的事，哪些是個人的事。穆勒堅持每個人都應該可以追求自己的利益，只要他不損害別人的利益，自由不是「不顧別人的自私」（selfish indifference）。自由會比暴力更能帶人向善。為此，一個人應該可以無懼被罰的去幹邪惡的自殘行為。社會只應懲罰損害別人或對人不義的行為。社會只應懲罰行為的後果，而不是行為的動機，因為動機是個人的事。

第五章（「實踐」）聚焦於經濟，穆勒認為自由經濟優於政府控制。雖然「貿易是個社會行為（trade is a social act）」，但政府干預經濟往往帶來反效果。有關損人，穆勒認為人不應等到被損害才對付，應該防止被損害。政府不應干預的事情包括以下：（1）個人或個體會比政府幹得更好的事；（2）雖然政府會幹得更好，但由個人或個體去幹會使個人或個體得到好處的事；（3）由政府去幹會大大增加政府的權力，使它變得過強或使個人／個體更依

賴政府的事。

我們可以做一小結。洛克的自由有以下特徵。他的認知理論的精髓是官能經驗乃知識的基礎；人人經驗不同，難有共識。他的倫理觀強調追求個人享受是天生人性，是道德的唯一基礎；人沒有自由意志，只會為自己打算，更難有共識。他的政治觀特色如下。自然狀態中，人人平等；在自然之法底下每個人對他的身體和財物有絕對的行動自由，除了不能摧殘自己和損害別人。但是，總有不守自然之法的人，使別人不能安穩地、安全地享用他們的擁有。為此，人類放棄他自給自足的天然自由，去結成政治團體，聯合起來去保存生命、自由和財產。人類結社和接受政府統治的重要和主要目的是保護私產；因為這是在自然狀態中最欠缺的一環。這些就是立法和行政權力的源頭和理據。立法權力不是絕對的，一定要遵照自然之法，不能是即興的或任意的，必須是公佈的、常規的、正式授權的；更不能未經同意拿走人民財物。

休謨更認為人性基本是自私的，政權的合法性只可建立在維持社會的和平和秩序之上。斯密又給自私帶上道德光環：只要人人自由地追求自利，「無形之手」會保證社會的財富會增加（《國富論》），財富的分配也會公平（《道德情操論》）。穆勒更進一步，強調「意志有沒有自由」是個沒有意義的論題，社會行為（不管動機）的自由才是重要。他強調「個性」，否定「從眾」。他的自由包括摧殘自己和不道德行為的自由。文明社會的政府的唯一目的是防止損害別人。

洛克把保護生命、自由與財產視為政府擁有合法權力的基礎，又是政府使用合法權力的範圍。有學者甚至認為美國獨立宣言的「生命、自由與幸福」中的「幸福」是避重就輕的承認財產是幸福的條件。

洛克式自由跟現代城市規劃的關係

城市規劃的主要手段是控制土地的用途類別和使用密度。為此，城市規

劃一定要限制「產權」。它的政治合法性基礎何在？這要從限制產權的法定權力（statutory authority）說起。

長久以來，在英語文明裡，政府有權以公益理由徵用私產，這是國家主權（sovereignty）的特權（prerogative）。現代的徵產法律的歷史背景是 19 世紀中英國的鐵路建設熱潮。徵產法律包涵兩套理念：徵產權力的法規和手續，和裁定補贖額的原則。

嚴格來說，城市規劃不是徵產，只是約束產權，所以不用補償。這類的奪取產權或限制財產使用叫「無贖半徵產」（quasi-expropriation without compensation）── 通過實施法定權力無償的去約束產權（restricting property rights by exercising of statutory authority），包括以下：

1. 州政府或省政府通過規劃法案（Planning Act）授與地方議會權力去制定「規劃方案」（叫 master plan, comprehensive plan, official plan, community plan 等）去規範土地的用途（包括公共用途），和「區劃法」（美國叫 zoning ordinance 或 regulation，加拿大叫 zoning by-law）去管制土地和建築物的使用。

2. 地方議會以公益理由（如健康、安全、效率等）重新指定（re-designate，屬規劃方案範圍）或重新區劃（re-zone，屬區劃法範圍）土地用途去控制有害或不宜的發展趨勢。但要遵守下列原則：（1）不可以是隨便（lightly）、惡意（bad faith）或錯誤理由（wrong reason，特別是非規劃的理由，如商業競爭）；（2）不得用來創造公共空地；（3）必須有有力的公益理由並慎重考慮土地擁有者的利益損失。

區劃法是西方城市規劃最常用的法律工具，主要把土地劃分為不同地區（districts），並在每地區內制定有關與土地、樓房和建築物的用途以及樓房、建設物的位置和設計的規則。它是始源於「騷擾法」（nuisance law，屬普通法，也就是以先例為依據的法律）、建築和消防規則（code）、工程和通道最低標準。但區劃法的真正法律權力基礎是「公安權力」（police power）。

一般來說，公安權力是政府在一定的條件下合法干預個人自主、隱私、自由和財產的權力。它是政府一個特有的權力，以公共安全、健康、道德和

福利的名義去限制私人權利，包括私有產業。20 世紀初，在區劃法未被憲法（美國）認可之前，國家最高法院已認可公安權力可以被用來管制土地用途。在美國，公安權力是屬州的（有別於聯邦政府的權力），再由州下放給地方，尤其是通過區劃法、建築條例和環境保護規則。

公安權力的範圍其實很廣（包括警察、土地用途、建築標準、賭博、騷擾、歧視、泊車、專業執照、煙酒、學校、公共衛生等）。只要政府能夠證明權力的使用是合理的，也就是用來達成合法的政府目的，而不是隨意的、武斷的，或全無證據支持的，就可以行使。也正因如此，區劃法的法規一定要一視同仁、一定要有理性（reasonable，也就是不隨意），和一定要與合法的政府目的有清楚的關連。在公安權力下行使的區劃法不是徵用土地，因此不用補償去管制產權。

美國區劃法的演變過程是這樣的。1900 年開始已有建築物的體積和密度限制；1906 年，洛杉磯定立用途類別區；1916 年，紐約設「包羅性的區劃法」（comprehensive zoning regulations），是公認的首創。當時表達的理據如下：鋼筋建築技術和經過改良的升降機打破傳統建築的高度限制，曼哈頓天空線改變；高層住宅開始普及，新型零售商業區出現，辦公大樓增加；高樓大廈掠奪四周的光線和空氣，工廠、貨倉入侵高檔商業區（如第五大街）；革命性的土地用途管制出台，通過區劃法制定高度和間距去約束並分隔與住宅區不相容的用途（incompatible uses，特別是工廠）。到今天，建築物高度、衝突性用途、光線與空氣仍是區劃法的基本考慮。

美國區劃法引用的公安權力的範圍不斷擴大。國家最高法院做出三次標誌性的裁決。最早和最觸目的是 1926 年的「歐幾里得村案」（Village of Euclid vs. Ambler Realty Co.）。從那時開始，區劃法也稱「歐氏區劃法」（Euclidian zoning，因為歐幾里得村與歐氏幾何的發明者是同一稱呼）。坐落於俄亥俄州克利夫蘭市近鄰的歐幾里得村制定了區劃法去制止來自克利夫蘭市工業用地往外擴散對該村居住環境的惡性影響，把村內土地劃分為幾個區，各有其用途類別、建築高度和宗地面積的管制。原告人是一間地產公

司。它想把它擁有的土地發展為工業用途，但不為區劃法所容。於是，它起訴村政府，理據如下：工業用地每英畝值 $10,000（臨街面每英尺值 $150），而居住用地每英畝只值 $2,500（臨街面每英尺值 $50），因此，區劃法限制他土地的用途就是損毀他土地的價值，等如把他的土地充公，有違國家憲法，因此他請求最高法院制止村政府實施區劃法。最高法院以 6 比 3 票數（9 位法官）裁定原告人敗訴，並定下以下原則：

1. 在一個改變中的世界（in a changing world），地方政府擁有的公安權力應具備足夠的彈性去應付不斷改變的需要。

2. 區劃法的合法與否取決於它制定時的「程序標準」（standard of review）。公安權力是區劃法的基礎，但公安權力使用的法定界線很難明確規定，會因環境或條件而異，例如大城市有異於農村。如果區劃法把城市劃分為不同功能類別區時的論證是可以「據理而辯」的（fairly debatable），那麼地方議會的決議必應被採納。

3. 區劃法是以土地功能類別來分區的，就算某些使用者的實際使用並不帶有危險或不會跟周圍用途產生衝突，但卻因功能類別不符而被禁制，被告人（歐幾里得村政府）制定的區劃法「並未越出常理」（passes the test of reason）。這類情況在很多法律中都會遇到，這裡並不例外。

4. 限制商業用途，甚至限制多層住宅進入平房式的住宅區是合理的。一個社區的健康和安全，尤其是對兒童的成長，特別重要。法庭參考大量研究和文獻的結論是功能分區「有利消防設施的效率、增加安全和家居安寧、減少交通意外；降低噪音和其他對神經狀態的影響；保障一個教養孩子的好環境。」

要留意，當年的法院考慮到公安權力的使用（區劃法）要適應環境的改變，因而強調彈性。到今天，過了差不多一百年，環境一直在改變，但區劃法卻在不斷的官僚化，並未顯露甚麼彈性，只是干預的領域不斷擴大。一個地方議會要花上一半的會議時間去處理區劃法引發的紛爭是個典型情況。

美國最高法院第二個重大判決是 1954 年的 Bermen 案，這案不是直接關

係區劃法，是處理城市綠地，但最高法院的裁定擴大了地方政府通過區劃法去改善居住環境的權力，把公共福利（public welfare）廣泛地定義去包括精神、物質、美感 —— 一個社區應該是美麗又健康、寬敞又乾淨、平衡又是審慎監管。第三個判決是 1974 年的 Belle Terre 案。區劃法的公安權力更可用來創造一個生活和工作的理想場地，具備家庭價值（family value）、青年人價值（youth value）、寧靜的隔離、清新的空氣的避難所（sanctuary）。

隨著公安權力範圍的擴大，規劃的權力也不斷擴大。在私產至上的英語文明（特別是美國），這是個奇異的現象。一方面是保護私有產權的神聖，一方面是擴大公眾利益對私有產權的衝擊，反映著現代西方文明的個人意識與泛人意識的衝突（見上《西方文明的文化基因》）。這對城市規劃有甚麼意義？

從一開始，西方的城市規劃就是帶著「社會主義」的意識（或有稱「進步意識」，progressivism）。這是可以理解的。整個 19 世紀是工業革命引出的資本主義的成長期，其載體是城市。追求私利的自由是資本城市的氧氣；自由追求私利帶來的紛爭、混亂是資本城市的廢氣。規劃城市是為要增加氧氣（城市效率），減輕廢氣（城市公平）；用的口號是公眾利益。公眾利益與個人利益有一定的衝突，為此，以保護和提升公眾利益為使命的城市規劃被視為對個人自由的約束，有違以個人為中心、自由為原則和私有產權為焦點的主流政治意識。直到今天，美國仍有人視城市規劃為社會主義病毒的入侵：意識形態上，規劃威脅私有產權、侵犯個人自由，是不公平；知識技術上，規劃妄圖取代市場、扭曲資源分配，是不效率。從這觀點去看，上世紀 50—60 年代的城市更新（urban renewal，大量拆建，破壞原來社區）和公共住房（public housing，集中興建，製造新貧民窟）是失敗的；今天的新城市主義（New Urbanism）、精明增長（Smart Growth）也不會成功。但無論成功或失敗，公安權力的「後遺」確是使城市規劃的政治權力越來越多、越來越大。

為甚麼在崇尚個人自由（特別是以私產為中心的自由經濟）的西方社會裡，約束個人自由的規劃權力卻好像不斷在增加？有三種可能：規劃權力實

在未有威脅自由經濟；規劃權力顯示資本社會的民主風範；規劃權力有助處理自由經濟帶來的弊病。

1. 從開始，西方的城市規劃就沒有抗拒過自由經濟，未有特意違反市場的趨勢和規律。事實上，美國最早期的規劃師是為開發商工作的，把開發商的土地發展作「最高、最佳用途」（highest and best use），而最高、最佳用途是以「顧客滿足」來衡量的。這豈不就是自由經濟的原則？有人指出，休斯頓是美國唯一沒有區劃法的大城市（但它也有零碎的土地使用與發展限制），而表面上看，它的土地用途分配和發展模式跟其他城市沒有大分別（當然，這並沒有衡量表面底下的社會、生態的矛盾與張力）。

這個例子可解讀為，總的來說（有異於個別、具體例子）城市規劃對私產的約束其實並未超於市場規律對私產的約束。兩者的分別是規劃的約束是通過法規和審批，而市場約束是通過供求和競爭。但如果在現實裡，規劃法規與審批跟市場形勢和規律是亦步亦趨的，規劃編制出來的城市和市場炮製出來的城市的分別就不可能太大了。一方面，這顯示按市場規律的規劃實在沒有甚麼實質意義（對私產的約束而言）。但另一方面，規劃也不構成對自由經濟嚴重威脅，甚至可以作為自由社會的民主（公益）粉飾。〔這樣的規劃豈不是可有可無？這也是為甚麼城市規劃事業在美國的社會地位和學界地位（相對於醫科、工程）都不高。〕

2. 雖然自由經濟不一定是資本主義（資本主義是資本支配下的自由經濟，本身是個悖論，見《西方文明的文化基因》），但以個人和自由為號召的資本主義意識形態已深深植根西方，甚至可以說，在日常的詞彙裡自由經濟與資本經濟、自由社會與資本社會都是差不多同義而用了。資本社會非但無懼社會主義的東西，例如規劃，並會加以利用，以展示它的實力雄厚，點綴它的民主風範。記得當年在麻省理工（是資本社會訓練人才的重點學府）念書時，最受同學們愛戴的是位馬克思經濟學教授，對資本主義的批判針針見血（當然，校方最終還是沒有給他終身教授之職）。同學們畢業後在政府、學府和企業中做規劃、教規劃，聚舊時也會提起這位教授，也偶用從他學到

的社會主義詞彙去批判資本社會的不均、不公。宣泄過後，大家仍是高薪厚職。規劃的權力再多，各人都不會用來拆自己的台。就是那些為貧、為生態、為環保請命的諸公也會「接受」資本制度，自我地約束（self-censored），不求打倒制度，只望制度給他多點事業空間而已。他們不是怕制度會迫害他們，而是批判之余，真心的相信「這制度不一定是最好，但沒有比它更好。」他們是由衷地感激這個制度讓他們活得豐富，還容許他們批評。資本制度可以安枕無憂了。

3. 以上兩點只是指出規劃權力不會威脅自由和私產，起碼不會高於市場的供求規律和競爭原則對自由與私產的約束。但是，為甚麼仍需要規劃，而且還不斷增加規劃的權力？規劃本身有甚麼價值、甚麼作用？答案：就算真的沒有比個人自由和私有產權更好的制度，這個制度帶來的社會矛盾和張力是有目共睹的，而且好像越來越嚴重，因此不能不處理，而規劃是件好工具。在不改變制度為前提之下，規劃彌補自由與私產制度的弊端和瑕疵。

個人自由的典範是「美國夢」。這個「夢」是建築於個人自由和私有產權之上：「在這個自由的國度裡，只要你有本領和肯努力，你會成功。」（見〈中國夢：仁者之夢〉，梁鶴年，《文匯報》2014 年 2 月 10 日）這是「強者逐利之夢」。逐利就是競爭，競爭必導致紛爭。城市規劃的工作就是處理城市土地／空間上的紛爭。隨著資本主義的深化，城市土地／空間分配和使用的參與者越來越多，紛爭的性質越來越複雜。對人性悲觀（人天生自私）的英語文明傾向依賴洛克式的「公佈的、常規的法律」和「正式授權的裁判官」。但法律好像永遠趕不上社會的改變，起碼趕不上刁民、訟師們的花樣。英諺有云，「一條新法律堵住了一個漏洞，但馬上出現兩個新漏洞，一個在左面，一個在右面。」規劃要管的事情確是越來越多，權力也好像越來越大，這只是反映競爭的激烈而已。

競爭必有勝敗。收拾殘局需要照顧各方，這也是規劃的工作。在人人逞強的文化裡，敗者哪有甘心，於是社會充滿張力；就算甘心認輸，也得謀生計，於是社會充滿訴求。此時，會有為民請命的精英挺身而出，「代表」弱者

討回公道、拿些好處。隨著資本主義的深化，這些張力和訴求不斷增加，規劃要照顧的範圍也不斷增加。這是只反應競爭的無情而已。

激烈和無情的競爭是資本經濟的本質（當然，擁護者如斯密、穆勒之流會視之為經濟發展所必需的推動力）。西方規劃工作的任務是處理這些競爭帶來的社會矛盾與張力。但規劃的主人就是締造激烈和無情競爭的資本社會，它永遠不會給予規劃足夠的權力去徹底解決這些問題，因為這會威脅到資本經濟的本質。因此，在西方，真正有社會主義意識的規劃就像追逐自己的影子。

但是，西方規劃的「社會主義化」進程也是值得注意的。19 世紀末期，現代城市規劃的開山霍華德在《田園城市》早就倡議「共有產權」（corporate ownership，現今的規劃界絕少提及這個被霍華德認為是「田園城市」的基本元素）。20 世紀初，俄國革命成功給予資本主義一個極大的震愕，不是害怕打不過蘇聯，是害怕西方人有了選擇。在 20 世紀 30 年代經濟大蕭條時代，蘇聯的計劃經濟突飛猛進，西方很多精英分子對社會主義心儀，連羅斯福總統「新政」（New Deal）的智囊團和政策也講「計劃」（planning，與規劃同一詞）。二戰結束，社會主義氣氛瀰漫西方，西方人的反應也開始走向兩個極端。英國是個好例子。一方面，反社會主義的邱吉爾在 1946 年發表他有名的「鐵幕」演講（有趣的是他是在美國演講）；另一方面，英國工黨在 1945 年大選，以社會改革為政綱，壓倒性擊敗由這位「二戰」英雄邱吉爾領導的保守黨。工黨政府在 1947 年通過「城鄉法案」（Town and Country Planning Act，被稱為「現代城市規劃法案之母」），決定以三億英鎊，徵收全國土地的開發權，也就是等於收歸國有（這也是現今西方規劃界絕少談到的）。在美國，直到 1980 年代，規劃界大多具「進步」意識，強調為貧請命、為環保請命、為文化遺產請命等等，都帶有約束自由經濟的傾向。到裡根總統時代，個人自由、資本經濟掛帥，規劃主流走上與資本同眠之路，美其名曰「公私夥伴」（PPP: Public-Private Partnership）。1990 年代，蘇聯解體，資本主義再沒有敵

手，有人甚至稱之為「歷史的終結」。到 2008 年，資本經濟創造的泡沫破裂，但好像「美國夢」仍未醒。現今，大氣候是資本世界，規劃的身份卻越來越曖昧，「為錢服務」與「進步意識」糾纏不清。

越是崇尚追求個人自由的社會，越多自由與自由之間的競爭，越需要處理競爭帶來的紛爭。在沒有絕對的實質原則（現代西方引用的「無損別人自由的個人自由」是個不邏輯和不實際的「原則」，見《西方文明的文化基因》）去處理紛爭的情況下，解決的辦法是通過政治博弈，也就是以政治實力去分曲直。勝方的自由得保護或發揮；敗方的自由受約束或損毀。從社會整體的角度去看，個人自由的追求越熾，對個人自由的約束也越強。（在個人自由的意識形態下，每個人都自定自由的範圍和界限，因此難會有共識，只有政治權利的博弈。這肯定帶來惡性循環：某些人的自由增加了「勝方」就一定代表某些人的自由被剝奪了「敗方」；在個人自由的意識形態底下，敗方哪會服氣，自然伺機反撲；表面結果是有勝有負，實質結果是雙敗 —— 整個社會享受的「總自由量」只會越來越少，或起碼越來越不穩定。）城市規劃的職能是設計和運營在土地 / 空間資源的使用和分配上的政治博弈的擂台，目的是在不改變自由經濟為原則下處理自由經濟的弊端、瑕疵。規劃權力的增加只是暴露了「不損別人自由的自由」的悖論而已。

一般情況，競爭是以政治 / 經濟實力決勝敗，弱勢階層永遠吃虧。偶有某些弱勢分子跟「想有權而未有權」的政治精英聯手，利用社會大眾對弱者的同情，取得勝利。這些難得的「成績」，經學府的表揚、傳媒的渲染，激勵出一批「為民請命派」，與強勢階層對抗。這就是自由社會中的規劃遊戲。毫不意外，在美國，對規劃有真正影響力的不是對土地 / 空間利用有研究的規劃師，而是處理紛爭和訴訟的律師。名律師 Richard Babcock 的《區劃法遊戲》（*The Zoning Game*，1964）和《再談區劃法遊戲》（*The Zoning Game Revisited*，1990）是規劃專業的必讀。

現可看看西方的歷程對我們的啟發。我在〈再談「城市人」：以人為本的

城鎮化〉引用了亞里士多德和阿奎那。現在自我抄襲一下。

亞里士多德有名言：「人是天生的政治動物」（Man is naturally a political animal），「結社是人類天賦的衝動」（The impulse to political association is innate in all men）。結社是種政治組織，最終是「城邦」（State）。亞里士多德認為，人類所有行為都是有目的的。目的的定義是一些「被視為是好的東西」（presumed good）。最原始的結社是男女結合，目的是生孩子；跟著是組織家庭，目的是養孩子；跟著是以血緣為基礎的聚居，目的是相互供給；最終是組織城邦，目的是美好生活。美好生活是結社的最終目的；城邦是結社組織的最高層次，最能提供美好生活的條件。因此他說，「城邦先於家，家先於個人」（「先」，prior to，即優先之意，也可解讀為，「個人的幸福成於家庭，家庭的幸福成於城邦」）。「城邦起於保生存，成於求幸福」（State was formed to make life possible, it exists to make life good）。這也可能是上海世博會，「城市，讓我們生活得更美好」的靈感。

亞里士多德指出，動物也有聚居（如蜜蜂、螞蟻），但人是政治動物，獨有善與惡、義與不義的意識（這是指所有人都知道有善、有惡、有義、有不義，而不是指所有人都同意某事是善還是惡、義還是不義；這個善與惡，義與不義的意識驅使所有人對某事是善還是惡、義還是不義作出判斷和選擇，也就是使人類，有別於獸類，成為道德性的動物）。因此，凡是人類結社就必需，也一定會有一套法（law）和義（justice）的原則去規範各人應守的法則和保證各人應有的權利。在這些規範和保證下人人可以「發揮」（flourish，成為最高貴的動物）。結社（城邦）能使人生活得更美好是因為個人的幸福與整體的幸福相互補充，相得益彰。一方面，群體的力量更能滿足每個人的需要；整體的意識更能提升每個人的品質。另一方面，每個人的投入都會壯大群體的力量；每個人的參與都能豐富整體的意識。也就是，在有法和義規範和保證下的人類聚居，個人會因群體而達幸福，群體會因個人而趨完整，也就是個人／群體的最大幸福。

亞里士多德的法，經阿奎那的演繹和補充，結合了西方的信仰和理性，指向「自然之法」，如下。神之法（也就是天道）稱永恆之法；人憑理性可以揣摩一點，得出來的就叫自然之法。首先是萬物求存，然後是有生命之物（動物）非單求存，並求延續；跟著是人乃理性動物，在求自存和延續中還知要與人共存。「存」不單指生存，是指「按其本質來生存」，就是狗生存得像狗、人生存得人、父親生存得像父親、公民生存得像公民，如此類推。因此，人類的自然之法是自我保存和與人共存，稱為第一原則。阿奎那更指出第一原則是普世的，也就是每一個有理性的人都能知曉。但他也指出，在現實生活中我們的理性會受到我們的內在情緒和外在環境影響，看得和想得不清楚，他稱這為「瑕疵」（defects）。但是，越有理性的人越想他的現實生活與自然之法保持一致。

要說明一下。自然之法無關道德，只關真理。它是客觀的、絕對的，而且是任何有理性的人（孩童、精神病者除外）都能夠知道的，雖然不一定實在知道（因為未有探索），或意圖知道（因為有意迴避）。人可以選擇去遵從或不遵從它，制度也可以扭曲或蒙蔽我們的選擇，但它的邏輯是無可避免的。如果我們不遵從它去做人、做事（無論是個人或群體）就是違反自然，那麼自然也會作出它自然的反應，也就是廣義的「天譴」。在〈阿奎那的「普世價值」〉一文中我指出在人與人的社會關係中，違背自然之法的「天譴」是人際關係的破裂。如父親不以兒子的本質去對待兒子，比如過度寵愛，待兒子如寵物，兒子也不會待父親為父親，而待之如寵物主。這樣，父與子的關係就破裂了。

16 世紀宗教改革之後，現代英語文明採用另一套「現代」自然之法。格羅秀斯（Hugo Grotius，1584—1645，被稱現代自然之法之父）從觀察世事歸納出自愛（self-love）和自利（self-interest）不僅是人的特色，動物和無生命的東西都是如此，因此人類只知自我保存。洛克是稍後於格羅秀斯。他用的自然之法跟格羅秀斯的一樣，已開始脫離阿奎那的古典自然之法。這是完全可以理解的。阿奎那的思想背景是 13 世紀的歐洲宗教大一統（天主教）。

那時是十字軍時代，歐洲一片繁榮安定，但與此同時，一邊是教會腐化，另一邊是文藝復興。希臘古籍（特別是亞里士多德的《倫理學》）的重現引發出洶湧的人文思潮。阿奎那意圖重新整合信仰與理性，為當時的政治與宗教注入新的活力。但是，格羅秀斯的荷蘭、洛克的英國，都屬宗教改革後的新教國家，對「天主教」的東西有先天性的抗拒（新教的英文是 Protestant，是「抗議者」之意）。更重要是，格羅秀斯所處的是歐洲大亂時刻（荷蘭與西班牙的 80 年戰爭是從 1568 到 1648），而洛克所處的也是英國最動盪的內亂時刻。因此，單憑觀察現實就很理所當然地歸納（有異於阿奎那的邏輯演繹）出自愛、自存乃自然之法。而且，這個答案也非常吻合新教對人性的極度悲觀傾向（人性墮落，不能自救，依賴神恩）。

阿奎那的自然之法是從神的永恆之法演繹出來的。格羅秀斯和洛克的自然之法仍帶有神的意識，因此，仍具有神的兒女應該共存的意識。格羅秀斯視之為權宜，「權宜或可被稱為正義與公平之母（Expediency might perhaps be called the mother of justice and equity）」。要注意，洛克跟阿奎那一樣，認為自然之法的「最基本是人類的保存，而違反基本自然之法的人類法律不會是好的或健全的」（見上，洛克），因此，洛克的自由仍帶有一點阿奎那的「自我保存和與人共存」的自然之法第一原則的約制。他要求人要按「團體的幸福、富裕和安全所需，相應地放棄他自給自足的天然自由。這非但是需要，而且是公義（不像格羅秀斯的只有權宜）。因為團體裡的其他成員也是同樣的做」（見上，洛克）。還有，他跟阿奎那一樣，知道自然之法原則的實踐會往往碰上瑕疵，「雖然對所有有理性的人來說，自然之法是清楚和能懂的，但人性自私，而且也會因為沒有費心研究它而不知道」（見上，洛克）。建立政府就是為要約束這傾向，但關鍵的分別是，洛克認為自然之法難守，思如何善後，結論是把人類命運交諸法制；阿奎那知道自然之法不能不守，思如何堅持，認為通過教化與法制人類仍可掌握命運。洛克對人性悲觀，使他他對理性也不敢信賴；阿奎那（其實也是亞里士多德）對理性信賴，使他對人性也敢樂觀。

但下來的休謨、斯密、穆勒，就完全沒有洛克的婉轉或顧忌了。休謨的「人」只是一堆「感知體」，他的行為基本就是自私；斯密為自私帶上光環，提出追求私利會帶來公益；穆勒甚至把個人自由推到包括不道德的自由和自殘的自由，認為鼓勵個性是創意和多元社會的先決條件。到此，「現代自然之法」破產了。今天，大部分西方人不再用「自然之法」（「古典自然之法」他們不願用，「現代自然之法」他們不敢用）作為他們道德和法制的依據，因為單憑觀察和歸納（經驗主義）的東西是沒有絕對性的，不可能是普世的，因此不能作為絕對的、普世的準則。西方人捨棄了自然之法（但他們卻常談「普世價值」），代之以博弈、參與等程序式或制度式的原則去作為政治合法性和道德合理性的依據。但這些程序或制度的原則也是會因人、事、時、空而改變（也就是相對的），因此也未能為政治、道德提供穩定的依據（沒有終決）。這是現代西方經驗主義強調個人、強調自由而產生的不能解的死結。

個人自由的追求產生競爭，競爭導致紛爭。這些紛爭又怎可能通過以追求個人自由為動機的政治博弈及參與去解決？單憑經驗，尤其是在亂世，使人聚焦於人性中性顯的「自我保存」，而忽視了人性中性隱的「與人共存」，得出人性只有自私自利的一面，並奉之為自然之法。這樣的自然之法，用之於經濟理論和社會治理之上，自然產生很多使人在「直覺」上（其實是反映「天道」）知道是不合情理的現象，尤其有關經濟與社會的公平。無怪這套偏差的「現代自然之法」漸漸失去說服力。但現代西方不甘回返「古典自然之法」，就只有在豐富資源的支撐、祖宗餘蔭的緩衝和殘餘傳統的約束下糊糊塗塗地混下去。無怪有人把西方政治形容為「蒙混過關的科學」（*The Science of Muddling Through*，1959，Charles Lindblom，曾任美國政治科學學會會長；這文章也是美國城市規劃學科基本教材）。可以說，洛克式自由實在是顛倒了「人性」，因此也顛覆了「天道」。

從古典自然之法的角度來看，以洛克式的個人自由（包括休謨、密斯、穆勒的提煉）為基石的英語文明是「逆天」的，因為它把自然之法，也就是天道的自我保存和與人共存腰斬了。附生在個人自由之下的資本主義更是

肆無忌憚的強者逐利。但激烈的你爭我奪、無情的優勝劣汰卻觸動了人類天生的、共有的與人共存本性。西方城市規劃實在是個反諷（irony）、悖論（paradox）。在實踐上，規劃需要在追求資本效率的大氣候裡約束某些資本的效率；在提升個人自由的大氣候裡約束某些個人的自由。

西方現代規劃憑甚麼理由去約束某些個人自由？答案是「公益」（這也就是規劃的公安權力的基礎）。難處是，在洛克的經驗主義底下，人人的經驗不同，所以價值觀不同；但人人的價值又應是平等的，因此人人都應有自由去幹他想幹的事。哪麼，公益誰來定？答案是「政治博弈」。撇開從政治博弈得出來的公益是不是真的公益，而按這些公益做出來的規劃是不是好的規劃不談，誰來決定博弈的勝負？答案是（這也是自由世界、資本社會的高招）以人人同意的程序和規矩去決勝負（這也是典型洛克式的程序化政治道德）。撇開人人同意的程序是不是好的程序不談，在個人自由的大氣候裡是沒有人人都同意的東西，於是又要展開另一場更基礎性的政治博弈去決定公益博弈程序的合法性。但是，政治博弈離不開權力，而權力永遠在強者手裡，但強者逐利又是紛爭的源頭。因此，在博弈不斷、勝敗交替之中產生無限的浪費、繃緊的張力。

這套「以程序定公益」的規劃有以下「邏輯」：在個人自由的社會裡，互相逐利產生紛爭，而紛爭的解決只可憑公益；在個人自由的意識下，公益的取決只可來自政治博弈，而政治博弈的合法性只可來自人人同意的博弈程序。但是，在個人自由的社會裡，人人同意是不可能發生的，因此博弈程序的合法性也只可來自政治博弈。也就是說，公益是博弈出來的，博弈程序的合法性也是博弈出來的。直到某些人、某些利益累透了，博弈永不終止，雖然可以暫停。互相逐利既不會停，所以每一刻都會有某些自由被約束，每一刻都會有某些公益有待博弈、某些公益博弈程序有待博弈。這個永無終結的西西弗斯（Sisyphus）循環是腰斬自然之法（古典），拋棄與人共存的必然後遺。

現代資本主義附生於個人主義和自由主義之下。它的不效率和不公平

（請參看「社會主義市場經濟是甚麼？」，《經濟、土地、城市：研究思路與方法》，梁鶴年，商務印書館，2008）激發出現代社會主義，釜底抽薪地把個人自由中的私有產權轉為共有。在城市規劃裡頭，這就是土地「國有」。在中國改革開放的幾十年裡「土地產權國有」帶來很多實踐上的問題，遂出現土地產權私有化的論調，也就是土地擁有權私有化。其「理據」如下：（1）私有產權是自由經濟的基本元素；（2）自由經濟是經濟發展的基本動力；（3）你看，發達的西方國家不都是土地私有嗎？這些「理據」很有問題如下。（1）自由經濟就是自由買賣。買賣的實體是土地，而買賣的實質卻是產權（property rights）。但產權是個組合的權力（bundle of rights），有使用權、開發權、轉讓權、擁有權等等。擁有權的一般定義是「剩餘權利」（residual rights），也就是把使用、開發、轉讓等權利通過合約方式（contracts）割讓後所剩下的「主權」（ownership rights）。關鍵是「主權」擁有者可以經合法程序和補償把合約割讓出去的權利（contracted rights）收回。自由經濟的運作中，不同的權利都可以獨立買賣，只要權限清楚、買賣自由。因此，「主權」國有不影響私有使用權、私有開發權等的自由買賣，也就是不影響自由經濟的運作。（2）自由經濟確實激勵競爭，帶動經濟發展。但這個經濟發展模式並沒有算上競爭之中優勝劣汰的資源浪費和弱肉強食的社會張力，更沒有理會到競爭是不是追求經濟效率的唯一辦法（例如相對於合作）、經濟是不是人類唯一的追求（例如相對於幸福）。（3）西方國家不都是土地私有。像加拿大就有 70% 土地是不同形式的「國有」。作為全球自由經濟典範的香港，在回歸前的土地很大部分不是私有，是從「皇家」（政府）按年期「租」來的。這不但沒有壓抑香港的經濟發展，更是地產蓬勃的因素。（當然，香港的地產經濟帶來的社會張力也是香港最大的隱憂。）

　　土地跟其他財產有一個關鍵的分別。它具有天然壟斷性；作為財產，土地的價值主要來自地點，每幅土地的地點都是獨一無二的（可以類同，但絕不能相同，因為兩幅土地不能落在同一地點），它的擁有者就壟斷這個地點。從社會的層面來看，只有兩種選擇——私人壟斷和國家壟斷。如果由私

人壟斷，社會公益（超越個人利益，從整體幸福出發的公共利益）無望；如果由國家壟斷，社會公益也許有望。

我們不要幻想土地私有之後，人人安居。西方（包括香港）的經濟史（特別「二戰」前後）顯示開發商一定會利誘小戶，把小塊的土地收購，集中開發，賺其厚利。小戶很少不被利誘，正如中國農民小戶，賺點小錢；賺大錢的永遠是開發商。結果是全民「為地產老闆打工」。從土地經濟的角度去看，土地私有是地產商的聚寶盆。社會發展帶來的土地增值從國家的口袋流到他們的口袋去。（上面談到的英國 1947 年城鄉規劃法收購全國土地開發權就是為了要收回土地開發的增值，才用釜底抽薪的手段把開發權收歸國有，再通過增值稅把開發的土地增值收歸國有。當初是增值抽稅 100%，後來的稅率是執政黨按它們的意識形態來定，有多有少，但土地增值歸公的原則至今不變。）

從城市規劃的角度來看，中國搞土地私有化更是笨策。西方政府要在土地私有局面下做城市規劃，花九牛二虎之力搞「無償半徵產」的區劃法，去約束私有產權（個人自由）。中國土地國有，開發商要買開發權，國家完全可以按超越私利的公益做規劃。國家的「代理人」，如地方政府，未能做好規劃，是種失職。但如果土地私有，超越私利的公益就永難達到了。失職可以改過，棄權就是自毀。

有人會指出，開發權從國家手裡轉到私人（包括開發商）手裡後，私人之間可以互相轉讓（第二、三及多次轉讓），規劃約束開發商的難度不就是跟西方一樣嗎？非也。西方（特別是美國）早是產權完全私有；中國是開發權雖然讓出去，然而國家仍保留擁有權。這是個關鍵分別。國家擁有權使國家有更大的法理去「無償半徵產」，因為這個產仍是「屬於」國家的。還有，國家擁有權使國家收回土地增值更有理據。所以，中國走向土地產權私有化屬笨中之笨。首先，把原本不是問題的（以超越個人的公益去約束有限的個人自由）變成問題（產權私有化擴大了個人自由），還把問題變成不能解決的問題 —— 個人自由的理念因而膨脹；超越個人的公益理念因而萎縮；公益

的演繹越看越缺乏原則；公益對個人自由的約束越看越是任意式、即興性。可以說，我們的西化（去上自由主義）會使我們的城市規劃去上如同西方規劃的無能（抵擋不住資本主義的支配）和無奈（實現不了社會主義的理想）。可說是自尋煩惱啊。

第二，把革命的果實（土地全民所有）從人民的手中（土地增值全民共享，而非「幸運者」獨佔）白送給發人民財的資本家來壟斷（通過收購土地、集中開發去支配城市土地的使用和分配）。可以說，我們的西化（走上土地私有）使我們的城市規劃自廢武功。

其實，在社會主義市場經濟底下，我們要建設「讓人生活得更美好」的城市，也就是上面說的按「自我保存和與人共存對稱」的自然之法去發展和管治的城市，是足備條件的，可以分靜態和動態兩方面。

先談靜態條件。在市場經濟底下，土地的使用與開發（包括開發規模的大小）主要靠個人和企業。他們當然想盡量「優化」他們的使用和開發，也就是傾向滿足私利（自存）；在社會主義底下，土地的使用和開發的管治主要是靠政府（相對於依靠市場的供求規律），它當然想盡量「平衡」各方面的需要和訴求，也就是傾向滿足公益（共存）。社會主義配上市場經濟就是以平衡為原則（亞里士多德的「義」，justice）去規範個人的行為以保證人人的追求得到優化（亞里士多德的「發揮」，flourish）。這也就是人類結社的最終目的，起碼理論上如是。但不要輕視理論，因為有理論才能辯正誤，有理想才可定方向。正誤不明、方向不定就是放棄理性，迷信命運。

在若干程度上，英式的規劃管治和美式的規劃管治反映兩種不同取向。個人主義、自由主義雖然是英語文明的特徵，而且發源於英國的洛克、休謨、穆勒，但美國是「青出於藍」。美國是移民國家，立國的意識形態反映來自英國，包括歐洲各地，移民的反迫害心態、求自由心態，對政府權威有先天性的抗拒，對私有土地有莫名的嚮往。相對地，英國本身則延續了根深蒂固的封建意識，在追求個人自由中對政府權威有先天性的尊重，對土地有著「普天之下莫非王土」的歷史意識。兩者的分別具體表現在區劃法。在美

國，地方政府是「贊同」或「不贊同」（approve or not approve）開發者的方案，如果不是「不贊同」就是「贊同」。在英國，政府是「批准」或「不批准」（permit or not permit），如果不是「批准」就是「不批准」。這在理論上和實質上都有很大意義。理論上，「贊同制」建立在權產絕對神聖的意識上：如果政府「不贊同」（也就是政府認為這個私產開發侵犯了公益）就得拿出證據來，因為私產是神聖不可侵犯的。「批准制」是指如果開發者想「被批准」（也就是私產開發者認為自己的開發並沒有侵犯公益）就得拿出證據來，因為雖然土地擁有者的產權是絕對，但他還是要按「團體的幸福，富裕和安全所需，相應地放棄他自給自足的天然自由。這非但是需要，而且是公義，因為團體的其他成員也是同樣的做」（洛克，見上）。在實質上，「贊同制」需要政府在公益沒有絕對標準，只能通過政治博弈來裁定的西方社會現實裡去拿出約束個人自由的公益理據，確實困難，大大約束規劃管理的範圍和權力；「批准制」則需要私產擁有者拿出私產開發並沒有影響公益的理據，也是困難，所以就是給規劃管理創出了較大的空間。可惜，無論是「贊同制」或「批准制」，在西方的個人自由意識下，公益的定義只能來自政治博弈。為此，「贊同」或「批准」與否都不能回歸到某些絕對的，本質性的公益原則（只能回歸到程序性的政治原則，而這些程序性原則也是從博弈得來的）。因此，規劃管理只可能是種政治遊戲。相對地，社會主義傾向公平，起碼在理論上有比較堅固的公益意識（有異於僅靠政治博弈）。在社會主義市場經濟底下，規劃會有政治空間去建立較健全的法理基礎去定義公益來約束私利，以期達到平衡－優化的城市管治。

在動態條件方面，自存、共存的對稱有若自由、民主的對稱。古雅典城的發展給我們很大的啟發。在《西方文明的文化文化基因》一書中我提到 Edmund Bacon 描述的雅典大道建設過程，現節錄在下面。

從公元前五世紀到它的滅亡，雅典城每年都有遊行，紀念雅典娜女神賜給雅典人法治與民主。這就是有名的「泛雅典遊行」（Panathenaic Procession），每四年更是大行鋪張。遊行和遊行的路線與雅典城的發展有密

切關係。這條路既是雅典城工商業和政治活動的主街，也是雅典居民從小就嚮往的每年遊行盛會必經之路。這遊行深入雅典人的集體意識。先是山上演戲，最後一幕，演員與觀眾共同「演出」，由雅典娜女神廟出發，沿泛雅典大道（Panathenaic Way）下城。古希臘的戲劇與宗教關係密切。看戲不是娛樂，而是公民必須參加的一種宗教儀式。演戲的費用由國家負擔，看戲也不用買票。古希臘戲劇輝煌成就和公民精神都與此有關。遊行的目的並不只是製造熱鬧的場面，更是提供一個公民參與的機會。公民既是觀眾也是演員，既渲染了場面，也受場面所感染。遊行路線經過的都是雅典人每天走的路，有神廟、商店、市集、廣場、民居、衙門等等。在這每年一度多姿多彩的遊行裡，官能和靈性的感受深深地嵌在每一個人心裡，久之就成了「集體自覺」（collective consciousness），是雅典城發展的指導。地產商、開發商、建築師們都是這個「集體自覺」的創造者和受造者。沿途每一棟建築、每一處景點，每一個視野都是遊行路線的標點符號；有感歎號，有句號，有引號；或長句，或詩歌，或敘事，各顯風騷，但又都互相補充，是大我中的小我，是個體又是整體。

古雅典是產權私有，但在「民主的文化」底下，整體與個體的關係不是負面的互相約束，而是正面的互相發揮。在某種程度上，我們可以說在自由的社會裡，個人得以發揮是因為人人競爭，但紛爭不斷；在民主的社會裡，個人得以發揮是因為人人合作，是相得益彰。私有是自由競爭的先決條件；共有雖然不是民主合作的必然條件，但是有利條件。

中國國情特殊，擁有權是公有，使用權／開發權私有。但理論上的優勢未能在實踐上被好好利用。（1）理論上，公有擁有權是土地市場穩定的必需條件，因為它解放開國家的調控能力，無需像西方受制於投機者的支配；同時也是充分條件，因為它強化了國家的管治能力，無需像西方區劃法公安權力的曖昧。可惜，這些條件都未有被好好運用。相反地，公有土地被濫用，成為市場不能穩定的因素；被蔑用，成為官僚中飽私囊的財路。（2）理論上，私有的使用／開發權是土地市場蓬勃的必需條件，因為它調動起個人發揮的

活力，能夠積極開發多姿多彩的市場；同時也是充分條件，因為它提升了個人發揮的輕凝，能夠適時回應瞬息萬變的市場。但這些條件也未有被好好利用。相反地，私有使用／開發權被誤用，作為你爭我奪的理據；被盜用，作為投機作假的辯護。

要中國土地、城市好好的發展，我們就不要自廢武功地把產權私有化，而是要發揮公、私權共存的優勢：以公有擁有權的穩定力和權威性去創造私有使用／開發權的活力和適應力。也就是大我平衡下的小我優化。但公與私的權力要分隔，以避免互相糾纏或勾結；公與私的權限要分明，以發揮彼此的優勢與強項。這才是在整體利益的大前提下，各安其所、各盡其才。也正就是柏拉圖所指的「義邦」、亞里士多德所指的「城邦起於得生存，成於求幸福」—— 個人和眾人各分職責，同享幸福。

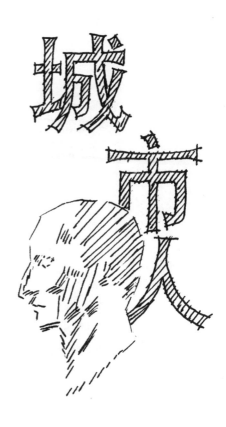

城市

第九章：城市人

城市老鼠去鄉下探親。鄉下老鼠高興極了。把家裡最好吃的都拿出來，款待遠道而來的表哥。「表兄哥，沒有甚麼好的招待，扁豆、生菜、麵包，還有點煙肉。請賞面。」「哎呀，好表弟，謝過了。我實在替你不值，這些東西，在城裡掉了也沒人拾。這樣吧，你來我處住幾天，開開眼界。吃喝一切由表哥安排，你好好的享受享受。」第二天晚上就來到表哥家，在城市最富的地方，單是廚房就夠鄉下一家人住。壁櫥放滿了山珍海味，廚桌上有芝士、蛋糕、糖果、啤酒、烤雞腿、燒牛肉。真的，鄉

下老鼠哪見過這樣的好東西，更遑論品嘗。他倆跳上廚桌，要開殺了。廚房門外傳來兩聲低沉咆哮。還是城市老鼠耳聰，臉色一沉，「不妙！惡狗來了。」馬上拉著鄉下老鼠往下跳，一個箭步往牆洞鑽，兩條大狼狗已經撲到廚桌邊上來。「好險啊！老弟，不好意思，等一會再來。」「老兄，不好意思，等一會我要回鄉下了。」鄉下老鼠心裡想，「焦慮的美酒佳餚，倒不如安寧的清茶淡飯。」

城市生活，鄉村生活，孰好，孰不好，見仁見智，但總覺得兩者不可兼得。霍華德（Ebenezer Howard，現代城市規劃的開山之一）提出「田園城市」（Garden City），要把城市與農村的優點結合；有城市的富裕，但沒有城市的焦慮，有鄉下的安寧但沒有鄉下的單調。可惜，近百年，西方的「田園近郊」（Garden suburbs）卻是兩不像：富裕有之，但單調得很（「千城一貌」）；表面安寧，但內裡焦慮（人都住在 gated community 了）。

開發近郊是規劃專業近百年來的主要存在理由之一。效果如此，非不為也，是不能也，因為現代的城市佈局都是被濃厚而鮮明的，由西方工業革命帶來的城市二元意識所支配，而這套二元意識則是生於追求資本效率（特別是工業生產效率，包括農業工業化）：城市是工商所在，鄉村是農耕所在，各有各的生產、生活特徵，表現在以職業定義的人口類型（白領、藍領，相對於漁、農、牧、獵）和以建築定義的空間模式（高樓大廈相對於村舍田野）。城市與農村被視為兩套平衡的人居形態——非城則村，非村則城，城村（鄉）接壤的地方就是非城非村的「田園近郊」。

這套以資本效率與其相應的空間形式來定義的人居類別是意識形態的產品——追求資本效率乃人類聚居的因與果。但在追求資本效率的過

程中（從當初的工業到現今的金融業），城市走上全球化、超大型化，而農村卻越來越被邊緣化，再不是養活城市的腹地，更不是城市服務的對象。每個城市與其周邊的農村的有機性經濟分工和血緣式社會鏈帶斷裂開了。

與此同時，城與鄉的規則卻保留著以追求工業資本效率為導向的「城市」規劃原則：土地利用按工業功能來劃分，因為這最有利工業資本的運作（雖然浪費土地）；道路系統按小汽車需要來設計，因為這最方便資本比重最高的交通工具（雖然製造堵塞）。今天的人居素質，無論大城小鄉，都反映著以追求資本效率為導向的土地利用和交通設施，對升斗市民的住與行，對勞工大眾的工作與通勤，都是問題多多。

看來，我們要問，追求資本效率是不是現代人居的必然之因。故事裡頭，城市的富裕、鄉下的安寧是不是反映人類對聚居的兩個基本訴求 —— 兩個看來好像不可兼得的訴求。人與居有沒有因果關係？

　　「規劃理論年聚」是一個以跨學科理論去刺激城市規劃理論發展的聚會，由中國城市規劃設計研究院和中國城市規劃學會合辦。形式是每年邀請三兩位來自自然、人文、社會科學或醫、工、藝、商領域的理論家，以最平易的方式把他們本人在本行的理論精華介紹給二三十位來自全國各地的城市規劃學者和工作者。通過隱喻、比擬和聯想，規劃學者和工作者以這些理論去演繹城市現象和開發規劃理論。今年是第四屆，2月份在北京舉行。講者有一位雕塑藝術家，談的是「材料」。他說，在創作過程中，雕塑家是在材料的本質之上發揮自己的風格，在不違背材料的本性之下融進自己的理想。這對我有很大的啟發。作為一個隱喻，我們可以把規劃工作者看做一個工匠，他的最高使命是創造，創造存於他靈魂之中、要呼之才出的美好城市。但他的材料是甚麼？這使我開始思考「城市人」。

　　「城市人」是規劃工作者服務的對象，也同時是規劃工作者創造理想城市的材料。工匠對材料非但要認識，更要尊重。材料的本質不能改變，勉強是沒有幸福的。創造是發揮材料的本質；材料的本質是創造的導航。「城市人」是種甚麼材料？「城市人」會使規劃走出甚麼方向？規劃又怎樣去發揮「城市人」的本質？

經濟人

　　我想向經濟學借鏡。現代經濟學的基石是「經濟人」（Homo economicus），

所有的經濟學分析、論證最終落在「一個理性追求私利的人」。亞當‧斯密把經濟理想形容為「我們的晚餐不是來自屠戶、酒販或烘麵包師傅的善心，而是來自他們對私利的追求」（也就是說「追求私利可達公益」）。但要到米爾（John Stuart Mill，1806—1873）才真正出現「經濟人」的定義：「一個身不由己的，以最低努力、最少犧牲去換取最大所需、最多方便和最高享受的人」。更要到了帕累托（Vilfredo Pareto，1848—1923，意大利社會學家與經濟學家）才採用「經濟人」這個名詞。

　　從 19 世紀後期開始的「福利經濟學」（welfare economic）以至現今流行的「公共選擇理論」（public choice theory）都是以此為基礎假設。當然，這是「徹頭徹尾」的盎格魯‧撒克遜文化，也就是從個人主義和自由主義出發的經濟意識形態（請參考筆者的《西方文明的文化基因》一書，中和出版）。但不管我們認同與否，「經濟人」確是一個非常精簡和扎實的分析假設。正因如此，經濟學才可以拿出一套邏輯嚴謹的理論（市場價格反映供求關係），和一些條理分明的分析工具，例如利昂‧瓦爾拉（Leon Walras）與艾爾弗雷德‧馬歇爾（Alfred Marshall）的供求平衡定理和帕累托的最優化定理（當經濟的分配達到最高效率之際，任何一個人的損失都不會帶來任何其他人的利益）。而城市規劃就是缺乏這樣鮮明的理論和分析。

　　當然，我們可以譏笑「經濟人」假設是多麼膚淺，怎能解釋複雜的世界？多麼寡義，怎配形容高貴的人性？ 2008 年的經濟（金融）危機，哪個經濟學家預測到了？可是，這百多年，這套膚淺、寡義、失准的「科學」卻實在地支配著這個世界，從企業運作到國策取向。前幾年，做為自由經濟喉舌的《經濟人》（*Economist*，2007 年 4 月 7 日）刊出〈經濟人？正確的經濟意識可能是人類進化成功的核心〉（*Homo economicus? Sound economics may lie in the heart of humanity's evolutionary success*）的文章，為「經濟人」戴上最榮耀的桂冠。

　　經濟學者對「經濟人」理念的弱點也頗有自知之明。

　　第一，「經濟人」不會擁有足夠的信息去做出完全理性的決定。於是，有

人提出，以「有限理性」（bounded rationality）去處理不確定的世事優於放棄理性；更有提出「風險與報酬交易」的理論（risk and reward trade-off）去把世事的不確定性轉化為造就「企業家精神」（entrepreneurial spirit）的契機。這基本上是修正理性的定義去支撐「經濟人」的理性。

第二，「經濟人」寡義、唯利是圖、個人至上。於是，有人提出「互惠人」（homo reciprocans），強調人的合作性和公益觀念；更有人提出「社會人」（homo sociologicus），強調社會與文化影響個人價值觀和目標。這基本是修正「私利」與「公益」的定義去支撐「經濟人」的道德性（「追求私利可達公益」）。

第三，「經濟人」強調競爭。弱肉強食之下出現難以接受的社會不公。其中，最有名的理論可能是阿羅（Kenneth J. Arrow，現代美國經濟學家，獲得1972 年諾貝爾經濟學獎，弟子也多人獲獎）的「不可能定理」（Impossibility Theorem）。這定理出自他 1951 年的博士論文《社會福利概念的一個難題》（*A difficulty in the concept of social welfare*）。阿羅的前提是社會性的「公道」。他以三個或較多的方案供人選擇為例。在這種情況下，社會性的公道應具備三個原則：（1）如果人人都認為甲方案優於乙方案，社會的選擇也應是甲優於乙。（2）雖然仍會有丙、丁等方案供選，而且不同的人會把丙、丁排在甲之上，但如果他們並未有改變甲優於乙的選擇，那麼社會選擇也應是甲優於乙。（3）沒有獨裁者可以否決眾人的選擇。阿羅「證明」這三個原則不可能共存（他的邏輯論證簡潔精彩，值得細讀），就是說上面提到的帕累托最優化（即阿羅的頭兩個公道原則）不可能在自由社會（即阿羅的第三個公道原則）存在。

阿羅定理擊中了西方自由經濟的要害——經濟效率與社會公道不能共存；斯密的「私利可達公益」是假的；「經濟人」這金菩薩是泥做的。但西方經濟學和自由主義意識形態也確實厲害，四兩撥千斤成功地把阿羅定理倒過來支撐自由經濟。他們推出「社會選擇理論」（social choice theory）和「公共選擇理論」，創意地演繹了效率與獨裁，創意地放寬阿羅的公道原則（例如

犧牲一點效率，包括以「滿意」取代「最優」；容忍某程度的獨裁，包括接受寡頭壟斷為自由競爭）去維護自由經濟（「經濟人」自由競爭）的合法性。這些都是現今西方經濟學的主流理論。

「經濟人」的強處是它對經濟現象的解釋力。「經濟人」的生產與消費理性解釋了市場的供求、企業的成敗、國策的功過，並能直接地、針對性地指向解決辦法（信息的流暢度、市場的自由度、法治的健全度、文化的開放度，等等）。城市規劃可有這樣基礎性的理論砌塊？

規 劃 理 論

理論有兩類：解釋性（explanatory，聚焦於「是甚麼」）與指導性（normative，聚焦於「該怎樣」，也有譯作「規範性」）。現今城市規劃理論大多是指導性的東西。一般都是從不理想的現象或理想的憧憬出發，然後提出辦法去處理不理想或追求理想。可是，理想與不理想主要出自意識形態；處理或追求的辦法往往是改變經濟模式、社會結構、政治體制。慷慨的陳詞使人興奮，虛無的建議令人失望。

我認為規劃必須從城市現象的解釋去尋求城市問題的解決，也就是從城市的「真」去尋求城市的善與美之道。

多年前我寫過一篇〈城市設計與真善美的追求 —— 一個讀書的構架〉的文章（刊於《城市規劃》1999 年第 1 期），提到幾套求真的理論。珍·雅各（Jane Jacobs）認為城市是社會、經濟、環境多元化和多樣化的最具體現象；而鄰里區是這些現象的最基本單元。規劃的使命是以政策和組織去鼓勵和容納城市裡大大小小的商戶和居民各自自由建設。阿莫斯·拉波波特（Amos Rapoport）認為「環境認識」（environmental perception）是人與環境的最基本關係；「認知」（cognition）是尋找這些關係的內在規律。規劃的使命是組織空間構架去反映市民在這些關係上的需要和價值觀。克里斯托弗·亞歷山大（Christopher Alexander）認為城市是龐大而複雜的系統體。城市活動與城市空

間的關係複雜而微妙，甚至是非空間的。真的城市是「自然」的（相對由規劃者刻意創造的「人工」城市）。自然城市以半網絡型（semi-lattice）的構架來組織城市活動和城市空間，千變萬化。規劃的使命是以這半網絡型的思維去了解和組織一個活躍和開放的城市。梅爾文・韋伯（Melvin Weber）認為城市是「社會秩序的空間現象」。人類聚居之處是人類相互交流之處。交流其實是相互傳達信息。信息的質和量是城市化的真正意義。除小部分的社會活動如排水、消防外，大部分的社會活動都是非空間性的。規劃應聚焦於人類交往所需的各種「聯繫」（communication）方式和渠道上。規劃的使命是建設一個能符合（conform）和配合（accommodate）社會活動過程需要的空間組織和形狀的城市。這也叫「非空間性城市化」（non-place urban realm）。這幾位都談不同的真。但是，這些描繪和解釋都是站在較高的台階，也沒有提出一些比較客觀和精準的變量可供驗證。

　　當然，也有更基礎性的觀察。大家比較熟悉的有：早期伯吉斯（E.W. Burgess）的同心圈（concentric rings）城市、霍伊特（H. Hoyt）的扇形城市和麥肯齊（R.D. McKenzie）的多核心城市。這些都是對城市空間現象的表面觀察。稍後是比較解釋性的理論。霍利（A. Hawley）從人文生態學的觀點去解釋，認為城市的空間格局是市場驅使的空間競爭的結果。阿朗索（W. Alonso）解釋城市的佈局出自消費需求（市民收入和偏好）與土地供給（區位質量和空間數量）的相互作用。溫戈（L. Wingo）解釋土地利用模式是基於交通暢達程度（accessibility），而居住位置的分佈是交通成本與空間成本平衡的結果。魯德爾（T.K. Rudel）以市場（人口與市場力量）與政治（利益關係者和選民）去解釋城市的低密度擴展。

　　這些規劃理論給人的感覺是前期的太硬、後期的太鬆。早期的理論聚焦於城市的物理、工程層面，忽略了人的層面，規劃出平面是圖案、立面是圖畫的城市。有好看、有難看，但都是硬把人套進剛性的框框，要人去適應空間而非要空間去適應人。對這些理論的不滿是可以理解的，改變是不可避免的。現今以社會科學為主的理論（指西方；但西風東漸）差不多完全放棄了

城市的物理層面（時間與空間），聚焦於經濟、社會、政治。但是，甚麼有關人的事情不涉及經濟、社會、政治？為此，這些規劃理論好像事事都管，但都沒有深度，疏鬆得很，更唯獨是不管空間。

規劃理論貧乏是因為城市理論貧乏。城市是「人聚居」的現象，人與居缺一不可。人可以聚在一起看球賽、聽演唱，那不是城市；人可以離群獨居，那不用城市。「聚而居」才會出現城市。因此聚居是個獨特的空間現象。在這個聚而居的空間裡，人從事相應的經濟、社會、政治活動。同樣地，當人想從事這些經濟、社會、政治活動時，他會選擇（營造、進入）這個獨特的聚居空間。因此，要探討、開發城市規劃理論，我們必須要有解釋人聚居的理論，也就是城市理論。

人居科學

「人聚居」是人的聚居，不是螞蟻、蜜蜂的聚居。聚居的空間、經濟、社會、政治現象全是人的事情。因此，我們要從這個選擇聚居的人出發去解釋聚居的現象。要知道何處是理論的中心才知道何處是理論的邊界和理論的範圍，才不會漂浮，才可以扎根，才會有深度。經濟學有「經濟人」，社會學有「社會人」，城市學可不可以有「城市人」？以下是我的一個嘗試。

我認為「城市人」與城市是同一個東西的兩個方面。「城市人」與城市的關係有點像亞里士多德的「潛質」（potentiality）與「實現」（actuality）的關係：「城市人」是城市的材料（本質），城市是「城市人」的體現。這一過程中，我們可以看出亞里士多德談的「變」（change）── 每件事物不斷在變，也就是按著必然的因果關係（亞里士多德的「四因論」，見下），從它的「潛質」走向它的「實現」。規劃工作是在「城市人」本質（質料因，material cause）的基礎上創造為「城市人」服務的城市（目的因，final cause）。規劃工作者是工匠（動力因，efficient cause），他把他的理想城市跟理性「城市人」匹配起來（形式因，formal cause）。理性「城市人」和理想城市的匹配就是材料

與目的的匹配。

　　未展開「城市人」的討論之前，我們必須認清楚城市規劃是社會分工的一部分，負責處理城市空間的事情。規劃工作不是不關注經濟、社會、政治，而是這些關注必須反映到空間分配和使用上才是規劃專業需要考慮的事，必須可以通過空間分配和使用去處理和解決才是規劃專業可以干預的事。不然，我們就是對社會不老實，社會也會對我們不看重。規劃工作者要尊重社會對他的委託和期待，認真去幹，才有資格去拿工資、報酬，不然就是欺場。當然，規劃工作者有權甚至有責任去批評或改革規劃的缺陷、錯誤。但誰會雇用只懂批評、只談改革而不去生產的員工？這類工作崗位少之又少，而且早被學院裡的教授們搶光了（起碼在西方如此）。這不代表規劃工作沒有大作為，但規劃工作者必需要腳踏實地（空間），方有作為。

　　我馬上想到道薩迪亞斯的「人居科學」（Science of Human Settlements）。這裡我要特別向吳良鏞先生致敬。這套出自歐陸思維、理性主義作風的城市理論曾流行於 1960 年代，但被英語體系的規劃學者批得體無完膚。英語體系主流的自由主義意識形態反對「物理決定論」（physical determinism，這其實是有點「莫須有」。被指為「物理決定論者」有誰不承認經濟、社會、政治、文化因素的重要性？）。道薩迪亞斯以人居模式去演繹城市發展動力被批為「物理決定論」，有違自由主義的個人自決原則，是種不民主的「社會工程」（social engineering）。這樣的批評其實有「反理性」（anti-intellectual）傾向，把規劃扭曲為全是政治博弈的東西。在英語學界，道薩迪亞斯的治學方向勢必難找到研究經費。中國學生、學者到英語世界也只能學到自由主義的東西，但這也可能給我們提供發展中國特色規劃理論的空間（但如不及時掌握會很快消失）。多年來，吳先生不斷鼓吹要在「人居科學」中找靈感。他沒有西方（英語體系）理論的包袱，更能看清楚「人居科學」的理論潛力。在英語理論稱霸的年代裡，在人人向它靠攏的洪流中，吳先生真的是擇善（需要智慧）、固執（需要操守）。我希望中國規劃界可認真檢驗一下「人居科學」。

人居科學的「科學」不是狹義的科學，更不是「科學主義」（scientism，也稱「唯科學主義」）。它有點像古希臘的「知識」（knowledge），其實更合適叫「人居知識學」。道薩迪亞斯在 1968 年出版的《人居科學》（*Ekistics: An introduction to the science of human settlements*）一書的「介紹」章的第一句話就引用布什（Vannevar Bush，1890—1974，美國發明家，研製第一台電子模擬計算機，發明網絡分析器）的觀點：「科學沒有絕對的證明，在最重要的問題上，它甚至拿不出證據。對想在我們周圍的神秘、邪惡、殘酷、壯烈中找到一個可靠的避風港的思想者來說，科學工作的一切努力是否枉然？絕不。這裡，科學做兩件事，它使我們謙遜；它照亮神秘，擺脫幻想和推測的約束，描繪一個我們在凝視中越來越感到敬畏的宇宙。」

首先，道薩迪亞斯把人居形容為一個空間現象，由五組人居元素（ekistic elements）組成。

第一，自然（nature），包括地質、地貌、土壤、氣候、水資源、動植物。

第二，人（man），包括生物性的需要（空氣、空間、溫度）、官能感覺、感情需要、道德價值。

第三，社會（society），包括人口結構與密度、社會階層、文化模式、經濟發展、教育、健康與福利、法律管治。

第四，殼體（shell），包括住房、社團設施、商店商場、娛樂設施、行政與商業中心、工業、交通樞紐。

第五，網絡（network），包括水、電、運輸、通訊、城市佈局。

道薩迪亞斯認為人類按五個原則（邏輯）去塑造他們的「居處」。也就是說，「人居」（人類的居處）的面貌反映如下這五個原則（我用的是道薩迪亞斯的詞彙和語調）。

第一，追求與他人、自然環境、人工環境的最大接觸機會。這其實就是個人自由在操作上的定義。為此，人類放棄伊甸園，因為如果被圍牆包圍著，就算是生活在最好的環境裡，人仍有被困之感。但是，人獸有別。到達飽點之後，動物就會停止追逐接觸機會。只有人類永不休止地追求接觸機會。

第二，以最小氣力去爭取實質的接觸或接觸機會。人們按此去營造人居結構的形狀和選擇網絡路線的佈局。

第三，以適當距離去營造最優生活空間。一方面保持與人、物的接觸，另一方面避開感官上或心理上的不適、不安。

第四，以秩序化（order，包括生理與美學的考慮）去營造人與他周圍環境（包括自然、他人、社會、殼體、網絡）最優質的關係。

第五，按時、空、實際和能力去整合以上四個原則來組織最優人居：最大接觸、最少氣力（特別是能源）、恰當距離、優質環境。

道薩迪亞斯的基本理念是：空間上的接觸機會是好事（第一原則）。這產生以下：接觸機會是要花氣力去追求的，但希望花的盡量少（第二原則）；接觸機會的增加代表人與人的距離縮小，會帶來生活不適、不安，要盡量保護生活空間（第三原則）；接觸機會的增加意味著人與周圍環境（自然、他人、社會、殼體、網絡）的接觸頻率密了，關係也複雜了，會產生矛盾與張力，要盡量維持環境素質（第四原則）。第五原則是「整合」（synthesize）以上四個原則，應多的多、應少的少，也可以演釋為接觸機會的最優化：以最小的氣力，不低於一定的生活與環境素質之下，去追求最大的接觸機會。

到此，道薩迪亞斯的人居科學可以方程式化：空間接觸機會 = $\int$（人居變量）。接觸機會有正面的，如找工作、上學校、買東西、交朋友等；也有負面的，如車禍、犯罪、紛爭、污染等。人居科學方程式可以用來衡量每一個接觸機會。

城市人

人居科學對我的最大啟發是「人居」乃人類理性的產品，來自理性的「城市人」（Homo urbanicus），可定義為「一個理性選擇聚居去追求空間接觸機會的人」（這個人可以是選擇「進住」某類人居，也可以是選擇「留住」某類人居）。（1）他對正、負接觸機會的辨別是理性的，因為是絕對的主觀；他

的認識不一定充分，但愛、憎是肯定分明。（2）他對接觸機會的追求是理性的，因為他以最優化「方程式」去設計最省力的追求手段；他的設計不一定高明，但動機是完全鮮明。（3）他對居處的選擇是理性的，因為他選擇居處是通過衡量該處的正、負接觸機會多寡而決定的；他的選擇不一定正確，但衡量是絕對刻意。

接觸機會是甚麼？有甚麼意義？道薩迪亞斯的出發點是自由。他認為自由是人類的基本追求，自由的體現在選擇（choice）。人聚居在一起是為了追求更大的自由，因為自由來自選擇，選擇來自聚居帶來的空間接觸機會。這些接觸機會包括一切起、居、作、息的活動。但是，在接觸中，人同時需要安全（safe）和安全感（feeling safe）。平衡接觸與安全就是他五個原則的縮影。

道薩迪亞斯認為空間接觸主要來自空間移動。接觸的機會包括兩個考慮：「想去多遠和多少地方」，是主觀的；「可以到達多遠和多少地方」，是客觀的。他認為理想是 10 分鐘之內可達所有想去的地方。但他觀察到在實際中（歷史的驗證）這需要 60 分鐘。他認為 60 分鐘代表人類時間分配（每天 24 小時）的最優化。但他分開步行和車行，認為步行是人類的「天然移動」，才是真正的自由，因為不需依賴工具（或受工具的支配），保存了「人的尺度」（human scale，以人的天賦官能與體能去體驗世界）。這樣，人才可以真正地（以人為本）衡量世界、支配世界。所以，他強調步行是人權。

要接觸就要暴露。暴露是接觸的必需條件，但也可能招來麻煩或危險。道薩迪亞斯以小童在街上跑為例：小童的自由增加了，接觸多了，但危險也大了，因此，接觸與安全是同等重要。人追求的是安全的接觸。但安全非但要是客觀的事實，還要是主觀的感覺。其實，人聚居在一起所追求的是有安全感的接觸機會。越遠的、越少接觸的，越感到生疏，越感到不安全，越需要適應。適應是需要時間的，而且適應力也是要成長的。因此，人的活動範圍的拓展是按著生命階段漸進的，人居規模的拓展也會是漸進的。

道薩迪亞斯觀察到接觸可以使人覺得自由或壓迫、安全或威脅、舒適或

不暢、美或醜。這些感覺古今不同。從前城市小，近距離接觸多，遠距離接觸少。擁擠、噪聲、廢氣都集中在房子裡、鄰里間、城中心。現今，房子、鄰里的環境改善了，但與自然的接觸少了，代之以與機器的接觸（電梯、空調、汽車等）。城市規模擴大了，遠距離接觸多了，但噪聲、擁擠、廢氣都跑到街上去，擴散四方。確實，身處現今的大都市，可以看見來自世界各處的人，但卻看不見近在咫尺的鄰居。

總的來說，人的接觸量多了，選擇多了，但又往往有過多之感，變成壓力，甚至想避開。在同一的人居內，不同年齡、性別與生命階段的人需要不同種類、不同強度的接觸。這與人居密度有絕對關係，太疏、太密都不成。但道薩迪亞斯認為合理的密度（density，人與空間的比例）是相對於人居規模的。由於人的體能、動機往往不同，所謂合適密度也只是針對典型情況而定。

小結一下。道薩迪亞斯給我以下啟發：（1）人追求自由，自由來自選擇。（2）人聚居是想通過增加對自然、他人、社會、殼體、網絡的接觸機會而增加選擇。（3）不同的人有不同的動機和能力去接觸，最關鍵的變量是人的年齡和生命階段。「城市人」的類別應以此為基礎。（4）聚居會增加接觸的機會，關鍵的變量是人居規模，特別是密度。規模與密度是人居提供空間接觸機會的關鍵變量。人居的類別可以此為基礎。

規劃聚焦於「城市人」與人居的匹配，實際上就是典型「城市人」與典型人居的匹配。因此，規劃工作需要辨認這些典型，衡量現實與典型的差距，進而提升人居空間素質去滿足「城市人」的追求。人居與人的關係猶如衣服與人的關係。衣不稱身是衣服做的不妥，不是人長得不好（而且人是不斷成長，每個生命階段的身材不同）。規劃設計合度的人居猶如裁縫剪裁稱身的衣服。以匹配「城市人」與人居為己任的城市規劃工作自然是以典型「城市人」為服務對象，並保證非典型「城市人」也有一定（最低門檻）的滿足。這樣的規劃有點「實用主義」（utilitarianism）的意味：追求最大多數人的最大滿足。

現分別思考一下「城市人」典型和人居典型。兩者互動 —— 某類典型

「城市人」追求某類典型接觸機會；某類典型人居提供某類典型接觸機會。因此，典型「城市人」選擇合適他的典型人居，或塑造典型人居去滿足他追求的典型接觸機會。

「城市人」典型

「城市人」典型出自「物以類聚」。人選擇聚居在一起是因為他們追求某些東西而這些東西只有聚居在一起才能得到（西方學者發現住在同類房子的人，無論是郊區平房或市區公寓，之所以選擇這類房子，是因為他們喜歡這類房子，而不是因為他們有類似的收入、受教育程度等經濟與社會因素）。「人以居聚」是「城市人」典型的基礎假設。不同類別的「城市人」尋找不同的接觸機會（求），不同的人居類別供給不同的接觸機會（供）。因此，在特定的經濟模式、社會結構和政治體制下，特定人居類別將是特定接觸機會的供求交匯點（當然，不同的經濟、社會或政治會產生不同的接觸機會，吸引不同的「城市人」）。每個人居類別會產生不同的接觸機會，吸引不同的「城市人」。每特定類別的人居會使某類別的「城市人」得到最大的滿足，這類「城市人」就是相對於這類人居的典型「城市人」。

舉個例子，某類「城市人」想為孩子找「好學校」。作為空間接觸機會，「好學校」（師資、規模、校譽等）是以它的「可達性」（accessibility，一般是以距離的上限來定）來衡量。但可達性高的好學校往往也是費用高（學費、雜費、註冊費種種）。費用的「高低」要視乎「城市人」的「支付力」（affordability）。「支付力」是彈性的。有些家長願意「多付」。「多付」不是絕對的理念，是相對於收入而言。一般來說，在實際情況中會有一個社會性的「共識」（norm），例如孩子教育支出應是家庭收入的百分之若干。超過了，大部分人就會有不滿意之感，認為是「多付」。從整個人居的角度去看，「城市人」與人居的「匹配」就是「可達性」與「支付力」的最優化。在規劃上的意義就是通過土地的部署、分配和空間設計去使最多的家長在不超過他

們支付力的情況下，可以把孩子送到「可達」的「好學校」。反過來看，就是通過土地的部署、分配和空間設計去使最少的家長需要多付才可送孩子到一所「可達」的「好學校」。這個例子中，接觸機會是「好學校」，典型「城市人」是有適齡學童的家長（也反映了道薩迪亞斯以年齡與生命階段去定義「城市人」的高明）。這樣的規劃才可稱是「以人為本」。要注意，「城市人」與人居是互動的：「城市人」的行為（包括經濟、政治，有意、潛意）塑造人居條件；人居條件刺激「城市人」的行為。但這互動是有方向的 —— 提升接觸機會。規劃的作用就是指引和協調這些互動。要發揮這個作用就得研究「城市人」典型和人居類別的匹配。

人居典型

人居典型也可以參照道薩迪亞斯的人居類別。道薩迪亞斯聚焦於人口規模，將人居類別分為 15 類，從個人到全球。他以德國地理學家克里斯塔勒（Walter Christaller）在 1933 年提出的「中心地理論」（central place theory）為基礎，以等邊六邊形作為城市的交通、通訊、商業網絡的單元，7 倍遞進式地擴張（六邊形的每一邊都可以生出一個同等面積的六邊形，也就是一生七），人口也按此遞增（表 1）。

道薩迪亞斯聚焦於人居規模如何影響接觸機會、生活空間和環境素質。他按他的五個原則去追蹤這兩個多世紀以來西方人居規模不斷擴大的過程。他觀察到 10 個人居規模擴大的推動力，從人體的生理結構和體能到大自然的地心引力和地理條件，以致人類發明的科技（特別是交通）、組織和系統。他的結論是人類體能的影響力趨弱（有異於中古城市），大自然和科技的影響力趨強。最後結論是理想人居規模不存在。

當然，這些都絕不是新發現。早在 1960 年代就有不少人研究人居規模（從鄰里區到大都會範圍都有）對接觸機會（一般包括就業、教育、購物、娛樂等機會）、生活空間、環境素質的影響。道薩迪亞斯與眾不同之處有三：

編號	人居類別	人口數量（人）	佔地面積
1	個人（anthropo）	1	3m²
2	房間（room）	2	15m²
3	住宅（home）	4	50m²
4	屋群（home group）	40	0.005km²
5	小鄰里（small neighborhood）	250	0.03km²
6	鄰里（neighborhood）	1500	0.2km²
7	小城（small polis）	9000	1.2km²
8	城（polis）	5 萬	7km²
9	小都市（small metropolis）	30 萬	40km²
10	都市（metropolis）	200 萬	300km²
11	小都會（small megalopolis）	1400 萬	5000km²
12	都會（megalopolis）	1 億	8 萬 km²
13	大都會（small eperopolis）	7 億	80 萬 km²
14	特大都會（eperopolis）	50 億	600 萬 km²
15	全球都會（ecumenopolis）	300 億	4000 萬 km²

（1）以接觸機會去歸納發生於城市裡的種種活動，並以追求接觸機會作為人類聚居的動機；（2）以追求不同接觸機會去區別不同類別的「城市人」；（3）以人居規模去解釋接觸機會的質與量。這給我兩個啟發。

　　第一，道薩迪亞斯的人居規模類別約束我應該而且可以把泛泛的觀察和分析套進一套有明確上、下限和交匯點的人居規模系統之中。我不一定認同他的類別，但我接受人居規模是城市素質（接觸機會）的基本解釋變量。

　　第二，綜合道薩迪亞斯的人居規模類別系統和人居塑造原則，我得出以下結論：（1）城市是人類「聚居」的空間現象；（2）聚居是為了增加空間上的接觸機會；（3）人們聚得越多、越密，接觸機會越大（相對追求的氣力）；（4）人們聚得越多、越密，生活空間越緊張，環境素質越差。

　　看來，人居規模是兩刃劍。它創造空間接觸機會，也引發生活空間緊張和環境素質下降，可以有以下的演繹。（1）生活空間緊張是因為人與人的距離拉近了，空間上的接觸多了，摩擦也相應多了。因此，生活空間緊張其

實也是基於人居規模，但是種負面的接觸。（2）環境素質下降是因為人與周圍環境（自然、他人、社會、殼體、網絡）的接觸頻率密了、關係複雜了，產生出矛盾與張力。因此，環境素質下降也是基於人居規模，也是種負面的接觸。

人口規模是不是人居典型的唯一變量？「城市人」選擇聚居去追求空間接觸機會。聚居是關鍵。經濟能力、文化背景、政治因素等都影響「聚」的模式，但「聚」肯定是個空間現象。「城市人」理性地利用（也同時塑造）這空間現象去追求和提升他的接觸機會。「聚」其實是包含 3 個變量：人口規模、人口結構、人居密度。這些也應是人居典型的具體變量。

第一，人口規模 —— 道薩迪亞斯以人口規模劃分的人居典型有 15 個。前 3 個（1 人到 4 人）小於規劃範圍，後 3 個（7 億到 300 億人）則遠超規劃範圍。這不是說規劃工作不用考慮它們（「住宅」尤其重要），但「城市人」的選擇和規劃者的職能都是集中在屋群（40 人）到都會（1 億人）的範圍內。道薩迪亞斯從歷史和跨國度、跨文化的研究中發現這套系統很能反映人居的類別。人口規模肯定是人居規模的基本變量，而人居規模也肯定是空間接觸機會的基本變量。我們可先行借用一下作為我們人居典型的第一組變量。

第二，人口結構 —— 理性的「城市人」會以最省力的手段去追求最優化的接觸機會。「城市人」主觀地判斷甚麼是他的正、負接觸，他的理性會帶領他選擇最能匹配他需要的人居。他的經驗（親歷的、道聽途說的、研究出來的）會告訴他接觸機會與人居類別是緊連的，因此他會自然地傾向選擇某類別的人居，也預期這些人居能滿足他的需要。但是，聚居一起的可能不單只是一類的「城市人」（以年齡、生命階段去定義），更可能是多類的「城市人」，大家在追求不同類的接觸機會。同時，他們的年齡與生命階段不斷改變，導致他們追求的接觸機會改變，他們創造給別人的接觸機會也發生改變，因此他們所屬的「城市人」類別也隨之而變。看來，在一定的時空裡，一定的人口規模下，會有不同的人口結構，追求和提供不同的接觸機會。因此，人口結構也應是人居典型的基本變量。通過觀察和比較現有的人居類別

（按人口規模定義）和居民的滿意程度（對接觸機會的滿意程度），我們應該可以分辨出哪類人居吸引哪類「城市人」。這幫助我們制定人口結構的典型（對應各人口規模的典型），作為人居典型的另一組變量。

第三，人居密度——道薩迪亞斯套用克里斯塔勒的等邊六邊形去部署人居的平面空間（當然還考慮自然環境和科技條件的影響），因此，他的人居面積規模是以 7 倍遞進的，而人口規模也按此不斷遞升（表 1）。也就是說，他的人均用地基本不變。在這點上，道薩迪亞斯的理論與現實脫節。在現實中，城市人口規模越大，人均用地越少，起碼在建成區是如此。人均用地下降是空間接觸機會（正與負）增加的主因。因此，人均用地就是人居密度的基礎衡量（其他變量如容積率、樓層數等都可以追溯到人均用地）。人口多、密度高自然會創造更多的接觸機會（正與負）。人居密度直接影響空間接觸機會，是規劃工作的焦點。規劃不能直接干預人口規模和人口結構，但它直接干預人居密度，並以此去間接影響人口規模和人口結構。可用的手段包括道路系統、功能等級、園林格局、樓層分佈、城市肌理等等。看來，人居密度也應是人居典型的一組變量。

「城市人」理論建設

「城市人」的定義是「一個理性選擇聚居去追求空間接觸機會的人」。「人居科學」把「城市人」的選擇具體化。結合兩者可得出以下觀點。

第一，人居是種空間現象。人通過空間上的聚居去追求與他人、與天然環境、與人工環境的接觸機會。

第二，在一定的經濟模式、社會結構、政治體制之下，空間接觸機會的質與量決定於人口規模、人口結構和人居密度。

第三，接觸機會增加會使人的選擇增加，選擇賦予人自由。這是正面接觸，例如找工作、上學校、買東西、交朋友等。理性追求正面接觸機會就是以最少的氣力去獲取最多的正面接觸。

第四，接觸機會增加也會使生活空間緊張、環境素質下降。這是負面接觸，例如車禍、犯罪、紛爭、污染等。理性抗拒（反追求）負面接觸機會就是以最少的氣力去處理（包括避開）最多的負面接觸。

接觸機會多、寡是客觀事實 —— 同類的人居會提供同量的接觸機會，「城市人」就算不全知也必有微覺。接觸機會的正、負是主觀判斷 —— 同類的「城市人」有同樣的判斷，「城市人」不一定自覺，但可以研究追蹤、科學驗證。在這基礎上，我們可以建立一套與人居類別對等的「城市人」類別，如下。

「城市人」理性地選擇（進住或留住）某類人居去追求聚居的接觸機會。不同類別的「城市人」對人居有不同的期望，是主觀的。不同類別的人居有不同的接觸機會，是客觀的。規劃不應勉強客觀事實去遷就主觀需要，因為這是不效率；也不應勉強主觀需要去遷就客觀事實，因為這是不公平。上策是匹配。「城市人」的需要與期望難改變，規劃工作者要做的是去辨認它。理性「城市人」會理解不同人居類別會供給不同接觸機會，因此他會盡量自找匹配。在現實裡，居民和人居是大致匹配的（可以說，這是「物以類聚」的空間現象：「人以居聚」）。這種「自選」（self-select）的匹配會在不同類別的人居產生不同類別的居民。這個事實可以幫助規劃工作者按人居類別去制定「城市人」典型。

「城市人」的需要與期望既難改變（起碼短期內不會），「以人為本」的規劃應通過優化人居的接觸機會去提升「城市人」與其所選人居的匹配程度。在現實裡，「城市人」對其所選、所在人居的滿意程度不一。這是「城市人」與人居匹配的評價指標：在同類人居中，典型「城市人」的需要和期望跟人居所供給的接觸機會的匹配程度反映規劃手段的成效。這可用來指導規劃工作，因為規劃工作就是通過對空間的分配和使用去提升接觸機會。可見，「城市人」理念為解釋城市、指導規劃提供了一個比較邏輯和科學的理論基礎。

「回歸分析」（regression analysis）有助「城市人」理論的建設。基本公式是：空間接觸機會 = ∫（人居變量）。以「好學校」的接觸機會為例。作為

家長的「城市人」有他的「好學校」標準，如師資、規模、上學路程（腳程、車程）、費用等（這些可經調研市民掌握）。跟著，選一批經濟模式、社會結構、政治體制相類似，但人居類別（人口規模、人口結構、人居密度）不一的城市（或市內的區）。然後，在每個城市（區）數一數有多少的「好學校」（這可經調研學校掌握）。回歸分析就是以各城市（區）的「好學校」數量回歸於這些城市的人居變量（人口規模、人口結構、人居密度，可以細分）。得出的回歸系數可以幫助我們認識哪些人居變量最能夠影響一個城市的「好學校」數量。接著，再回頭檢驗各城市如何通過規劃手段，例如道路系統、功能等級、城市肌理等去操作這些變量。研究得出的結果可以幫助城市間相互學習去提升接觸「好學校」的機會。回歸分析可用來尋找任何與造成正、負接觸機會相關的人居變量及有效的規劃手段。

最優化分析（optimization）也可助「城市人」理論的建設。基本的公式是：在一定的約束和門檻之下追求某個正面接觸機會的最大化（或某個負面接觸機會的最小化）。再以找「好學校」為例。選一批經濟模式、社會結構、政治體制相似，而人居變量也相若的城市（區），把它們按「好學校」的多寡排列。按邏輯，這些類別相若的人居應有相若數量的「好學校」，不然，就是因為規劃未能妥善處理人居變量。因此，我們可以邏輯地假設排在前面的市（區）代表成功規劃，是這一個人居類別的「好學校」規劃典範。最優化分析可用來鑒定每一個人居類別中，每種正、負接觸機會應有的上、下限，並以此來衡量規劃的成敗，檢驗不同規劃手段的效應和效率。

無論是回歸分析、最優化分析或其他科學驗證，都要考慮量化和細分問題。

先談量化。人居變量如密度、接觸機會如距離、「城市人」類別如年齡，都可以數字化。但人居變量的人口結構、接觸機會的安全感覺、「城市人」的生命階段等等就比較難數字化。跟一般的社會科學不同，規劃是處理空間的學問，要服從空間的物理條件。物理條件不容許我們在同一個空間、同一個

時間做不同的事。社會科學分析（經濟、社會、政治等等）可以「證明」某一地塊同樣地適宜建學校或蓋商場，但規劃只可以選其一。因此，規劃與設計永遠需要做出取捨，這需要排輕重、分先後。這些都可以量化（如甲優於乙），但不一定能數字化（如甲 2 倍優於乙）。當然，輕重、先後的決定可以是非常複雜、牽涉多種利益和觀點。我們可以用比例（ratio）、排列（rank）、權重（weight）等辦法幫助我們處理不同的變量。但是，量化不代表精準。英語有說「垃圾進、垃圾出」（Garbage in, garbage out）。精準首先來自觀察和評估。觀察不清、評估偏差的原始資料，經過數學處理會產出看來非常嚴謹、其實非常鬆散、甚至錯誤的「數據」。更值得注意的是，規劃的精準度不能、也不應跟自然科學相比，絕不應因數字上的一點點差異而大做文章。恰當和謹慎的量化會幫助決策，錯誤或草率的量化會誤導決策，甚至破壞整個決策程序。

細分也是個考慮。上面談到的接觸機會、人居類別和「城市人」類型都是粗放的，當然可以和應該細分。但是細分要有目的。不然，就像剝洋蔥，一層層地剝下去（細分下去），最後甚麼都沒有。規劃的焦點是空間。經濟模式、社會結構、政治體制不是我們的份內事。它們在空間上的表徵，如距離、地點、形狀等，才是我們可以干預的事。認清這點就知道甚麼是不能幹；知道甚麼是不能幹才知道甚麼是可以幹。正如「天時」，改不了的。但在任何一個天時之下都有很多可以幹的事。關鍵是順天與逆天之別。人性也是難改，但人性與經濟模式、社會結構、政治體制不一樣。人性傾向是多方面的。不同的環境引發不同的傾向，產生不同的行為。井井有條的空間會引發出規規矩矩的行為，骯髒、混亂的空間怎會有清靜無為之治？以下是一些細分的原則。

第一，以人居規模為指引。在不同規模的人居裡，規劃幹的事情和用的工具都不一樣。例如鄰里區的內街聚焦於安全，市區的馬路聚焦於可達，都會的高架路聚焦在速度。不同人居規模應有不同的細分方案。

第二，以空間為焦點。規劃是通過空間去匹配「城市人」和他追求的接觸機會。因此，規劃工作是演繹接觸機會的空間表徵。再以「好學校」為例，「好學校」的定義可以包括師資、費用、規模、環境和距離等。好的師資、合適的規模是教育的事；可承受的費用是經濟與社會的考慮。這些，規劃工作者要有一定的認識，但規劃工作是聚焦於環境和距離。恰當距離會因中、小學生而異。因此「好學校」，作為正面的空間接觸機會，可以細分為「恰當距離的好中學」、「恰當距離的好小學」等。

第三，以典型為砌塊。建設理論需要歸納事實，歸納一定需要抽象。人人不同、事事不一是事實，在這事實底下不可能有典型。那麼就像1：1地圖，有啥用？但是，人人不同、事事不一隻是事實的一個側面。事實有很多側面，其中一個是人人一樣、事事皆同。典型出於共性（起碼是某方面的共性），否則不可能有中國人、上海人、富人、窮人的類別，甚至不可能有人。抽象是人類生存不可缺的思維範式。道薩迪亞斯提出了 15 個人居規模的典型。這不是說道薩迪亞斯的典型規模一定適合今天中國的國情，但沒有典型就沒法做分析，沒法做規劃。每個典型人居都有其典型的人居變量和接觸機會。做鄰里區規劃就需要考慮典型的住宅；做街區規劃就要考慮典型的鄰里；作市區規劃就要考慮典型的街區。典型當然可以多個，例如鄰里的典型住宅可以包括公寓式、平房式、排房式等等。心理學家發現，我們的大腦不能同時處理多於 9 樣事情。看來道薩迪亞斯的 9 個人居規模典型是個好的開端。人居變量、接觸機會的細分也不可過濫。但同時要留意典型以外的「例外」，求同不忘存異。過馬路的行人燈是按「一般人」的行速設計的，兼顧行人與行車的效率。長者或幼兒走得慢，因此馬路中央會設有「安全島」，讓他們可以分兩段過馬路。這是求同存異的典型。

到這裡，我們或者會問，「城市人」是不是就是「經濟人」的子集（subset）？《經濟人》雜誌在 1999 年 12 月 3 日有一篇〈城市人的末日？想打賭嗎？〉（*The end of urban man? Care to bet?*）的文章就把「經濟人」提升為城市創造者。「城市人」與「經濟人」有很多相似的地方。「經濟人」理性地

追求私利，如果私利包括空間接觸機會，豈不就是「城市人」？況且，「經濟人」也是追求最優化，追求市場中供與求的匹配。我有以下看法。「城市人」想以最少氣力（成本）去得到最多接觸機會（效益），因此他是個「經濟人」。「城市人」塑造，包括通過政治手段、美好的人居，因此他是個「政治人」。但是，「城市人」聚焦於人居的變量（人口、結構、密度），視之為空間接觸機會的必要條件。可見，「城市人」有「經濟人」、「社會人」、「政治人」的成份，但是另一類人。

接觸機會是件「公眾產品」（public good），沒有個別的買賣，也無人可避免。市場講「需求」（demand），規劃講「需要」（need）。「城市人」理念把市場的供求規律加諸規劃，要規劃工作者約束自身理想的衝動，多考慮匹配「城市人」的需要，可以說是把市場紀律加諸「公眾產品」。

其實，「城市人」與「經濟人」的最大分別是他不代表意識形態。「經濟人」是理想經濟的基礎，因為「追求私利可達公益」。「城市人」不是理想城市的基礎。「城市人」追求的接觸機會不一定是道德的，甚至不一定對他好。

「經濟人」是帕累托最優化的基礎，因此也就是自由經濟的理論和道德基礎。阿羅的「不可能定理」證明了自由經濟（效率）與非獨裁（公平）不能共存。西方經濟學（自由經濟）被暴露為一棟地基不穩的巍昂大廈。從此，西方經濟學成了一門充滿歉意和妥協的學問（老實和智慧的經濟學者大都承認）。也許因為城市規劃還未是一門成熟的學問，地基還未打好，因此沒有巍昂的上層建築。但更關鍵的是從一開始，規劃就是聚焦公益、強單干預，沒有尷尬、無須妥協。但只恨才疏學淺，往往力不從心，有失所託。「城市人」理念應可以在不犧牲規劃的公益使命和服務精神之下，加強它的科學性和邏輯性。

但理性「城市人」的理念也有其限制。「城市人」理性不能推得太極端，不然就墜入「經濟人」的理論困境，尤其是社會公道與經濟效率的不可解矛盾。更甚之，會把規劃的公益使命本末倒置。「城市人」是種分析理念，不一定是規劃的服務對象。規劃是有道德性的。匹配「城市人」與人居只是效率

的考慮。「城市人」的理性不一定代表社會理性、政治理性、道德理性。而且，「城市人」也不會完全理性（包括信息不足、認識不明），他的選擇也不一定完全自由。所以，規劃「匹配」只是為最多的「城市人」供給最佳的接觸機會。但規劃也要為不理性、不自由的城市居民服務。「城市人」理念會提升規劃工作的邏輯，但不會減輕規劃工作的難度。

「城市人」理念幫助規劃聚焦於空間接觸機會，幫助規劃工作者鑒辨人居典型和「城市人」典型，鑒辨哪些人居變量最能影響哪些空間接觸機會、哪些規劃手段最能影響哪些人居變量。如此，規劃工作者就可以使用最合適的規劃手段去提升「城市人」的空間接觸機會。但是，城市規劃不可能改變城市的經濟模式、社會結構、政治體制。貧富之別、貴賤之分不是城市規劃改變得來的。唯是城市規劃仍要保證最邊緣的人都有起碼的生活空間和基本服務，因為這是人的起碼尊嚴；要防止最主流的人侵佔大眾的生活空間、壟斷大眾的基本服務，因為這是人的起碼公道。當然，甚麼是「起碼」會因時、地而異，規劃工作者可參與討論。這是規劃工作的經濟、社會、政治切入點。

結語

第一，道薩迪亞斯人居科學的啟發有兩點：（1）「人以居聚」。聚居是為了追求更多、更好地與他人、與環境接觸；（2）不同類別的人居提供不同質、量的空間接觸機會。

第二，「經濟人」啟發出「城市人」：一個理性選擇聚居去追求空間接觸機會的人。

第三，「城市人」與人居的關係是「城市人」理性地選擇最能供給他所需的人居。不同類別的「城市人」選擇不同的空間接觸；不同類別的人居供給不同的空間接觸機會（這點其實也反映上文談到求「真」的幾位大師的方向，特別是克里斯托弗·亞歷山大和梅爾文·韋伯）。

第四，「城市人」類別的主要變量是年齡、性別和生命階段。人居類別的

主要變量是人口規模、人口結構和人居密度（這些都是可以和需要適度地進行量化和細分）。在特定的經濟、社會、政治條件下，從空間接觸機會的求與供可以鑒認出相互呼應的「城市人」典型和人居典型。

第五，「城市人」典型與人居典型提供一個模板，幫助規劃工作者衡量和評價在實際中某些居民的要求是否合理（與相類的「城市人」典型比較）、某類人居的供給是否最優（與相類的人居典型比較）。同時，也提供一個範式去幫助規劃工作者提升居民的理性（通過參考典型「城市人」的理性選擇）和優化人居的條件（通過參考成功人居的規劃手段）。

規劃聚焦於「城市人」與人居的匹配。匹配的成敗是看人居能否滿足「城市人」的追求；而「城市人」的追求是基於他對不同接觸機會的愛或憎。這裡，我們要認清一點，「城市人」愛甚麼、憎甚麼不是他本質所在。「城市人」的本質是無論他愛甚麼、憎甚麼，都是基於理性。這種理性的愛與憎才是「城市人」的本質，才是創造美好城市的「材料」。在今年「規劃理論年聚」講話的雕塑家給我的啟發是：材料是改不了的，只可以在材料的本質之上發揮創造者的風格，在不違背材料的本性之下融進創造者的理想。這些風格和理想存在於創造者的靈魂。

假若規劃只是種「匹配」工作，怎去創造？不要忘記，「城市人」的愛、憎是種理性的選擇，但任何選擇都是有範圍的 —— 供選方案。規劃就是創造供選方案（這可以是藍圖、法規、政策、項目、程序等）。當然，「城市人」也在不停地塑造他的城市。但這些塑造在實質上是反映他對供選方案的支持或反對，對被選方案的適應或顛覆。規劃工作者通過創造供選方案和執行被選方案去建設城市。用亞里士多德的「四因論」來形容：規劃工作者（動力因，這裡應該包括所有參與規劃設計、決策和執行的人）認識「城市人」的理性（材料因），創作出既能表達規劃者理想又能尊重「城市人」理性的供選方案（形式因），以達到最優化的理想城市和理性「城市人」的匹配（目的因）。因此，城市的美、醜反映創造者（規劃者）的靈魂和選擇者（「城市人」）的理性。

規劃工作者創造的供選方案至為關鍵。「城市人」的理性底下是他的人性。人性的傾向有善、有惡。但從傾向變成行為的過程中,「城市人」的選擇範圍肯定受供選方案支配。供選方案可以是「抑惡」(例如功能分區是要避免人人追求私利中產生的衝突),也可以是「揚善」,無論是鄰里內的守望相助或馬路上的相互禮讓。美國近代作曲家、劇作家和建築評論家拉斯金(Eugene Raskin,1909—2004,民歌名曲 *Those were the days* 的填詞人)如此說:「城市面貌遠超於設計和規劃。首先是人的價值、目標和對個人責任的認識。看看我們的內心、靈魂和思想,當它們變得美麗時城市會很快地跟上去」(*Architecture and People*,1974)。我相信「揚善」的方案會激勵「城市人」向善的傾向,選擇行善的行為。道薩迪亞斯把自由看做人類的基本追求,自由的體現在選擇,選擇的範圍決定選擇的結果。「抑惡」難免,但中國傳統有「性善」的文化,規劃創作可否發揚一下?

我是樂觀的。能夠尊重「城市人」理性的理想城市錯不了;懂得追求理想城市的「城市人」差不了。理想城市與理性「城市人」是分不開的。認識理性「城市人」就是求真;思考理想城市就是求美。這裡,美是詩人濟慈(John Keats,1795—1821)指的美,「美是真,真是美,這是你在這世上所知的,也是你唯一需要知的」。知真、尋美就是至善;至善就是規劃工作的靈魂。

第十章：再談「城市人」

　　是真事，十多年前，發生在我住的小城。一個公車司機，人人討厭。上、下班車擠，他絕對不准站著的越過車頭司機座位旁邊的白線半分，不然就停車不動，無地容身的乘客只好下車，不管外面風雪多大；開車時間一到，關門開車，不管趕車的還只差一步，絕對不等；到站了，車門對準站牌才停車，不前不後，不管滿地泥濘積雪，絕不移前移後半步。緊繃繃的臉色、冷漠的眼神；開車好像是上戰場，乘客好像是假想敵。

　　要知道，西方國家是法治之邦，辦事依足法規，保你安穩，若是苟情，例如因風雪而多載了乘客、因等人而逾時開車、因方便上客而不在站頭停車，出了事就「一身蟻」。這位司機，處處不苟，步步為營，但終於出事。那年冬天，雪特別多。車路和行人路的雪都被推到車路與行人路交界的幾尺地方，堆起來一米多高，特別是公車站牌的旁邊。到站了，人多雪滑，跌跌撞撞，一個下課回家的小學生，要跨越雪堆時跌

倒，滑落車底，要爬出來，但拿不到抓手。司機關門，倒後鏡望望，當然看不見，就開車，碾死了女孩。事後法庭裁定死因意外。但司機進了精神病院，前幾年才出來，呆兮兮的，再沒有開車。

「完全按章辦事，怎能出事。」他想不開；法律沒有判他錯，但無辜女孩確是他碾死。他想瘋了。

可能因為是小城，人情味很好。公車司機們一般都是很關照乘客的。有拖男帶女或拿著大包東西的，跟他說聲，總會遷就；只要不離開站頭太遠，會盡量在方便的地點停車落客；上下班的時間，大風雪的日子，總會多載，甚至讓乘客站在梯階。老實說，這些與人方便實在不合規矩。但我住了 30 多年，從未聽見發生事故。可能是運氣，也可能是開車的知道不合規矩，所以特別小心（這跟出事的司機不一樣；他每一刻都是處處不苟，步步為營，那能「特別小心」，只會「百慮一失」）；乘車的知道受了人情，所以特別合作。在彼此遷就、體諒底下，反而安穩、安全。

我沒有小汽車，30多年都是坐公車，有些司機熟了，碰上也會寒暄幾句。多年來我每天走路上學，遇到迎面而來的公車，如果認識的，也會招招手。但是，看不清楚開來的是誰，招手不招手？如果是認識的，不招手好像不友善；如果是不認識的，招手可能唐突。幾年前，我突然有啟發，與其掛一漏萬，不如一視同仁，就向所有路上的公車招手，不管生張熟李。果然，有人被唐突了。這是一個相熟的司機後來告訴我的。他說，「那天，我們幾個司機在一起聊天，說路上一個老頭每天都向他們招手，是不是精神病院的（我住的地方附近有一所很大規模的精神病院），要不要理睬他？我對他們說，這老頭我認識，是大學教授，坐了幾十年公車，對我們同事都很友善，都會招招手。」現在，絕大部分的司機都會回應我的招手，更有響響號。我想如果人人如此，社會不就是多點友善、多點和諧？

人是很奇怪，也許是一點也不奇怪。對方對你好，你會比較容易對他好，起碼比較難對他不好；對方對你不好，你會比較容易對他不好，起碼比較難對他好。這就是彼此彼此。

有人會說，你住的是小城，大城市可不一樣。熙熙攘攘，緊緊張張。開公車的左穿右插、左規右避，哪有閒情跟你招手。你向他招手其實是害人，分散他的注意力，製造交通事故。真的，非但在大城市，就是我住的小城，如果人人向公車招手，司機一一回應，就算沒有產生交通事故、也會延誤交通流暢。但是，我又想想，人不是這樣機械的、刻板的。招手是種表達善意的方式，不是唯一的方式。點點頭也是表達，甚至笑笑臉也是一種表達，會因時、空、人、事而異，唯一的共通是善意。有善意自然找到合適的表達。但是，總要有人先往前走一步，才會啟動良性循環，這叫「往高處競跑」（race to the top）。當然，如果

有人往後先走，也會帶出惡性循環，這叫「往低處競跑」（race to the bottom）。

　　人是群居動物。城市，是應該，和可以讓人生活得美好的；人類的群居可以是充滿善意的。但現今的城市開發者和管理者都是以錢掛帥，有意的強調，或非有意的助長人人為己的私利追逐，破壞了人類天性的自我保存和與人共存的平衡。城市規劃是處理人類的群居空間，我們也許應想想怎樣去恢復這個平衡，怎麼去啟動「往高處競跑」。

　　〈城市人〉（Home-urbanicus）一文引起不少同行注意，對「城市人」規劃理論的開發提出不少建議，可歸結為三類：（1）「城市人」規劃理論的價值觀是甚麼？（2）對城市規劃有甚麼貢獻？（3）怎樣去實踐？

　　先回顧下〈城市人〉一文的摘要，如下。經濟學的「經濟人」和道薩迪亞斯的「人居科學」啟發出「城市人」理念 —— 一個理性選擇聚居去追求空間接觸機會（以下簡稱為空間機會）的人。規劃工作是匹配「城市人」（主要以年齡、性別和生命階段為變量）和典型人居（主要以人口規模、結構和密度為變量）。「城市人」可以作為解釋城市空間現象的理論砌塊。

　　在第三章〈亞里士多德的「變」〉我又演繹了「城市人」的典型類別以及各類「城市人」的基本屬性和偶然屬性；談了城市現象變化的因果（「潛質」到「實現」過程中的因果鏈帶）和規劃的槓桿 —— 以人為本（以人的本性和人類的共性為本）。此外，也點到了「城市人」應有的好習慣、規劃者應有的美靈魂。

城市規劃理論的定義

　　先讓我表明對「城市規劃理論」一詞的解讀，可分為「城市」、「規劃」、「理論」三部分。

　　1.「城市」，在城市規劃的字典裡，都是引用英語的「urban」（urban planning）或「city」（city planning）。「urban」與「city」來自不同字根，帶有

不同意識。「urban」出自拉丁文「urbs」，指一個有城牆的城市，以帝都羅馬城為首；更常用作形容詞，指一種帶有城市氣質（時髦、人工化、吹毛求疵）的生活方式。「city」出自拉丁文「civitas」，指人類聚居之所，規模無分大小；也指「公民」（citizen），特別是公民的權利和公民的結社（城邦）。我喜歡「city」的字根，因為它跳出以人口和空間規模去定義城市的桎梏，並突出「以人（居民、公民）為本」的價值取向。中文「城市」一詞以「城牆」和「市集」去定義城市，聚焦於建築形式和經濟活動；又以「農村」去對應「城市」，也就是以產業類型（「非農」）去定義城市。我關注的城市（city, civitas）是人類聚居之所（人居），不管是甚麼人口規模、建築形式、經濟模式或生活方式。這是典型的亞里士多德思路：「城市，讓人生活得更美好。」至於，甚麼是生活得更美好，美好生活與城市和城市規劃有甚麼關係乃就是「城市人」規劃理論的主題了。

2.「規劃」，作為名詞，是未來行動的指導方案；作為動詞，是制定和實施這方案的程序。「城市規劃」，作為名詞，是人居空間（土地）使用和分配的指導方案。我關心的是人居空間的使用和分配與居民（公民）的需要和權利之間的對應。人類的空間適應力雖然很強，但可以享受的空間總比須要忍受的空間好。創造可以享受的人居空間也應是城市規劃的使命。因此，「城市規劃」作為動詞，就是辨認人居與居民之間的張力所在，然後制定目標，設計方案，選擇方案，實施方案，監測反饋，務求舒緩張力，提升享受。

3.「理論」有三類：描述性（經典是伯格斯的同心圓城市、霍伊特的扇形格局城市）、解釋性〔經典是林奇的《城市意象》（*The Image of the City*，1960）、亞歷山大的《城市不是一棵樹》（*A City is Not a Tree*，Design，1966）〕、指導性〔經典是弗里德曼的《公家規劃：從知識到行動》（*Planning in the Public Domain: from Knowledge to Action*，1987）、福雷斯特的《面對權勢的規劃》（*Planning in the Face of Power*，1989）〕。

現今的城市規劃理論大部分來自西方，特別是英語文明，而絕大部分是指導性理論 —— 應該怎樣做。但是沒有正確的描述和合理的解釋為基礎的指

導性理論是不科學的，往往只是意識形態的武斷，怎可以作為規劃行動的導航。我們所見所聞的是城市現象，是種「事實」（facts），從汽車數量、流量、到通勤時間，從人口數量、類別到市區面積，形形種種，可以描述，甚至量化。這些事實的本質（如通勤時間如何反映通勤者對時間資源分配的比重、市區面積如何反映城市土地資源使用的效率）和事實之間的關係（如汽車數量與通勤時間的關係、人口數量與市區面積的關係，以至汽車數量增加與市區面積擴大的關係）是事實底下的真相（reality）。

「真相」（特別是因果關係，causality）只可以憑理性去推斷，但「事實」（包括相關關係，correlation）可以幫助檢驗理性判斷的可靠程度。這也是科學的正確意義（有關「事實」與「真相」的分辨，我在第七章〈笛卡兒的「天賦理念」〉一文中會有較詳細的討論）。舉例，人口數量增加（事實）與市區面積擴大（事實）有相關關係，而大部分人更相信兩者之間有因（人口數量）果（市區面積）關係。可是，家庭電冰箱數量增加（事實）與市區面積擴大（事實）也有相關關係，但誰會相信兩者之間有因果關係？因此，事實不是真相，雖然它會刺激我們去思考真相、幫助我們去檢驗真相。理性（邏輯、概念）才是發現、發掘真相之途。為此，正確的描述事實和理性的推斷真相應該是指導性理論的基礎。「指」是目標的選擇；「導」是行動的選擇。

指導性理論首先需要通過評價城市現象（如通勤時間太長了）去決定規劃目標（如削減通勤時間）。這些決定是含有價值觀的（如甚麼通勤時間是太長？為甚麼要削減通勤時間？）。然後，推斷城市現象的因果關係（如通勤時間是果；汽車數量、道路設計、駕駛技術、土地功能部署等是因）去選擇可用和有效的因果槓桿作為規劃行動的導航。這些選擇是功用取向的（如土地功能部署是最合用及最有效的規劃槓桿；道路設計是有效槓桿但不全是由規劃決定；汽車數量是有效槓桿但規劃的支配能力有限；駕駛技術就全不是規劃可用的槓桿了）。

綜合以上，我對城市規劃理論的前提和使命的解讀為：城市是個現象；城市規劃是對城市現象的評價和處理；規劃理論是城市規劃的理據支

撑。一套完整的規劃理論有四個部分。第一，描述城市現象。這要符合「事實」（facts）。第二，解釋城市現象（果）的成因（因）。這要符合「真相」（reality）。第三，評價現象的好壞，也就是對果的取捨。這是道德性的決定。第四，設計有效手段（因）去改變城市現象（果），也就是牽動可用和有效的因果鏈帶。這是技術性的選擇。

「城市人」與「經濟人」的「理性」

「城市人」的理論參照是「經濟人」。但「城市人」與「經濟人」的理性有共通處也有不同處，至使以「城市人」為理論砌塊的城市規劃理論和以「經濟人」為砌塊的經濟學理論有不同的價值取向。

「理性經濟人」的定義是：一個身不由己的，以最小氣力、最少犧牲去換取最大所需、最多方便、最大享受的人。」（出自穆勒，英式自由主義的祖師爺）。這個「理性」，結合來自亞當・斯密的「追求私利可達公益」的光環，產生出一種以「自利」為基礎的價值觀。也就是說，「自利」是道德的，因為它會帶來公益（當然，這個「公益」是指社會總財富的增加，完全不考慮財富的分配）。但是，損人的自利又怎樣？於是西方經濟學發明一個「開明自利」（Enlightened Self-interest）的理念：一個開明的自利者知道損人是不利自己的。開明自利就是在某程度上考慮別人的權利。為此，「經濟人」的理論雖然是建立在自利之上，但也權宜地考慮別人的權利。

但是，這個「開明自利」的說法給以「理性經濟人」為砌塊的經濟理論很多煩惱。首先，「理性經濟人」追求的所需、方便、享受當然是主觀的，但是不是都是利己的？當他為親人、為朋友、甚至為社會的所需、方便、享受去爭取時他還是不是個「理性經濟人」？經濟學的妥協是把「利己」的意義擴大，把為親人、為朋友、為社會都演繹為「為己」的延伸。也就是說，最終都是為滿足自己，包括「精神」享受，因此也算是「利己」（「己」的定義由實在的物質層面走上無邊際的精神層面）；或是方便自己「基因」的延續

（selfish genes），也可以說是「利己」（「己」的定義由實體的個人層面走上生物進化的層面）。這樣，「追求私利可達公益」的「公益」就是「利己」與「利人」的總和。「公」與「私」的分別全無意義了；「追求私利可達公益」的道德光環也暗淡下來了。

但經濟學理論也改變了調子，把效率與分配分開，聚焦於「理性經濟人」對經濟效率的貢獻。這可以解讀為：「無論理性經濟人追求的所需、方便、享受是為了誰，他以最小氣力，最少犧牲去換取最大所需、方便、享受仍是提升經濟效率的不二法門。」這可分兩方面討論。

1.「經濟人」是否在追求最大經濟效果（所需，方便，享受）？有理論家〔如西蒙（Herbert Simon，1916—2001）創出「有限理性」概念（Bounded Rationality）〕，指出「經濟人」理性的認識到他的知識有限、記憶有限、對成功概率的預測能力有限，因此他只求滿足（satisficing，後面再談）而非「最大化」（maximizing）。也有理論家〔以阿羅（Kenneth Arrow，1921—）為代表〕指出「經濟人」有「躲避風險」（risk aversion）的傾向，選擇的往往不是最大的效果而是風險較低的效果。

2. 經濟學理論以「競爭」（自由經濟）為提升經濟效率的基礎條件。西方向我們積極推銷自由經濟是創造社會財富的最佳辦法，但又同時承認自由經濟不保證財富的公平分配。我們信以為真，決定先引進他們自由經濟的效率來創造財富，然後用我們社會主義的公平來分配財富。中計了。自由經濟是不公平，但更要命的是它不效率。

理論上，競爭能夠產生「效率」是因為優勝劣敗帶來效率的經濟分工，創造出最大的社會財富。但此中有兩個邏輯死結。第一，大自然的弱肉強食中，小魚成為大魚的營養料，全無浪費。自由經濟的優勝劣敗卻是大量浪費。失敗者賣不掉的產品、投下去的資源全部作廢。第二，失敗者（包括所有員工）的生計無著，需要社會照顧（包括對企業的照顧，corporate welfare）。競爭之中，肯定是勝少敗多，因此社會的負擔很重。西方社會強者逐利帶來的浪費，弱者求存所需的福利都是由世界其他 80% 的人口以他們

的廉價勞動力、賤價自然資源、無償生態環境去為他們埋單的。若是全球跟上西方，誰來埋單？況且，自由競爭不是創造財富的唯一途徑。難道工業革命之前就沒有繁榮氣象？

此外，自由經濟的另一個悖論是自由競爭的條件是政府少干預，所以政府主導的計劃經濟不效率。「計劃」與「規劃」在英語是同一個詞——planning。到今天，美國仍有不少人（包括學者）把城市規劃視為社會主義入侵美國的尖兵，把放任政府視為自由經濟的同義詞。這是錯覺。對的，美國很少國營企業（雖然沒有人留意 2008 年金融危機時美國政府是困難企業的大股東和金融企業的大債主），但美國政府對市場的「干預」絕不低於計劃經濟。自由經濟中真正交易的是產權的買賣（一棟住房的住客可以不用搬出、地址不變，但產權已經易主）。西方的立法、行政與司法大部分都圍繞著保障產權（包括物質、勞動力、知識產權等）和便利產權交易（包括合約、金融、保險等法律和體制），投入的人力、物力龐大得驚人。神聖的私有產權是整個西方自由民主政體的道德基礎。西方主流的英語文明的政治思想祖師爺洛克早就把政權的合法性建立在人身保護和私產保護兩條腿上。此中，私產保護更為重要，因為它是人身保護的最佳保證。無怪，美國最高法院當年裁定城市規劃權力的上限是政府不能利用規劃去「無償徵收土地產權」（expropriation without compensation）。

「城市人」的理性不同「經濟人」的理性。在西方，理性的拉丁文字根有兩。一是「reason」，來自「ratio」，有計算（calculate）、解釋（explain）之意，求用的意識較重。一是「intellect」，來自「intellectus」，有理解（understand）、洞察（apprehensive）之意，求知的意識較重。「理性經濟人」的假設是人只會為自己「計算」（利己）。「理性城市人」的假設是人會為自己「計算」，也會「理解」到己與人是分不開的，因此「理性城市人」有自我保存和與人共存的意識。這個假設如何論證？

城市人理論的價值觀

「理性城市人」的哲學基礎主要是亞里士多德（特別是他的《政治論》，*Politics*）有關人類群居的動機和目的及由此而生的法（政治秩序）與義（權利與義務的對稱），和阿奎那從人乃理性動物演繹出來的自然之法及由此而生的普世價值（見第四章〈阿奎那的「普世價值」〉）。

前文我表明了，我的「城市」理念來自 civitas：人類聚居之所和人類結社之願。亞里士多德的名言：「人是天生的政治動物」（Man is naturally a political animal），「結社是人類天賦的衝動」（The impulse to political association is innate in all men）。結社是種政治組織，最終是「城邦」（State）。亞里士多德認為，人類所有行為都是為了某些目的的，也就是某些「被視為是好的東西」（presumed good）。最原始的結社是男女結合，目的是生孩子；跟著是組織家庭，目的是養孩子；跟著是以血緣為基礎的聚居，目的是相互供給；最終是組織城邦，目的是美好生活。美好生活是結社的最終目的；城邦是結社組織的最高層次，最能提供美好生活的條件。因此他說，「城邦先於家，家先於個人」（「先」，prior to，即優先之意，也解讀為，「個人的幸福成於家庭，家庭的幸福成於城邦」）。「城邦起於保生存，成於求幸福」（State was formed to make life possible, it exists to make life good）。這也可能是上海世博會，「城市，讓我們生活得更美好」的靈感。

亞里士多德指出，動物也有聚居（如蜜蜂、螞蟻），但人是政治動物，獨有善與惡、義與不義的意識（這是指所有人都知道有善、有惡、有義、有不義，但不是指所有人都同意某事是善還是惡、義還是不義。關鍵是，這個善與惡，義與不義的意識驅使所有人對某事是善還是惡、義還是不義作出判斷和選擇，也就是使人類，有別於獸類，成為道德性的動物）因此，凡是人類結社就會有一套法（law）和義（justice）的原則去規範各人應守的法則和各人應有的權利。在這些規範和保證下人人可以「發揮」（flourish，成為最高

貴的動物）。結社（城邦）能使人生活得更美好是因為個人的幸福與整體的幸福相互補充，相得益彰。一方面，群體的力量更能滿足每個人的需要；整體的意識更能提升每個人的品質。另一方面，每個人的投入都會壯大群體的力量；每個人的參與都能豐富整體的意識。也就是，在有法和義規範和保證下的人類聚居，個人會因群體而達幸福，群體會因個人而趨完整，也就是個人／群體的最大幸福。

公元前 3 世紀的亞里士多德在西方思想史的崇高地位是經公元 13 世紀的阿奎那的大力推崇和積極發揮而建成的。亞里士多德的法，經阿奎那的演繹和補充，結合了西方的信仰和理性，得出「自然之法」，如下。神之法（也就是天道）稱永恆之法；人憑理性可以揣摩一點，得出來的就叫自然之法：首先是萬物求存，然後是有生命之物（動物）非單求存，並求延續；跟著人乃理性動物，在求自存和延續中還知要與人共存。「存」不單指生存，是指「按其本質來生存」，就是狗生存得像狗、人生存得像人、父親生存得像父親、公民生存得像公民，如此類推。因此，人類的自然之法是自我保存和與人共存，稱第一原則。阿奎那更指出第一原則是普世的，也就是每一個有理性的人都能知曉。但他也指出在現實生活中我們的理性會受到我們的內在情緒和外在環境影響，看得和想得不清楚。他稱這為「瑕疵」（defects）。但是，越有理性的人越想他的現實生活與自然之法保持一致。

要說明一下。自然之法無關道德，只關真理。它是客觀的、絕對的，而且是任何有理性的人（孩童、精神病者除外）都能夠知道的，雖然不一定實在知道（因為未有揣摩），或意圖知道。人可以選擇去遵從或不遵從它，制度也可以扭曲或蒙蔽我們的選擇，但它的邏輯是無可避免了。如果我們不遵從它去做人、做事（無論是個人或群體）就是違反自然，那麼自然也會作出它自然的反應，也就是廣義的「天譴」。在第四章〈阿奎那的「普世價值」〉一文中我指出在人與人的社會關係中，違背自然之法的「天譴」是人際關係破裂。如父親不以兒子的本質去對待兒子，比如過度寵愛，待兒子如寵物，

兒子也不會待父親為父親，而待之如寵物主。這樣，父與子的關係就破裂，變質為主人與寵物的關係。

16世紀宗教改革之後，現代英語文明採用另一套現代自然之法。格羅秀斯從觀察世事歸納出自愛（self-love）和自利（self-interest）不僅是人的特色，動物和無生命的東西都是如此，因此人類只知自我保存，與人共存是種權宜（「權宜或可被稱為正義與公平之母」，Expediency might perhaps be called the mother of justice and equity）。隨後，18世紀的斯密給它帶上「追求私利可達公益」的道德光環，19世紀的達爾文添補上「物競天擇，適者生存」的科學依據。西方現代的自然之法遂走上「利己乃第一原則」之路。

這裡，要分清自存、共存、利己、利他4個理念。古典自然之法底下，自存與共存是不可分割，同是第一原則，也就是「天性」。表面上，自我保存好像人人都懂，與人共存就好像不是很清晰。其實自我保存也不是人人都清楚。不少人的行為是肉體上和靈性上的自我摧殘（這是人類獨有的本領，其他動物沒有）。這不是自存，是找死。「存」有客觀準繩和底線的，跌破了就存不了。這裡，「存」包括物質和精神維度，指「活得像人」。在每一個時代和環境裡，不同的人對怎樣才算是「活得像人」，無論是物質層面上有關衣、食、住、行的最低需求量或精神層面上有關哀、怒、憂、懼的最大承受力，會有很大的共識。

與人共存的焦點在「共」——你與人的共存，也就是自存與共存的平衡。這種「共存」有存諸內心，有訴諸行動。由於自存／共存平衡乃是人的天性，人與人之間會有很大的共識和一致。舉例如下：（1）若是你有「抱不平」之心，敬佩「打不平」的英雄，你會聲援英雄，但自己不會逞英雄。這是無損自存的與人共存。易地而處，你會接受別人對你也會如此。（2）若是你路上看見香蕉皮，會自動地把它踢到路邊，不想別人踩著跌倒，但如果自己穿上新鞋就會遲疑；若是有人向你問路，你會盡量指點他，除非自己也是往那處走你不會主動帶他到目的地。這是有限犧牲的與人共存。易地而處，你會相信別人也會與你一樣。（3）飛機起飛前廣播安全提示，提醒乘客在飛機遇

上氣流，氧氣罩掉下時，先要自己帶上，然後才照顧別人，因為在眾人危難中有人會不自覺地忘了自救。如果你對奮不顧身的與人共存有共鳴。你會希望人人都有此共鳴。

古典自然之法的啟示是人類的自存與共存意識相互約束，相互提升。這裡，自存與共存是沒有先後、輕重，是同時、並重。就像做麵包，麵粉重要還是酵母重要？份量不同，但兩者都是必要。自存與共存平衡才是「活得像人」。單是利己是不當別人是人，把別人看做是鴻毛；單是利他是不當自己是人，把自己看做鴻毛。

甚麼情況下應是無損自存地與人共存、稍作犧牲地與人共存或奮不顧身地與人共存？一般來說，城市規劃工作中碰到的多屬第二類——有限犧牲的與人共存。其實，人類對甚麼是適當的自存／共存是很有認識的，問題是這種認識不一定付諸實行，因為受到文化、制度、意識形態的扭曲、蒙蔽，尤其是西方今天的主流意識形態（中國也受感染）把自存扭曲為利己，把共存打成為權宜。「利」是主觀的，無論是利己或利他都可以走向極端。利己可以損人，甚至殺人；利他可以犧牲，甚至捨生。兩者都不是自然之法。人人利己人類會滅種；人人利他人類也會滅種。

自存與共存平衡是人類的天性。這不是樂觀，是正視。相反地，單是利己是人性的扭曲，是對人性的悲觀。違反自然之法的制度、文明不會持久，但破壞會很大。「理性經濟人」以最小氣力追求最大利己（這是無止境的）。「理性城市人」以最小氣力追求最高自存／共存平衡（這是有尺度的）：不違自存的共存是對；有違自存的共存是錯；不違共存的自存是對；有違共存的自存是錯。由於自存和共存都有客觀準繩，可以清楚辨明，因此可以達成很大程度的共識。

新古典經濟學把「理性經濟人」從追求「最大」所需、方便、享受改寫為追求「滿足」（satisficing），解釋是「經濟人」的理性受到信息的不全、時空的限制、制度的約束等「技術性」困難而未能完全發揮，美其名為「有限理性」和「開明自利」。表面上，新古典經濟學的「有限理性」和追求「滿足」

為本」，指人的起居作息（也就是生產、生活、生態）的安全、方便、舒適、美觀。其中，點的匹配聚焦於可達性（accessibility），以距離、地勢為要（例如：一所學校的可達性可以用學生的步行距離來衡量；一所工廠的可達性可以用工人的通勤時間和生產的物流方便來衡量）。規模（量）的匹配聚焦於承載力（capacity），以面積、形狀為要（例如：一幅校園宗地的承載力可以用學生平均面積來衡量；一幅工業用地的承載力可以用工人平均面積和通勤與物流泊車面積來衡量）。這些點與量在西方都有指標，中國往往借用。

城市規劃處理的問題是土地與用途匹配上的取捨。（1）同一幅土地往往適合多種用途，但只能選一種用途；同一個用途往往可部署在不同的土地上，但只能選一幅土地。規劃要處理這些選擇。（2）甚麼才是合適的可達性和承載力往往有主觀的決定因素，有些是基於利益上的衝突，有些是基於意識形態上的分歧。規劃要處理這些紛爭。目前，這些處理主要是通過政治，包括公眾參與；達成的結果往往是充滿怨氣和張力的妥協。「城市人」規劃理論要突破這些出自對人性過分悲觀的困局，通過恢復人性自存／共存的真貌，去開拓出一套有生氣、新意的城市規劃方向，打造和諧、幸福的人居。這要從「城市人」的屬性和自存／共存的意義兩方面說起。

首先，「城市人」是種身份的理念 —— 通過聚居去追求空間機會者。他的身份是綜合人、事、時、空而定性的。（1）「人」是指年齡、性別、生命階段（再配上偶然屬性，如經濟、社會屬性），如孩子家長、上班一族。這裡，「人」包括個人和個體，如政府、企業、社團。個體是由個人組成。因此，個體的自存與共存意識反映了個體之內不同個人的自存與共存意識的組合。個體身份的分析聚焦於個體的決策機制和關鍵決策者，如政府官員、企業老闆、社團負責人。（2）「事」是指「城市人」追求的空間機會，如合適的上學步行距離、合適的上班或通勤時間。（3）「時」是指他所處的時機，如事前（決定學校選址、決定工廠選址）、事後（適應學校區位、適應工廠區位）。（4）「空」是指他所關注的空間範圍，如在小區內關注的是步行距離，在市區內關注的是通勤時間。綜合以上，跟鄰里小學選址有關的「城市人」可以包

括：（1）在小區內（空）學校選址時（時）希望孩子可以步行上學（事）的家長（人）；（2）在小區內（空）學校選址時（時）希望覆蓋最大學生來源（事）的校方（人）。跟工廠選址有關的「城市人」可以包括：（1）在市區內（空）工廠選址時（時）希望自己最方便通勤上班（事）的工人（人）；（2）在市區內（空）工廠選址時（時）希望覆蓋最大工人來源（事）的廠方（人）。

這些「城市人」是公眾參與的唯一真正合法的參與者。他們最清楚自己的處境和利益，所以無需代言人（為民請命者），也不可以有代言人。他們的合法性來自他們獨有的，以人、事、時、空定性的身份。

每一個人都可以同時有好幾個「城市人」身份。上面的例子中，一個人可以同時是學校選址的家長和工廠選址的老闆。而且這些身份是動態的，隨著當事人的人、事、時、空改變而改變；但又是有限的，因為「城市人」追求的只是空間機會（也就是經濟機會、社會機會的空間維度）。

還有，每個「城市人」同時是空間機會的追求者和供給者。家長追求學校但也供給學生，學校方追求學生也供給學位；工人追求工作也供給勞動力，廠方追求勞動力也供給工作；商場追求顧客也供給服務，顧客追求服務也供給消費。城市人的「基本屬性」是理性 —— 以最小氣力追求最優空間機會。如果單考慮可達性作為空間機會的衡量，學校選址會聚焦於最優步行距離、工廠選址聚焦於最優通勤時間、商場選址聚焦於最優購物路程。

甚麼是「最優」？這要回到阿奎那的自存/共存。最優是指自存/共存的最高平衡，也就是亞里士多德指的個人/群體的最大幸福。以下用三個有關可達性的例子來示意：學校選址、工廠選址、商場選址。

第一，以學校選址的步行距離為例。

（1）家長的自存意識使他追求一個最近的距離；家長的共存意識使他知道並接受校方選址會有其他教育運作的考慮，會使孩子或要走得遠些。因此，他的自存/共存平衡意識使他接受孩子或要走較遠的路上學，只要不超過孩子走路體能的極限。（2）學校的自存意識使它想有最大的學生來源覆蓋（相應於學校的規模），會想落點於學生來源最大範圍的中心；學校的共存意

識使它知道並接受家長關心孩子走路上學的距離和安全。因此,它的自存 / 共存平衡意識使它傾向按最遠步行距離選址,但不超過孩子走路的極限。

家長與學校在學校選址上的分歧會來自他們對孩子步行能力極限估計的差別。學校或會高估(上限),家長或會低估(下限)。這些上下限都可以通過調查家長和校方在新校選址時對步行極限的意見,或比較現有學校的家長與校方對實際步行距離的滿意程度去找出來。「城市人」規劃範式強調家長與校方都會知道並接受合理的孩子步行距離是藏身於校方所估的上限和家長所估的下限之間。假如有一個規劃機制幫助他們易地而處去考慮對方的需要,雙方可以達成很大程度的共識。這就是自存 / 共存的最高平衡點,無需作勢、不必權宜。因此,規劃的使命是辨認雙方的差距,規劃工作就是通過科研去辨認雙方的差距(我在《城市人》一文已談到用回歸法和最優化分析),然後通過機制去達成雙方自存 / 共存的最高平衡(我在〈阿奎那的「普世價值」〉,談到一個「易地而處」去發掘自存 / 共存平衡最高共識的規劃機制,可用在這個和下面的例子上)。

其實,這個通過自存 / 共存平衡得出來的步行距離就是西方鄰里單元(neighbourhood unit)的基礎:一個以步行距離的小學為中心的理想人居。西方的結論是理想的鄰里單元是個以小平房為主的居住小區;中心是小學校、教堂和其他公共服務;四邊是大街,作小區的界線,並分割各個小區;區裡是曲折的內街,因此非區內居民的車輛不會使用,保證了孩子在路上行走或玩耍的安全;小區角上是商業設施,也是小區與小區之間的交接點。可見,鄰里小區的規模完全決定於步行上學的合適距離。

我在《簡明土地利用規劃》一書收集了西方幾十年所用的城市功能和用地指標。這些經常被中國引用的指標是 20 世紀 50、60 年代美國東岸城市大發展時期的現象,很大部分是美國陸軍工兵團(US Army Corps of Engineers)的研究成果,反映當時開始成為主流的近郊小平房居住小區的居民生活行為。這些大半個世紀前的東西跟現代社會、科技已經脫節,是我們應該啟動「中為中用」研究的時刻了。

第二，以工廠選址的通勤時間為例。

（1）工人的自存意識使他追求最短的通勤（以時間來衡量，是相對於他在工作以外各種生活活動所需的時間）；工人的共存意識使他知道並接受廠方選址會有其生產運作的考慮，通勤可能偏遠。因此，他的自存／共存平衡意識使他接受通勤或要多花時，但極限是剩餘的時間不低於其他生活活動的起碼所需。（2）廠方的自存意識使它想有最大的工人來源覆蓋，會想落點於工人來源最大範圍的中央（當然要配合生產運作的其他區位考慮）；廠方的共存意識使它知道並接受工人通勤時間有其極限。因此，它的自存／共存平衡意識使它傾向按最高通勤時間選址，但不超過工人通勤的極限。

工人與廠方在選址上的分歧會來自他們對通勤時間極限估計的差別。工人可能低估（下限），廠方或會高估（上限）。這些上下限都可以通過調查工人與廠方在新廠選址時對通勤時間極限的意見，或比較現有工廠的工人與廠方對實際通勤時間的滿意程度去找出來。「城市人」規劃範式強調工人與廠方都會知道並接受合理的通勤時間是藏身於廠方所估的上限和工人所估的下限之間。雙方通過易地而處去考慮對方會達成很大程度的共識。

其實，工廠選址會很自然地落在工人密集的地方（當然其他生產條件也要存在），也就是工人通勤最近的廠址。這是工業用地部署的「常識」，反映「人性」（理性和物性）：人人每天只有 24 小時，假如工時是固定，減低通勤時間會使工人有更多生活時間，那就是更愉快的工人。自存／共存平衡是人的理性和物性的自然傾向，是「以人為本」的真義。「城市人」規劃範式突出「以人為本」規劃的科學性和道德性的一致。

第三，以商場選址的購物路程為例。

（1）商場的自存意識使它想有最大的顧客來源覆蓋，會選址於顧客來源最大範圍的中央（當然仍要配合商場運作的其他區位需要）；商場的共存意識使它知道並接受顧客的購物路程是有限的。因此，它的自存／共存平衡意識使它傾向按最遠路程選址，但不超過顧客路程的極限。（2）顧客的自存意識使他追求最就近的商場（以時間來衡量，是相對於他在購物之外各種起居作

息所需的時間）；顧客的共存意識使他知道並接受商場選址有其商業運營上的考慮，或會超過他理想的距離。因此，他的自存／共存平衡意識使他接受商場與住所會有較遠的距離，只要剩餘時間不低於其他生活活動的所需。

商場與顧客在商場選址上的分歧會來自對購物路程極限估計的差別。商場或會高估（上限），顧客或會低估（下限）。這些上下限可通過調查商場與消費者在商場選址時對購物路程極限的意見，或比較現有商場的運營者與顧客對實際購物路程的滿意程度去找出來。「城市人」規劃範式強調商場與消費者都知道並接受雙方認為合理的購物路程是藏身於商場所估的上限和顧客所估的下限之間。雙方通過易地而處去考慮對方會達成高度的共識。

學校、工廠、商場的選址可以是政府（例如學校），或開發商（例如商場、工廠）的決定。無論是營利或公益，能夠達成自存／共存平衡的共識總比私利博弈好。最高的共識就是「最優」的決定。在上面的例子裡，越能被家長和學校雙方接受的校址（以孩子步行距離衡量）越受歡迎；越能被工人和工廠雙方接受的廠址（以通勤時間衡量）越有效率；越能被商場和顧客雙方接受的店址（以購物路程衡量）越好贏利。這樣，政府會越得民望，開發商會越賺錢。

以人為本：人的理性

有人會指出，以上例子的共存跟權宜無大分別。家長接受「孩子或要走得遠些」，因為不然就找不到好學校；學校接受「家長關心孩子走路上學的距離和安全」，因為不然就收不到好學生。工人接受「通勤可能偏遠」，因為不然就找不到好工作；工廠接受「工人通勤時間有其極限」，因為不然工人會遲到早退。商場接受「顧客的購物路程是有限的」，因為不然顧客會跑到別的商場；顧客接受商場會「超過他的理想距離」，因為不然就買不到好的東西。這些觀察都是對的。權宜意識和共存意識的確可以產生類似的結果。但由於它們實在是兩種不同的意識，所以也可以產生不同的結果。結果的類

似是偶然，不是必然。

權宜是出於「害怕」、「不敢」：家長害怕找不到好學校，學校害怕找不到好學生；工人害怕找不到好工作，工廠害怕留不住好工人；商場害怕顧客跑到別處，顧客害怕買不到好東西。這些都是「罰」，因為怕罰，所以權宜。可以說，權宜意識使人不敢欺人（包括欺侮和欺騙），因害怕欺人會招罰。但是，如果欺人不招罰（因為欺人者有權勢）或如果欺人能避罰（因為欺人者有權謀），那就不用害怕，無需權宜，公然欺人了。因此，權宜的結果是無常的，全看權勢的分配；權宜的社會是不和的，全是勾心鬥角。西方主流意識形態撇開共存，只留利己，美名為效率，由此而生的不公就權宜處理。這是種治標的文明，難以持續。應運而生的「為民請命式」規劃，以維權之名去爭權，並未有治本。以奪權去平衡不公只會增加了社會的怨氣、戾氣。

共存是出於「接受」、「不想」：家長接受「學校選址會有其教育運作的考慮」，學校接受「家長關心孩子走路上學距離」；工人接受「工廠選址會有其生產運作的考慮」，工廠接受「工人通勤時間有其極限」；商場接受「顧客的購物路程是有限的」，顧客接受「商場選址有其商業運營上的考慮」。互相接受、尊重使大家都不想欺人，因為知道欺人就是破壞群體，危害自己。人類結社的目的是為了生活得更美好，因為人是理性的群體動物，知道個人幸福與整體幸福不會此消彼長（群體活得不好，個人也不會活得很好），只會相得益彰（群體活得好，個人也一定活得好）。因此，共存意識使人不想欺人，因為欺人是不理性。這跟權宜截然不同。

可惜，現代英語文明的「開明、進步」意識抹殺了人類幾千年的集體記憶，混淆了先哲探索所得的事物真相。現今的制度、文化扭曲了人的理性，把客觀和有度的自存扭曲為主觀和無度的利己；把客觀和有度的共存扭曲為高不可攀、不切實際的利他。這套文化製造出一個不和、不公、不效率和不可持續的利己世界。自存 / 共存平衡意識是條生路，也是「城市人」規劃範式的道德和技術方向。

上文說過，自存性顯（但也需要智慧才懂），共存性隱（尤其在現今文

明裡頭）。但共存並不是抽象的理想，是人性不可缺的部分，是人的天生理性（自然之法）。但自存／共存也有層次：（1）在某些情況下你會無損自存地與人共存，而你會接受在類似情況下別人也會無損自存地與你共存。（2）在某些情況下你能稍作犧牲地與人共存，而你會相信在類似的情況下別人也會稍作犧牲地與你共存。（3）在某些情況下你會不顧安危地與人共存，而你會希望在類似情況下別人也會不顧安危地與你共存。一般情況下人會無損自存地與人共存；很多情況下人稍作犧牲地與人共存；緊急情況下人會不顧安危地與人共存。自存與共存是平衡的，偏重於自存走上利己之路，最終是損人，偏重於共存走上利他之路，最終是自毀。兩條路線都不能持續。

人類聚居、結社（也就是共存）「起於保生存，成於求幸福」。共存非單是自存的保證，更是幸福的源泉。亞里士多德把單獨生存形容為「低於人」的生存，共存內的自存才是人的應有，才能「活得像人」。所以離棄共存的自存是種不完整的自存、有缺陷的自存、無意義的自存，甚至不能稱為存（作為理性政治動物的存）。自存意識是可以被扭曲的。自存是所有動物的本性，唯有人類會自殺；動物吃飽了就不吃，唯有人類會暴殄天物，甚至把自己吃壞（古代羅馬富人為了吃得更多會用藥使自己吐，然後再吃）；動物不會自虐，人類會。

人人為己的社會的真正悲劇是把人性異化，把自存和共存分開。一個壓抑大我意識的社會裡，小我是無法得到真正發揮的，因為沒有整體的生命，個體的生命就很難締造意義。在現今人人為己的社會裡是沒有鄰人（neighbour）的，只有別人、陌生人，甚至敵人；只有我行我素、互相懷疑、甚至勾心鬥角。任何關懷、善意都被權宜、權謀污染了。鼓勵或縱容人人為己的政治制度、社會文化是陷人（民）於不義，因為它把義醜化，把不義正常化。「城市人」規劃理論的使命是要恢復人性的本來面貌，把小我與大我重新整合。

現在可以小結。在上面討論「城市人」理論的價值觀一節說的「『理性城市人』以最小氣力追求最高自存／共存平衡」可以演繹為「城市人」通過

聚居去追求空間機會的最優化：（1）「通過聚居」是因為人是理性群居動物，知道聚居之中自存與共存會相得益彰，會使他生活得更美好；（2）「追求空間機會」是因為空間接觸是美好生活的必要條件（當然這包括追求正面空間接觸和避開負面空間接觸）；（3）「最優化」就是自存／共存平衡的最高共識。

這開發出很大的規劃理論和實踐空間。

以人為本：人的物性

「城市人」同時是空間機會的追求者和供給者。他們的追求和供給體現在人居。人聚在一起的「因」是追求空間機會，「果」是供給這些機會。規劃的工作就是通過觀察／分析空間機會的匹配度（以各類「城市人」的追求力度和滿意程度去衡量）去掌握在典型人居（以人口規模、結構和密度去分別，如鄰里、小區、市區、都市等）之內的典型「城市人」（以年齡、性別、生命階段為主要屬性，以及經濟、社會、文化背景為偶然屬性，如家長、工人、顧客、學校校長、工廠老闆、商場老闆等）的自存／共存平衡點（如適度上學步行距離的共識、適度上班通勤時間的共識、適度商場購物路程的共識等），然後用這些平衡點去指導城市土地與功能在點與量上的匹配（設計原則、指標系統、管理體制等），也就是把人的理性（追求自存／共存平衡）演繹到人的物性（追求空間機會）之上。

「以人為本」就是以人的「本性」為本。這個本性有兩個維度。上面談到亞里士多德的人性是「人是理性的群居動物」和阿奎那的人性是「人有自存／共存的普世意識」都屬理性維度。但人的本性還有它的物性維度。我們是以人的物性去衡量我們的物質環境：快慢、大小、高低、遠近、明暗等等，也就是所謂「人的尺度」（human scale），有很濃的希臘古哲普羅塔哥拉（Protagoras，公元前 490—前 420）的「人是一切事物的尺度」的味道（Man in the measure of all things）。我們走路的速度是 4.5km/h 左右。我們以此來定義快慢，為此，烏龜是慢，獵狗是快。我們的體高（成人）是 1.5—2 米，我

們以此來判斷高矮，為此，長頸鹿是高，侏儒是矮。

我在《簡明土地利用規劃》是這樣寫的：「我們用內在的能力去度量外在的世界。兩千年前羅馬建築師維特魯威（Vitruvius）就提出公共建築和廣場應該按人的視覺和動態來設計。視覺的滿足感總是來自我們能夠一眼看到事物的整體，一眼領會事物的統一性。但這『一眼看到』是決定於眼睛的生理特徵、旋轉角度和視力距離。人類眼睛的正常旋轉是上 27°、下 30°、左右 60°。假設標準的街寬是 18 米，我們眼睛距地面的高度是 1.5 米，那麼，按人的比例，建築物的高度應該是差不多 12 米，就是 3—4 層。在這個高度，樹尖也能在屋頂上看到，使眼睛接觸到大自然而感到寬慰。我們一般人的視覺認知距離（recognition distance）是 21—24 米左右。在 15 米距離內我們能看清對方的面部表情。因此鄰里區內的『正常』街寬最好不超過 15 米。這裡，老相識和朋友能隔著街看到對方的面孔。130—140 米左右是能分辨一個人輪廓、顏色、衣服、性別、年齡和步態的最大距離。這是城市街與街之間的距離、公園或其他綠地最大寬度的好標準。著名的威尼斯聖馬可廣場最寬處剛好是 130 米。比例也應按動態（mobility）來定。坐在車裡看東西與步行截然不同，人們看不到通常的細微和隱約的末節」。同樣，人類的聽覺、嗅覺、味覺、觸覺都有一定的「刺激感受性」（sensitivity），支配我們對空間環境的安全、方便、舒適、美觀感。也就是，支配我們對空間機會好壞的判斷。

我在《城市規劃》（〈開發管理和表性規劃〉2000 年 3 月）一文中談到「性能規劃」（performance-based planning，當時我用的翻譯詞是「表性規劃」，但現在我認為「性能規劃」更為合適）也有叫「性能分區」（performance zoning）。這是西方意圖突破功能分區（functional zoning）的桎梏的嘗試，先讓我們看功能分區是甚麼回事。下面也是從我的文章節錄過來的。

西方絕大部分的規劃方案和管理（我們都引用了）都是按功能類別去把城市土地來劃分：居住用地、商業用地、工業用地、交通用地等等，可達上百種細類〔主要是按「國際工業標準分類」（International Standard Industrial Classifiation）來劃分，帶有很濃的生產效率意識〕。

以「功能」類別進行城市用地分區是近代城市規劃的基本工作。19世紀末期、20世紀初期，兩方工業城市急劇增長、土地利用雜亂無章、工廠高度污染和城市基礎設施薄弱。當時的對策是把城市按土地用途類別分區，並控制各區內的土地使用密度。基礎假定是，不同的生活生產活動（功能）對它周圍環境、鄰居和基礎設施有著不同的需要，也會帶來不同的衝擊。因此，分區是把不能共處的功能分開。但這裡還有更深層次的哲學與價值觀。

西方規劃界（甚至可以說大部分的西方人）很欣賞中古城市的土地利用模式和城市建築風貌。其實，中古城市的土地利用（下店上居，前舖後居，工商混雜等等）一方面反映權力分配（封建領主擁有土地，因此出現土地密集型生產技術，帶來土地密集使用），一方面反映宗教理想（在神的家庭裡，整體利益之下，人人平等，土地混合使用是理所當然）。

那時的西方是典型阿奎那思維，強調人性的自存／共存傾向。但到了16世紀，宗教改革，回復上古奧古斯丁的「性惡」理念（原罪使人性墮落，無可自救，唯賴神的救贖，見〈奧古斯丁的「性惡」〉）。18世紀的休謨提出「人的科學」，指出人的天性就是自利，不是墮落，也不需要救贖；整體利益是不存在的，只有自利，只要自利不損人就可以了。他的好友斯密給自利帶上光環，提出「追求私利可達公益」。接著，19世紀工業革命帶來新的生產技術，引發出以資本為導向（相對於以勞動力或土地為導向）的規模生產。從此，主流的資本主義意識形態是，追求私利有理，只要不損害別人。但是，工業生產的噪音、塵土、哪有不損人？規模生產的用地，怎能是零碎分散？於是，功能分區出現，工業、商業、居住用地涇渭分明，井水不犯河水，以減少社會紛爭、以提高資本效率。現有的規劃思路（楚河漢界的功能分區）、制度（利益博弈的決策機制）都源於此。有目共睹，功能分區扼殺了城市裡有機性和整體性的運作和活力；增加了對基礎設施的壓力。這套規劃範式在西方的失敗也可以從無休止的公眾參與和無法實現的混合用途看出一點端倪。

過了百年，各種生活與生產活動對環境和基礎設施的需求和衝擊也有了

很大的變化，尤其是現代的輕工業和高科技工業與服務行業的污染性（包括噪音）大大地減少了。同時，市民越來越關注生活素質、鄰里關係和鄰里區內的安全。他們越來越接受（或可以說是重新接受），甚至嚮往前舖後居，下舖上居的把工作與生活放在一起的多樣化和混合式的城市環境。

約半個世紀前，性能規劃的理念開始出現，被視為可替代或補充功能分區。性能規劃的論點是：控制土地利用的最佳辦法不是按功能類別分區，而是按在這塊地上的生活和生產活動所帶來的或引發的實際情況和影響（也就是這些功能的「性能」）來決定這些功能是否適合，應否被容許。性能規劃的首要工作是制定性能指標（performance indicators）。只要是符合指標，一塊土地可以用作任何用途。在性能規劃範式裡，受控制的不是功能，而是這些功能對環境、鄰里和基礎設施的需求和影響。

性能規劃首先出現在 1950 年代美國的「國家工業區劃委員會」（National Industrial Zoning Committee）的文件上。那時候，國家工業區劃委員會要修改工業用地管理的規則去適應新工業科技、新建築材料和新建築技術。因此，委員會考慮以工業活動的「性能」來控制工業用地。最初的考慮只包括噪音、反光、嗅味和振盪等。到了 1970 年代，社會開始關注環境問題，各種活動對環境的影響更被重視。萊恩‧肯迪格（Lane Kendig）的《性能區劃法》（*Performance Zoning*，1980）一書是那時的代表作。到現在，性能規劃的目的越來越複雜：包括保護環境，鼓勵高密度發展，促進市中心區重建，吸引外資開發，保護管區的市容等等。

性能規劃的關鍵是性能指標的定量。這些指標取代傳統的用地功能類別和規則。因此，它們應該是客觀的、精確的，並配合了社會和經濟的情況和技術水平。有了這些指標，土地的實際用途和宗地設計的彈性就多了。性能指標取代了劃一的用途類別、建築高度限制、紅線後退、間距、空地保留和種種的傳統用地規劃標準，容許（鼓勵）混合與綜合用途和鼓勵設計與建築的創新。

澳大利亞是國際上比較成功使用性能規劃的國家，關鍵文件是 1990—

1992 年頒佈的《澳大利亞居住開發規範》（*Australian Model Code For Residential Development*，簡稱 AMCORD），目的在通過性能指標去鼓勵較高人口密度和較多建築形式的鄰里小區。主要內容是性能指標和依據，包括：鄰里區規劃和基礎設施（包括交通網、基建設施、排水系統）和街景與宗地規劃。可是，這套規劃範式並沒有被普遍採用，主要是中產階級認為這是高密度住房向小平房區入侵，影響樓價、影響形象，甚至使他們有不安全之感（其實也是階級觀念作祟）。可見，引用多年的功能分區規劃範式不單是局限了土地使用效率，更是縱容了人的私心、自利和加深了人與人之間的鴻溝。

「城市人」規劃用以人為本去取代以功能為本，以人的「物性」需要去取代資本的效率需要。各類「城市人」追求不同的空間機會，但他們對空間機會的素質（安全、方便、舒適、美觀）很多時候有類同的要求和取捨。如果我們容許、鼓勵對空間素質要求一致的「城市人」聚居一起就會提高城市土地的使用效率和提升城市居民的和諧共處。我們可以想像一個性能分區的規劃範式，以安全指標、舒適指標、方便指標、美觀指標去劃分不同的生活／生產區，去取代功能分區。

相對於不同經濟、工程、產業的功能需要，「城市人」規劃聚焦於不同年紀、性別、生命階段的生活／生產需要；相對於功能的效率，「城市人」規劃聚焦於生活／生產的空間素質；相對於互不侵犯、各自為政的功能分區，「城市人」規劃聚焦於自存／共存的平衡；相對於以功能類別去桎梏城市土地走上單一和劃一的使用和開發，「城市人」規劃以性能指標去誘導城市土地走上混合和綜合地使用與開發。

但是，話要說回來，現在的功能分區在某種程度上也是來自「人性」。19 世紀末，20 世紀初開始的現代規劃是針對當時工業革命帶來的生活、生產活動與中古城市用地模式之間嚴重失調，聚焦於疏散居住區的擠塞和提高工業生產效率。當時考慮的噪音、日照、排污等都是從人的物性出發（可惜沒有考慮人的自存／共存理性），歸納出各種用地模式來配合工業社會的生活、生產活動，也就是配合工業社會的功能。但由於那時的擠塞、混亂情況極嚴

重，所以還是「大刀闊斧」地把城市用地按單功能類別來分割。到了今天，功能分區積習難改，好像變成了規劃的「硬道理」。以性能等級分區去取代功能類別分區是個大改變，不可能一蹴即達。但重新檢驗和識別各類功能（特別是後工業社會的功能）在城市用地的點和量上頭的自身需要和對別人的影響，肯定會增強和豐富城市規劃的科學性和權威性，並幫助提升土地使用效率和調解土地使用紛爭。我們可從來自 20 世紀 50、60 年代，但如今仍常引用的各類功能用地的規劃指標開始（從學校距離到通勤時間；從噪音、振動到日照、塵埃；從宗地面積、覆蓋到樓高、容積率；從污水、表水到綠地、綠帶；從車速、車流到街寬、路網等），通過觀察和調研去更新這些指標，使現代城市生活、生產的空間素質能夠真正反映人的理性（追求自存 / 共存平衡）與物性（追求安全、方便、舒適、美觀的空間機會）。先把功能分區人性化。然後慢慢地以性能等級取代功能類別，那就是真正的以人為本的城鎮化了。

「城市人」規劃體制

　　「以人為本」的城鎮化的具體意義是以自存 / 共存平衡原則去設計和實施一套規劃指標（安全、方便、舒適、美觀的空間機會）去指導城鎮化，使各類人居提供各類的空間機會去滿足並提升各類「城市人」的追求，使他們（個人和群體）生活得更美好。為達此，需要一套配合的規劃體制。

　　這套「城市人」的規劃體制應有以下特點。（1）匹配城市人的追求和人居所供給（經城市人互動而產生）的空間機會。為此，要調研城市人的追求和模擬人居（城市人互動）產出的空間機會，並在此基礎上制定和實施規劃方案。這是技術性和法規性的事情。（2）提升「城市人」對自存 / 共存平衡的共識去創造個體 / 群體美好生活的最優空間條件。為此，要引導城市人追求自存 / 共存平衡（糾正走向自利的傾向），並在這基礎上指導規劃方案的制

定和實施。這是道德性和教育性的事情。這需要一套怎樣子的規劃體制？

在西方，規劃民主化的實質是權力遊戲。它的假設是規劃關注的公共利益只可來自個體利益的博弈〔因此公共利益（common good）變成了公眾利益（public interest）〕。如果規劃就是博弈，就必然是弱肉強食（這裡，強弱非但指實力，也包括權謀，也就是爾虞我詐），必然是永不安寧（被吃者不會甘心，吃人者不敢放心）。相對地，聚居使人「生活得更美好」是因為群體供給了個體，個體豐富了群體，也就是自存與共存的互相提升。這需要個體利益和整體利益之間相互認識、互相尊重。只有這樣，民主才不再是權力的遊戲。公共利益不可能出自個體利益的博弈，只可在一套人人共識的法與義的原則所規範與保證下各人的義務和權利的適度分配。關鍵的假設是人人對法與義的原則有達成共識的可能性。這個假設的基礎理據如下：自然之法既是普世的（自然之法的定義），而自然之法的基本原則是自我保存和與人共存（其實就是阿奎那對亞里士多德的「人是理性動物」和「人是政治動物」的邏輯演繹），那麼，普世人類都有自存／共存平衡的意識（當然平衡點在哪，會有分歧）。如果自存／共存平衡的意識是普世的，那麼找出平衡點所在的共識就變得是有意義和有可能的工作了（有異於英語文明的自存是唯一自然之法）。

如果公共利益不再單是博弈的產品，而是有其獨立的、客觀的存在；如果民主不單是權力的遊戲，而是有其可以人人取得共識的法與義原則，那麼這會指向一套怎樣的規劃體制？這會指向一套能夠通過上令下達，下情上達去認識和實現整體利益的基層民主規劃體制（這裡，上、下是指規劃的分工，不一定是權力的分配）。

「上令」是指引導機制。它的功能在判斷「城市人」在追求空間機會中的自存／共存平衡點。這平衡點往往是模糊的，需要理性和耐心才能達成共識。「下情」是指科研機制，它的功能是辨認「城市人」追求，和人居供給（通過「城市人」互動）的空間機會。這些空間機會因人、事、時、空而異，需

要理性和耐心才能辨認清晰。「上令」是有關理想，有理想才有方向；「下情」是有關現實，知現實才明進退；兩者交匯於規劃的制定和實踐，也就是規劃的設計和實施機制。可以說，規劃機制有三部分：上是引導機制，其功能在創造共識；下是科研機制，其功能在辨認實情；中間是設計與實施機制，其功能在把上令與下情落實到規劃的制定和實踐上。這個處於上令和下情中間的設計與實施機制是規劃的中樞，應該放在甚麼地方？

空間機會的關鍵在可達性。以人為本的規劃必須接受可達性是可以用人的尺度去判斷的。最基本和最可靠的尺度是人人每天只有 24 小時，人步行的時速約 4 公里。起居作息的時間分配使絕大多數人以家居為中心的 45 分鐘左右的半徑為步行的極限。為此，人的官能能夠直接接觸到的空間會集中於家居（或其他中心如工作所在）周圍的 30 平方公里之內。這就是他的「住區」範圍。若以目前認為是最高的人居密度每平方公里 1 萬人來算，就是不超過 30 萬人的典型城區。這是每個人最貼身的空間範圍，是他的樓所，也是他最認識的、最關心的環境。關心會驅動他積極參與；認識使他的參與具備內容。

規劃的上令下達、上情下達應交匯於 20 萬—30 萬人左右的人居規模（相約於城區或縣城）。這裡具有真正民主的政治條件和物質條件，是規劃機制的中樞。大於此，群體意識開始抽象，自存與共存的關係開始疏遠，對環境的認識開始淡薄，對環境的關心開始淡化。上令（理想）變得空泛。下情（現實）變得模糊。小於此，個體意識開始膨脹，無度的自利開始掩蓋有度的自存，眼前的利益顯得過重，群體的規模不足創造足夠的美好生活條件。上令（理想）缺乏權威，下情（現實）流於瑣碎。

20 萬—30 萬人的規模約等於一個典型的現代城區或縣城，也剛好是希臘古城邦和中國古縣城的大小。古代中國，縣是朝廷直接管轄的最底層政治組織，但同時也是血緣關係的最頂層社會組織（一般戶籍都是以縣為別）。可見中外的古哲以不同思路去揣摩「以人為本」的理想政治組織規模，殊途同歸。這個規模非但保證上令下達和下情上達，更可保證民主的規劃。

對民主最具權威的定義是林肯的「是人民、由人民、為人民」的政府

（government of the people, by the people, for the people）。20萬—30萬人是很合適的規模。（1）「是人民」：這個規模保證參與者對商議的事情有一定的認識、一定的興趣；開會的地點不會太遠；處理的事情不會太泛。因此人民會有「自家事」之感。（2）「由人民」：這個規模保證人民可以直接參與，不用代表，擺脫代議民主的精英把持。因此人民會有「當家作主」之感。（3）「為人民」：這個規模保證人民能直接監督和反饋；辦事者（官員和代理）不能卸責。仕途決定於「為人民」服務的表現。

這個以城區或縣城為中樞的規劃機制很適合中國的政治制度，上可達市、省、國；下可通街區、小區、鄰里（或鎮、鄉、村）。這個20萬—30萬人左右的人口規模：大足可樹立政治的道德權威；小足可保證民主的積極參與；大足可涵蓋一般的生活、生產、生態活動空間；小足可掌握「城市人」生活、生產、生態活動的精確資料；大足可提供規劃設計所需的資源與隊伍；小足可保證規劃實踐有積極的監督和反饋。

結 語

文章開頭提出三個問題：「城市人」規劃理論的價值觀；它對城市規劃的貢獻；它的實踐。

這套理論的起點在人：人的理性、人的物性；終點也在人：自存／共存平衡和美好生活。是一套完全以人為本的城鎮化理論。

它的哲學基礎與價值觀如下。第一，亞里士多德：人聚居是要生活得更美好 —— 個體與群體互相提升；群體滿足個體，個體豐富群體。城市規劃的使命是為個體與群體的美好生活創造空間條件。第二，道薩迪亞斯：人聚居是追求空間機會。因此，城市規劃的主題是美好空間和／或美好生活所需的空間條件。第三，亞里士多德：人是天生的政治動物，有善與惡、義與不義的意識。聚居在一起就需要義和法去規範各人的行為，保證各人的權利。若此，人是最好的動物；非此，人是最壞的動物。義是指權利與義務的對稱。

演繹到城市規劃上，這是指人居的空間使用和分配與居民的需要和權利的對稱。要兩者達成對稱必須以「法」（使人成義之法）。第四，阿奎那演繹亞里士多德的「法」：作為理性動物，人人能懂自我保存和與人共存乃自然之法。違反自然之法必會生禍（「天譴」）。城市規劃上，這是指人居空間的使用和分配與居民的需要和權利是可以，甚至是必須在自存／共存平衡的原則下達成對稱。這才可以使個人與群體獲得美好生活的最優空間條件。這套哲學基礎上「城市人」規劃理論的價值觀是發揮人的自存／共存理性，為個體與群體美好生活創造空間條件。

「城市人」規劃理論的貢獻在突破西方以抑惡（認為人性本身只有自私）為經，功能分區（必須劃清楚河漢界）為緯的規劃帶來的資源浪費和私利互爭，代之以兼顧抑惡與揚善（因為人性兼有自存和共存）為經，綜合功能與性能（以性能的一致性去混合各種不同功能）為緯的規劃去創造效率（功能組合最效率，資源使用最節約）與和諧（自存／共存的平衡取代私利的互爭）的城市。

「城市人」規劃理論的實踐聚焦於研究、匹配與提升人居的空間機會。在〈城市人〉一文中我談過「城市人」典型和人居典型的研究。本文探討一套上令下達，下情上達的基層民主規劃體制（機制）去辨認典型「城市人」所追求的，和典型人居可供給的美好生活（自存／共存最高平衡）空間條件；並以此去設計和實踐民主的規劃。結論是 20 萬—30 萬人口左右的人居規模（城區和縣城規模）最適合推行「是人民、由人民、為人民」的民主規劃。

在外表，以「城市人」理論去規劃和發展的人居和現在的人居（從鄰里、小區到都會）沒有很大的分別，因為無論甚麼理論，甚至沒有理論，人聚居的邏輯不會變，都是理性地追求空間機會。但這理性是可以被私利扭曲、被制度異化，以致內裡出現不效率和不和諧。人類的適應力很強，不效率和不和諧雖是不可持續，但仍可以拖得很久，特別是有人替你「埋單」（西方是世界其他的 80% 人為它埋單，中國可能就是農村、農民）。表面是高樓大廈、車水馬龍，內裡是矛盾、張力、憂慮、怨恨，怎能是「美好生活」？營營役

役的逐利、惶惶恐恐的求存，怎算是「活的像人」？中國步入小康，是衣食足。衣食足可以「思淫慾」，也可以「知榮辱」。我們是理性動物，應如何選擇？「城市人」規劃理論的使命是恢復人類理性和物性的真貌，復興人類聚居結社的文明。嚴格來說，是城市（人居）文化的重建。

責任編輯	洪永起	
書籍設計	林　溪	
排　　版	周　榮	
印　　務	馮政光	

書　名	舊概念與新環境：以人為本的城鎮化
作　者	梁鶴年
出　版	香港中和出版有限公司 Hong Kong Open Page Publishing Co., Ltd. 香港北角英皇道 499 號北角工業大廈 18 樓 http://www.hkopenpage.com http://www.facebook.com/hkopenpage http://weibo.com/hkopenpage
香港發行	香港聯合書刊物流有限公司 香港新界大埔汀麗路 36 號 3 字樓
印　刷	美雅印刷製本有限公司 香港九龍官塘榮業街 6 號海濱工業大廈 4 字樓
版　次	2018 年 10 月香港第一版第一次印刷
規　格	16 開（168mm×230mm）308 面
國際書號	ISBN 978-988-8466-83-2

© 2018 Hong Kong Open Page Publishing Co., Ltd.
Published in Hong Kong

本書原由生活・讀書・新知三聯書店以書名《舊概念與新環境：以人為本的城鎮化》出版，
經由原出版者授權本公司在港澳台地區出版發行本書繁體字版。